数控加工工艺装备

（含任务工单）

主　　编　雒钰花　　赵小刚

副 主 编　张飞鹏　　周德民　　赵彦邦

参　　编　付斌利　　曾　霞　　周宏菊　　张晨亮

主　　审　张永军　　李俊涛

北京理工大学出版社
BEIJING INSTITUTE OF TECHNOLOGY PRESS

内 容 简 介

本书为"双高"专业建设成果，围绕高素质技能人才培养目标，对接专业教学标准和1+X职业能力评价标准，结合生产实际中需要解决的一些工艺装备选择的典型问题。本书以活页式展示选择典型任务案例，科学规划教材内容，进行教学内容项目任务化处理，开发对应任务工单，形成全程多元化评价体系，并基于互联网、现代信息技术，配套丰富的数字化资源。

本书以任务工单为载体，力求以选择应用为目的，以讲清概念、强化实践选择应用能力为重点，由主教材和任务工单两部分组成，内容包含数控机床的选择、数控加工刀具的选择、数控机床的夹具与选用、数控加工检测器具的选用和数控加工工艺装备设计与选择案例五大项目。

本书可作为中职数控技术应用专业、高等院校、高职院校数控技术、机械设计制造及自动化、模具技术、机械设计与制造、机电一体化技术等相关专业课程的教材，也可作为自学者、社会培训及工程技术人员的参考用书。

图书在版编目（CIP）数据

数控加工工艺装备：含任务工单／雒钰花，赵小刚

主编. -- 北京：北京理工大学出版社，2023.9

ISBN 978-7-5763-2930-8

Ⅰ．①数… Ⅱ．①雒… ②赵… Ⅲ．①数控机床-加工工艺-高等学校-教材②数控机床-加工-设备-高等学校-教材 Ⅳ．①TG659

中国国家版本馆 CIP 数据核字（2023）第 189241 号

责任编辑：王梦春		文案编辑：魏　笑	
责任校对：刘亚男		责任印制：李志强	

出版发行 ／ 北京理工大学出版社有限责任公司

社　　址 ／ 北京市丰台区四合庄路 6 号

邮　　编 ／ 100070

电　　话 ／（010）68914026（教材售后服务热线）
　　　　　　（010）63726648（课件资源服务热线）

网　　址 ／ http://www.bitpress.com.cn

版 印 次 ／ 2023 年 9 月第 1 版第 1 次印刷

印　　刷 ／ 三河市天利华印刷装订有限公司

开　　本 ／ 787 mm×1092 mm　1/16

印　　张 ／ 19

字　　数 ／ 401 千字

定　　价 ／ 89.00 元

前　言

　　数控加工工艺装备是高端装备数控加工的纲领，是培养数控机床操作工等应用型技能人才的重要组成部分，是大国工匠技能应用的奠基石。本书内容针对课程性质和"专于职、勤于工、敬于业、精于技"并重的培养目标，注重就业需求、岗位知识和技能。为深入贯彻落实党的二十大精神，助推中国制造高质量发展，本书以培养技能型实用人才为落脚点，对接数控机床操作工岗位标准和"1+X"证书职业技能等级标准，结合生产实际中需要解决的典型工艺装备选择问题，按照学历证书、职业资格证和"1+X"证书嵌入式的设计要求规划教材内容。本书以生产企业实际项目案例为载体，任务驱动、工作过程为导向，进行教学内容项目任务化处理；以项目+任务的方式，开发工作页式的任务工单，注重课程之间相互融通及理论与实践的有机衔接，形成多元化评价体系。本书基于互联网、现代信息技术，配套丰富的数字化资源。

　　本书分为数控机床的选择、数控加工刀具的选择、数控机床的夹具与选用、数控加工检测器具的选用和数控加工工艺装备设计与选择案例五大项目。本书以任务工单为载体，通过任务导入、任务目标、知识导图、知识链接、任务实施、问题探究等，便于学生明确目标，夯实技能。

　　本书实施双主编、双主审制度，由陕西国防工业职业技术学院副教授雒钰花、教授赵小刚担任主编，陕西国防工业职业技术学院三级教授张永军和教授李俊涛担任主审。各项目内容由学校教师与企业技师编写，具体如下：陕西国防工业职业技术学院周宏菊编写项目一任务 1、任务 2 的内容及项目任务工单；陕西国防工业职业技术学院曾霞编写项目一任务 3、任务 4 的内容及项目任务工单；陕西国防工业职业技术学院雒钰花、陕西工业职业技术学院张飞鹏编写项目二任务 5、任务 6、任务 7、任务 8、任务 9 的内容及项目任务工单；陕西国防工业职业技术学院赵小刚、中国兵器工业集团第二〇二研究所赵彦邦编写项目三任务 10、任务 11 的内容及项目任务工单；陕西国防工业职业技术学院张晨亮，中国兵器工业集团江山重工研究院有限公司、中国兵器首席技师周德民编写项目三任务 12，项目五任务 15 的内容及项目任务工单；陕西国防工业职业技术学院付斌利技能大师工作室（市级）主持人付斌利编写项目四任务 13、任务 14，项目五任务 16 的内容及项目任务工单；周德民、赵彦邦对本书零件图纸、加工工艺及装备的选用提供技术支持。

　　由于本书设计内容广泛，编者水平有限，难免出现疏漏和不足之处，恳请读者批评指正。

编　者

二维码资源列表

项目一　数控机床的选择			
数控机床的起源与发展		数控机床组成系统	
数控机床的主传动系统		滚珠丝杠	
数控机床的进给传动系统		车削加工机床	
导轨与床身		镗铣加工机床	
数控机床的主轴部件		镗铣类加工机床主要参数	
数控机床的辅助装置		自动换刀装置认识	
高性能数控机床的发展趋势		无机械手换刀	
金属切削机床类、组划分表		有机械手换刀	
通用机床组、系代号及主参数		加工中心自动换刀装置工作原理	
数控加工工艺系统			

项目二　数控加工刀具的选择			
数控刀具的起源与发展		面铣刀选用样例	
数控刀具基础知识		孔加工刀具	
常用刀具材料		机夹式钻孔刀具国家标准	
新型刀具材料		铰刀切削用量	
数控刀具结构		镗铣类数控工具系统	
数控刀具角度		整体式刀柄	
数控车削刀具		模块式工具系统	
数控车刀的刃形		数控车削工具系统	
数控铣削刀具		整体式工具系统	
铣刀角度的选择		模块式工具系统	
硬质合金面铣刀		数控铣刀的装夹	

项目三 数控机床的夹具与选用			
大国工匠—管延安		定位误差分析计算实例	
工件的基准		圆柱孔与芯轴（或定位销）固定单边接触定位分析	
基准重合实例		芯轴定位误差的分析计算实例	
自为基准实例		阶梯轴在 V 形块上定位时定位误差的计算实例	
做到极致就是行家		分度装置	
工件的定位原理		分度对定机构结构及应用	
六自由度平台系统		分度对定控制机构的应用	
六点定位实例		夹紧装置相关知识	
应用六点定位原理应注意的问题		斜楔夹紧机构	
工件定位的几种情况分析		螺旋夹紧装置	
常见的定位方式和定位元件		铰链夹紧装置	

项目三　数控机床的夹具与选用			
支承板应用实例		定心夹紧装置	
可调支承应用实例		膜片卡盘的主要参数	
自位支承的应用及特点		通用夹具	
辅助支撑的应用及特点		夹具的组成与夹具体的设计	
常用圆柱芯轴的结构形式及特点		专用夹具设计	
过定位消除方法		夹具的国家标准	
工件的定位误差分析		数控铣床专用夹具设计	
基准不重合误差分析实例		高效夹具	
基准位移误差计算实例		现代机床夹具的发展方向	
工件的定位误差计算			

项目四　数控加工检测器具的选用			
量具的起源与发展		三坐标测量机	
常用工量具		三坐标测量机的功能	
异型卡尺		三坐标测量机结构	
专用千分尺		MQ686 全自动三坐标测量机参数	
数显指示表		三坐标测量机的发展过程	
项目五　数控加工工艺装备设计与选择案例			
数控加工工艺装备的技术技能应用		槽板零件加工工艺装备设计与选择	
齿轮轴零件加工工艺装备设计与选择		支撑套零件加工工艺装备设计与选择	
法兰盘零件加工工艺装备设计与选择		箱体零件加工工艺装备设计与选择	
支撑块零件加工工艺装备设计与选择		CNV-1100 加工中心主要参数	

目　录

项目一　数控机床的选择

学习导航

学习目标	知识目标： 1. 掌握数控机床的组成与特点。 2. 掌握数控车床的加工特点及功能。 3. 掌握数控铣床的加工特点及功能。 4. 熟知数控车床的选择依据与原则。 5. 熟知加工中心的选择依据与原则。 技能目标： 1. 能认知数控车床的各部分功能及作用。 2. 能认知数控铣床的各部分功能及作用。 3. 会根据车削零件图选用数控车削加工机床。 4. 会根据铣削零件图选用数控铣削加工机床。 素质目标： 1. 塑造学生爱国敬业、使命奉献的核心价值观。 2. 培养学生认识、分析和解决问题的能力。 3. 培养学生严谨细致、精益求精的工匠精神。 4. 培养学生实践应用、自主探究的创新精神。 5. 培养学生团队协作、安全质量的职业素养。
学习重点	数控车床与铣床的功能与选型。
学习难点	数控车床与铣床的选型与实践应用。

数控机床的起源与发展

数控机床是数字控制机床（Computer numerical control machine tools）的简称，是一种装有程序控制系统的自动化机床。从应用来说，数控机床是将加工过程所需的各种操作和步骤，以及刀具与工件之间的相对位移量用数字化的代码表示，通过控制介质将数字信息送入专用或通用的计算机，再通过计算机对输入的信息进行处理与运算，发出各种指令控制机床的伺服系统或其他执行元件，使机床自动加工出所需要的零件，其起源与发展请扫二维码学习。

数控机床的
起源与发展

项目导入

目前数控机床在造船、航天、航空、机床、重型机械以及国防等领域中发挥重要的作用。为了满足多品种、小批量、精密复杂零件的自动化生产，需要一种灵活、通用、能够适用产品频繁变化的柔性自动化机床。高性能的数控机床正朝着高速度、高精度、高复合化、高智能化和高可靠性等方向发展，应用范围越来越广泛。

任务1 认识数控机床

任务导入

随着数控机床的发展日新月异，了解国内外数控机床的产生与发展趋势、掌握数控机床的组成与特点、熟知数控机床的选型依据和原则，对于合理选用数控机床进行零件的加工有重要意义。

任务目标

1. 了解数控机床的产生与发展趋势。
2. 掌握数控机床的型号。
3. 掌握数控机床的组成与特点。
4. 熟知数控机床的选型原则与依据。

知识导图

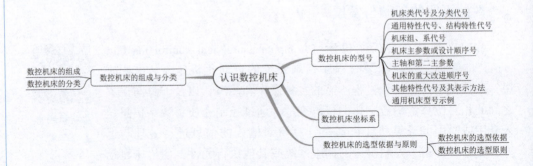

知识链接

1.1　数控机床的组成与分类

1. 数控机床的组成

数控机床的基本组成包括加工程序载体、数控装置、伺服驱动装置、机床主体和其他辅助装置。

（1）主传动系统

数控机床的主传动系统是完成主运动的动力装置，属于机床的重要部件之一。数控机床的主传动系统一般由主轴放大器、主轴电动机、传动机构、主轴组件、主轴信号检测装置及辅助装置组成，如图 1-1 所示。

数控机床的
主传动系统

图 1-1　数控机床主传动系统的组成

（a）主轴放大器；（b）主轴电动机；（c）传动机构；（d）主轴组件；（e）主轴信号检测装置

（2）进给传动系统

数控机床的进给传动系统是连接数控系统与机床进给运动执行机构的桥梁。它将伺服电动机的旋转运动转变为工作台或刀架的直线运动以实现进给运动的整个机械传动，图 1-2 所示为数控机床的工作台。

数控机床的
进给传动系统

图1-2　数控机床的工作台

（3）机械装置

1）导轨

导轨为机床直线运动部件提供导向和支承，导轨的性能对机床的运动速度和定位精度有重要的影响。

数控机床导轨的分类方式比较多。根据导轨接触面的摩擦性质，常用的导轨基本形式可分为滑动导轨、滚动导轨和静压导轨三类，如图1-3所示。

（a）　　　　　　　（b）　　　　　　　（c）

图1-3　几种常用的导轨形式

（a）滑动导轨；（b）滚动导轨；（c）静压导轨

2）床身

数控机床的床身是整个机床的基础支承件，用来放置导轨、主轴箱等重要部件。

3）主轴部件

数控机床的主轴是机床的一个关键部件，主轴部件由主轴的支承、安装在主轴上的传动零件及装夹刀具或工件的附件组成。

导轨与床身

（4）辅助装置

数控机床的辅助装置包括数控机床的润滑、冷却系统和数控机床的检测反馈装置等。

2. 数控机床的分类

目前，数控机床品种繁多，常见的品种有以下6种分类方法：

（1）按工艺用途分类

数控机床按工艺用途分为金属切削数控机床、金属成形数控机床、特种加工数控机床、其他类型数控机床等。

数控机床的
主轴部件

（2）按运动方式分类

数控机床按运动方式分为点位控制数控机床、直线控制数控机床、轮廓控制数控机床等。

数控机床的
辅助装置

（3）按伺服系统控制方式分类

数控机床按对伺服系统驱动的被控量有无检测装置，可分为开环控制数控机床和闭环控制数控机床。在闭环控制数控机床中，根据测量装置安装的部位不同，又可分为全闭环控制数控机床和半闭环控制数控机床。

（4）按加工精度分类

数控机床按加工精度分为普通精度机床、精密机床和高精度机床。

（5）按主要工作部件的数目分类

数控机床按主轴部件的数目分为单轴机床、多轴机床，按刀架的数目分为单刀机床、多刀机床等。

（6）按联动轴数分类

数控机床按联动的坐标轴数分为两轴联动机床、三轴联动机床、四轴联动机床、五轴联动机床及六轴联动机床等。

多学一点

学习高性能数控机床的发展趋势，请扫二维码。

高性能数控机床
的发展趋势

1.2　数控机床的型号

数控机床的型号是机床产品的代号，可以简明地表示机床的类型、通用特性、结构特性、主要技术参数等，如图1-4所示。

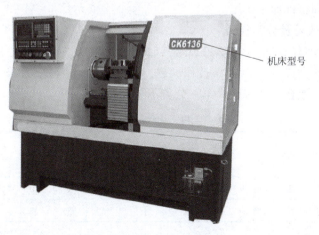

图1-4　数控机床的型号示例

通用机床型号编制如下：

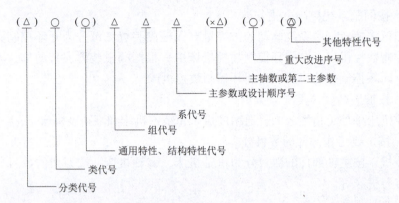

其他特性代号

重大改进序号

主轴数或第二主参数

主参数或设计顺序号

系代号

组代号

通用特性、结构特性代号

类代号

分类代号

注：①有"（）"的代号或数字，若无内容时，则不表示；若有内容时，则不带括号。

②有"○"符号者，为大写的汉语拼音字母。

③有"△"符号者，为阿拉伯数字。

④有"◎"符号者，为大写的汉语拼音字母或阿拉伯数字或两者兼有之。

在图 1-4 中，数控车床的型号含义如下：

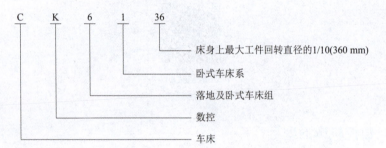

C　K　6　1　36

床身上最大工件回转直径的1/10(360 mm)

卧式车床系

落地及卧式车床组

数控

车床

根据 GB/T 15375—2008《金属切削机床型号编制方法》规定，机床型号采用汉语拼音和阿拉伯数字按一定规律组合而成，适用于各种通用机床和专用机床，不适用于组合机床和特种加工机床。

1. 机床类代号及分类代号

类代号用大写的汉语拼音字母表示，如表 1-1 所示。类代号按相应的汉字字意读音，例如铣床类代号为"X"，读作"铣"。当需要时，可分为若干分类，分类代号用数字表示，放在类代号前，第一分类不予表示。

表 1-1　机床类代号和分类代号

类别	车床	钻床	镗床	磨床			齿轮加工机床	螺纹加工	铣床	刨插床	拉床	锯床	其他机床
代号	C	Z	T	M	2M	3M	Y	S	X	B	L	G	Q
读音	车	钻	镗	磨	2磨	3磨	牙	丝	铣	刨	拉	割	其

2. 通用特性代号、结构特性代号

机床除了有普通型，还具有某种特殊性能时，应在类代号后加上相应的通用特性或结构特性代号，用大写的汉语拼音字母表示。

（1）通用特性代号

通用特性代号有统一的含义，在各类机床的型号中表示的意义相同。表1-2所示为机床通用特性代号，可按相应的汉字字意读音。

表1-2　机床通用特性代号

通用特性	代号	通用特性	代号	通用特性	代号
高精度	G	数控	K	加工中心	H
精密	M	数显	X	仿形	F
自动	Z	柔性加工单元	R	轻型	Q
半自动	B	高速	S	加重型	C

（2）结构特性代号

对主参数值相同而结构、性能不同的机床，在型号中加结构特性代号予以区分。根据各类机床的具体情况，对某些结构特性代号，可以赋予一定含义。对于结构特性代号，通用特性代号已用过的字母和"I""O"两个字母不能用，当单个字母不够用时，可将两个字母组合起来使用。

3. 机床组、系代号

机床组使用范围划分为10个组，用0~9表示。在同一组机床中，主参数、主要结构及布局形式相同的机床划分为同一系。每个系又分为0~9，共10个系。

金属切削机床类、组划分表

4. 机床主参数或设计顺序号

机床主参数是代表机床规格大小及反映机床最大工作能力的一种参数，位于机床组、系代号之后，在型号中用折算值（主参数乘以折算系数）表示。

通用机床组、系代号及主参数

（1）主轴数的表示方法

对于多轴机床，例如多轴车床、多轴钻床和排式钻床等，其主轴数应以实际值列入型号，置于主参数之后，用"×"分开，读作"乘"。单轴可省略，不予表示。

（2）第二主参数的表示方法

第二主参数是辅助主参数完整地表示机床的工作能力和加工范围，一般不予表示。在型号中表示的第二主参数，一般折算成两位数为宜，最多不超过三位数。

5. 机床的重大改进顺序号

当机床的性能和结构布局有重大改进，并按新产品重新设计、试制和鉴定时，在原机床型号的尾部，加重大改进顺序号，以区别于原机床型号。重大改进顺序号按A、B、C…（但"I""O"两个字母不得选用）顺序选用。它是在原有机床的基础上进行改进设计，因此，重大改进顺序号后的产品与原型号的产品，是一种取代关系。

6. 其他特性代号及其表示方法

其他特性代号用来反映各类机床的特性，放在型号最后，并用"/"分开，读作"之"。

7. 通用机床型号示例

机床型号分别为 CM6132、C2150×6、Z3040×16 和 THM6340/5L，型号的含义如下：

①型号 CM6132 表示床身上最大回转直径为 320 mm 的精密卧式车床。

②型号 C2150×6 表示最大棒料直径为 50 mm 的六轴棒料自动车床。

③例如 Z3040×16 表示最大钻孔直径为 40 mm、最大跨距为 1 600 mm 的摇臂钻床。

④型号 THM6340/5L 表示工作台最大宽度为 400 mm 的五轴联动精密卧式加工中心。

1.3 数控机床坐标系

数控机床坐标系是机床上固有的坐标系，是制造、调整机床的基础，也是建立工件坐标系的基础。数控机床坐标系在出厂前已经调整好，一般情况下，不允许用户进行变动。

目前，国际标准化组织已经统一标准坐标系。我国执行的是数控标准 GB/T 19660—2005《工业自动化系统与集成机床数值控制坐标系和运动命名》，与 ISO841 等效。数控机床坐标系的确定原则为右手笛卡尔直角坐标系，如图 1-5 所示，规定 X、Y、Z 三个直角坐标系的方向，各坐标轴与机床的主要导轨相平行。根据右手螺旋法则，确定 A、B、C 三个旋转轴的方向，其中大拇指的方向为 X 轴的正方向，食指的方向为 Y 轴的正方向，中指的方向为 Z 轴的正方向，旋转运动 A、B、C 相应的表示轴线平行于 X、Y、Z 的旋转运动轴。数控机床坐标系如图 1-6 所示。车削类数控机床和镗削类数控机床的坐标系示例如图 1-7 所示。

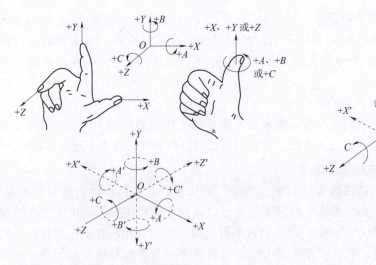

图 1-5 右手笛卡尔直角坐标系   图 1-6 数控机床坐标系

 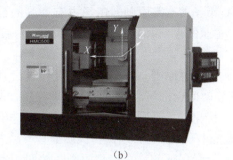

（a）　　　　　　　　　　　　　（b）

图 1-7　数控机床坐标系示例

（a）车削类数控机床坐标系；（b）铣削类数控机床坐标系

1.4　数控机床的选型依据与原则

1. 数控机床的选型依据

数控机床选型依据的重点为要加工的对象，兼顾企业的发展形势与未来的市场需求，以及生产工艺等因素。

（1）加工对象

用成组技术把需要加工的零件进行分组归类，依据准备主要加工对象的典型零件族来选择数控机床的类型。数控机床适宜加工形状复杂、加工精度要求高、中小批量生产的零件。

（2）生产工艺

按照生产工艺的过程来选择数控机床，解决的是如何加工的问题。根据不同的批量加工，应确定不同的生产工艺，使用数控机床时同样要解决如何加工的问题。

1）工艺规程设计

在确定加工的零件后，必须对零件加工的工艺流程进行规划设计，目的是希望得到最佳的零件工艺制造流程，最合理的数控机床加工使用。

2）多品种中小批量产品的生产

对于多品种中小批量产品的生产，应选择通用数控机床为主要加工设备。在确定某台数控机床的具体规格型号时，需要根据零件图纸和加工工艺进行分析，一般以典型零件族的典型工序加工为确定机床规格、性能、精度的依据。

3）大批量产品的生产

在大批量产品的生产时，根据零件的要求优先选择专用数控机床，也可以选择通用数控机床。

2. 数控机床的选型原则

当针对具体加工对象选择数控机床时，在遵循数控机床选型原则的基础上，还应考虑数控机床的主要技术性能指标。

（1）数控机床的选型原则

1）工艺适应性原则。工艺适应性原则是指所选用的数控设备功能必须适应被加工零件的形状、尺寸、精度和生产节拍等的要求。

2）市场占有率原则。市场占有率高的数控机床说明产品质量相对良好，可信度高，企业的售前和售后服务网络健全，服务队伍相对稳定，技术服务人员的素质高。

3）可靠性原则。数控机床是否经过可靠性考核，是否达到国家规定的平均无故障工作时间标准可靠性，主要靠规范验收来保证。

4）优化配置原则。对于数控系统、进给伺服系统、主轴驱动系统、电气元件和液压元件等部件，必须选择优质配套产品。

5）质量保证和科学验收原则。按照国家标准进行规范验收是评定所订购数控机床质量的基本程序，同时涉及技术和管理两个方面。选择数控机床时还应有环保意识，尽可能选择高能效的产品。

（2）数控机床的主要技术性能指标

1）数控机床的精度指标

①定位精度和重复定位精度。定位精度是指数控机床工作台等移动部件在确定的终点所达到的实际位置的精度。重复定位精度是指成正态分布的偶然性误差，它影响同一批零件加工的一致性，是一项非常重要的性能指标。

②分度精度。分度精度既影响零件加工部位在空间的角度位置，也影响孔系加工的同轴度等。

③脉冲当量。脉冲当量表示数控装置每发出一个脉冲信号时机床坐标轴移动的距离，它是机床坐标轴可以控制的最小位移增量。脉冲当量是设计数控机床的原始数据之一，其数值的大小决定数控机床的加工精度和加工表面质量。脉冲当量越小，数控机床的加工精度和加工表面质量越高。

2）数控机床的运动性能指标

数控机床的运动性能指标主要包括主轴转速、进给速度、坐标行程、摆角范围、刀库容量和换刀时间、可控轴数和联动轴数、可靠性指标等。

①主轴转速。数控机床的主轴一般采用直流或交流伺服主轴电动机驱动，选用高速精密轴承支承，保证主轴具有较宽的调整速度范围和足够高的回转精度、刚度及抗振性。

②进给速度。进给速度是影响加工质量、生产效率和刀具寿命的主要因素，直接受到数控装置运算速度、机床动特性和工艺系统刚度的限制。

③坐标行程。数控机床坐标轴 X、Y、Z 的行程大小，构成数控机床的空间加工范围，即加工零件的大小。坐标行程是直接体现机床加工能力的指标参数。

④摆角范围。具有主轴摆角坐标的数控机床，其摆角大小直接影响加工零件空间部位的能力。

⑤刀库容量和换刀时间。刀库容量和换刀时间对数控机床的生产率有直接影响。刀库容量是指刀库能存放加工所需要的刀具数量。

⑥可控轴数和联动轴数。数控机床的可控轴数是指数控装置能够控制的坐标轴数目。可控轴数和数控装置的运算处理能力、运算速度及内存量等有关。

⑦可靠性指标。高档数控机床平均无故障工作时间间隔实现了从 600 h 到 2 000 h 的跨越，精度指标提升 20%。

多学一点

学习数控加工工艺系统，请扫二维码。

学习数控机床组成系统，请扫二维码。

数控加工工艺系统 　　　　　　　数控机床组成系统

问题提示

数控车床选型依据的重点为要加工对象的生产工艺、技术条件等分析结果，兼顾企业实际生产线的数控加工设备调配。

任务实施

根据任务要求完成任务1认识数控机床（任务工单）的填写。

问题探究

1. 数控机床由哪些部分组成？简要说明各部分的作用。
2. 简述数控机床的产生与发展。
3. 数控机床的型号是如何规定的？
4. 解释以下机床型号的含义：CKA6136、M0405、CJ0625、ZQ3040、XH7132。
5. 数控机床的选型依据与原则是什么？

任务2　数控车床的选择

任务导入

数控车床是重要的金属切削类机床，也是目前应用最广泛的机床之一。掌握数控车床的加工对象与加工特点，掌握数控车床的功能与类型，熟知数控车床的选型要求，是合理选用数控车床进行实践与应用的必要条件。

任务目标

1. 掌握数控车床的加工对象与加工特点。

2. 掌握数控车床的功能与类型。

3. 熟知数控车床的选型要求。

4. 学会正确选用数控车床。

知识导图

知识链接

2.1 数控车床的加工特点

数控车床主要用于加工轴类、盘类、套筒类等回转体零件。数控车床主要加工对象的加工特点如表2-1所示。

表 2-1 数控车床主要加工对象的加工特点

加工对象	案例	说明
精度要求高的回转体零件		数控车床的刚性好，制造和对刀精度高，能方便和精确地进行刀具补偿和螺距间隙自动补偿，能够加工尺寸精度要求高的零件
表面粗糙度值小的回转体零件		能加工出表面粗糙度值小的零件，在材质、精车留量和刀具已定的情况下表面粗糙度值的大小取决于进给速度和切削速度，使用数控车床的恒线速度切削功能就可选用最佳线速度来切削端面，这样切出的零件表面粗糙度值既小又一致
轮廓形状复杂的回转体零件		数控车床具有直线和圆弧插补功能，部分车床数控装置还有一些非圆复杂曲线插补功能，因此可以车削由任意直线和平面曲线组合的形状复杂的回转体零件和较难控制尺寸的零件

加工对象	案例	说明
带一些特殊类型螺纹的零件		数控车床不仅能加工任何等节距的直锥面、公英制和端面螺纹，而且能加工增节距、减节距以及要求等节距、变节距之间平滑过渡的螺纹。数控车床还配有精密螺纹切削功能，再加上一般采用硬质合金、成形刀片，以及较高的转速，因此车削出来的螺纹精度高，表面粗糙度值小

2.2 数控车床的功能与类型

1. 数控车床的功能

数控车床的功能包括准备功能（G 功能）、辅助功能（M 功能）、进给功能（F 功能）、刀具功能（T 功能）和主轴功能（S 功能）等。不同的数控车床其功能不尽相同，但各有特点。一般应具备以下基本功能，如表 2-2 所示。其中准备功能称为 G 功能（或称为 G 代码），它是用来指令数控车床工作方式或控制系统工作方式的一种命令，G 功能由地址符 G 和其后的两位数字组成（00~99），从 G00 到 G99 共 100 种功能，用以指令机床不同的动作，如用 G01 来指令运动坐标的直线插补运动等。数控系统 G 功能并非一致，不同数控系统的编程有所差异，故必须按照所用数控系统的说明书的具体规定使用。

表 2-2　数控车床的功能

功能		案例	备注
基本准备功能	直线插补功能	直线插补加工图	在数控车床上使用直线插补功能可以控制刀具沿直线进行切削，利用该功能可加工内外圆柱面、圆锥面、切槽和倒角等，如左图为直线插补加工图
	圆弧插补功能	圆弧插补模拟图	在数控车床中，圆弧插补功能控制刀具沿圆弧指令进行切削，利用该功能可加工圆弧面和曲面

续表

功能	案例	备注
基本准备功能 / 固定循环功能	外径粗车固定循环示意图 外圆粗车固定循环模拟图	在数控车床的控制系统中，一般固化了机床常用的一些功能，如粗加工内外径、切螺纹、切槽和钻孔等固定循环功能，如左图所示为外径粗车固定循环功能，使用该功能可以简化零件加工程序的编写工作，并且降低编写程序的出错率
刀尖半径补偿功能	刀尖半径补偿功能示意图	数控车床一般可对刀具运动轨迹进行刀尖半径自动补偿，使用该功能可在编程时不考虑刀尖半径，能直接按零件轮廓进行编程从而使编程变得方便简单，并且零件的尺寸精度也容易保证
进给功能	进给功能加工图	数控车床的进给功能是指在切削零件时用指定的速度来控制刀具的运动和切削速度的功能，对于数控车床来说，其进给的方式可以分为每分钟进给和每转进给两种。每分钟进给指刀具每分钟走的距离，单位为 mm/min，与车床转速大小无关，并且进给进度不随主轴转速的变化而变化。每转进给指车床主轴每转一圈刀具向进给方向移动的距离，单位为 mm/r，即主轴每转一圈时刀具的进给量，其进给速度随主轴的变化而变化。对于进给功能数值的指定范围，要参照机床系统说明书中所规定的数值范围进行设定，不可超出指定的范围
主轴功能	主轴旋转指令功能图	数控车床的主轴功能称为 S 功能，即主轴转速指令功能，主轴功能包括主轴的起动停止和转速选择等内容

续表

功能	案例	备注
刀具功能	刀具功能图	数控车床的刀具功能称为 T 功能或 T 指令，用于指定加工时选刀
辅助功能	切削液的使用功能示意图	数控车床的辅助功能称 M 功能，用以控制数控机床中的辅助装置的开关动作或状态功能代码，常因数控系统生产厂家及机床结构的差异和规格的不同而有所差别。基本一致的功能有①程序停止；②计划停止；③程序结束；④主轴顺时针方向旋转，主轴逆时针方向旋转，主轴停止；⑤切削液开，切削液关

2. 数控车床的类型

数控车床的品种繁多规格不一，可按不同的方法进行分类，如表 2-3 所示。

表 2-3　数控车床的分类方法及类型

分类方法	数控车床的类型	数控车床的结构特点
按数控车床主轴位置分类	立式数控车床	立式数控车床简称数控立车，其车床主轴垂直于水平面，一个直径很大的圆形工作台用来装夹工件。这类数控车床主要用于加工径向尺寸大、轴向尺寸相对较小的大型复杂零件
	卧式数控车床	卧式数控车床分为数控水平导轨卧式车床和数控倾斜导轨卧式车床。其倾斜导轨结构可以使车床具有更大的刚度，并易于排除切屑
按加工零件的基本类型分类	卡盘式数控车床	这类车床没有尾座，适合车削盘类（含短轴类）零件。夹紧方式多为电动或液动控制，卡盘结构多具有可调卡爪或不熔火卡爪（即软卡爪）
	顶尖式数控车床	这类车床配有普通尾座或数控尾座，适合车削较长的零件及直径不太大的盘类零件

续表

分类方法	数控车床的类型		数控车床的结构特点
按刀架数量分类	单刀架数控车床		数控车床一般配置有各种形式的单刀架，如四工位卧式转位力架或多工位转塔式自动转位刀架
	双刀架数控车床		这类车床的双刀架配置平行分布，也可以是相互垂直分布
按功能类型分类	经济型数控车床		采用步进电动机和单片机对普通车床的进给系统进行改造后形成的简易型数控车床，成本较低，但自动化程度和功能都比较差，车削加工精度也不高，适用于要求不高的回转类零件的车削加工
	普通数控车床		根据车削加工要求在结构上进行专门设计并配备通用数控系统而形成的数控车床，数控系统功能强，自动化程度和加工精度也比较高，适用于一般回转类零件的车削加工。这种数控车床可同时控制两个坐标轴，即 X 轴和 Z 轴
	车削加工中心		在普通数控车床的基础上，增加了 C 轴和动力头，更高级的数控车床带有刀库，可控制 X、Z 和 C 三个坐标轴，联动控制轴可以是 $(X、Z)$、$(X、C)$ 或 $(Z、C)$，由于增加了 C 轴和铣削动力头，这种数控车床的加工功能大大增强，除可以进行一般车削外，还可以进行径向和轴向铣削、曲面铣削、中心线不在零件回转中心的孔和径向孔的钻削等加工

2.3　数控车床的选型要求

对于数控车床的选型可着重从以下两个方面予以考虑。

1. 零件加工的工艺性

数控车床是一种高精度、高效率的自动化机床，它具有广泛的加工工艺性能，其加工内容包括直线圆柱、斜线圆柱、圆弧和各种螺纹等，具体加工对零件的结构工艺特征如表 2-1 所示。

2. 数控车床的结构特点

数控车床的结构特点是选择数控车床时应关注的重要内容，数控车床主要由数控系统和机床主机组成，包括床身及导轨、主轴箱、刀架、进给传动系统、液压系统、冷却系统和润滑系统等。与普通车床相比，数控车床的进给系统有质的区别，传统卧式车床有进给箱和交换齿轮架，而数控车床是直接用电动机通过滚珠丝杠驱动溜板和刀架实现进给运动，因而进给系统的结构大大简化。

1）数控系统。对机床的各种动作进行自动控制，数控系统的品牌与型号有很多，选择数控车床时可向机床生产厂家进行详细的功能咨询，最好将待加工的产品与机床生产厂家进行共同研究，保证购买的数控车床能够胜任生产任务的要求，并具有一定的冗余功能。对于特殊要求的生产要素应对数控系统的选择功能给予必要的关注。

2）床身及导轨。数控车床的床身和导轨有多种形式，主要有水平床身、倾斜床身、水平床身斜滑板和立床身等，它们构成机床主机的基本骨架。

3）数控车床的布局结构，包括大型、中型和小型三种类型不同的布局，适用于不同类型的机床，它们影响到加工工件的类型和排屑的方便性等。

4）主轴部件及主传动系统。数控车床的主传动系统一般采用直流或交流无级调速电动机，使用变频器加普通异步电动机的配置形式，通过传送带传动或通过联轴器与主轴直接相连，带动主轴旋转实现自动无级调速，以及恒线切削速度控制。主轴组件是机床实现旋转运动主运动的执行部件。

5）进给传动系统一般采用滚珠丝杠螺母副，由安装在各轴上的伺服电动机通过同步齿形带传动或联轴器与滚珠丝杠直接相连，从而实现刀架的纵向和横向移动。

6）自动回转刀架，用于安装各种切削加工刀具，并在加工过程中能自动换刀，以实现多种切削方式切换的需要，它具有较高的回转精度。刀具工位数是选择刀架时重点考虑的内容之一，一般情况下四方刀架能够满足生产的需要，但在工序相对集中的情况下则应考虑工位或工位的刀架。

滚珠丝杠

7）前后置刀架数控车床刀架常分为前置刀架和后置刀架。操作人员站在数控车床前，如果刀架位于主轴和操作人员之间，属于前置刀架；如果主轴位于刀架和操作人员之间，属于后置刀架。当前置刀架主轴正转时，安装刀具刀片朝上。当后置刀架主轴正转时，安装刀具刀片朝下。前后置刀架数控车床如图2-1所示。

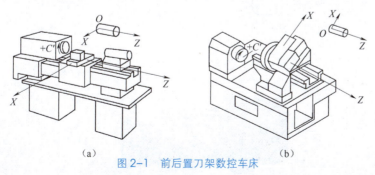

（a）　　　　　　　　　　　　　（b）

图2-1　前后置刀架数控车床

（a）前置刀架数控车床；（b）后置刀架数控车床

8）液压系统。数控车床的液压系统可以使机床实现卡盘的自动松开与夹紧，以及机床尾座顶尖自动伸缩等。数控车床的液压动力卡盘夹紧力的大小可通过调整液压系统的压力进行控制，具有结构紧凑、动作灵敏，能够实现较大夹紧力的特点。

9）冷却系统。在数控车床工作过程中，可通过手动或自动方式为机床提供切削液，从而对工件和刀具进行冷却。

10）润滑系统。集中供油润滑装置，能定时定量地为机床各润滑部件提供合理的润滑。

除考虑上述相关内容外，还应该注意数控车床所使用的刀具和附件的配套性，尽可能地选择性能价格比高的加工设备。

学习数控车床的拓展，请扫二维码。

车削加工机床

2.4 数控车床选型实践与应用

图 2-2 所示的零件为印章杆，是典型的回转体类零件，要求生产 100 件。在加工设备的选择上要遵循加工工艺的需求和数控机床的选型原则，数控加工设备具体选择如下：

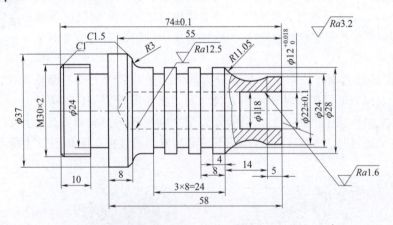

图 2-2 印章杆

1. 结构分析

零件的外形为圆柱体，是典型的回转体类零件。零件的加工内容包括直线圆柱、槽、圆弧、倒角、内孔和螺纹，零件图中未注倒角为 C1，工件材料为 45 钢，毛坯尺寸为 $\phi40$ mm×76 mm。

2. 尺寸精度分析

如图 2-2 所示，$\phi74$ mm 轴向尺寸偏差为 ±0.1，$\phi22$ mm 外圆尺寸偏差为 ±0.1，$\phi12$ mm 内孔尺寸上偏差为 +0.018，内孔 $\phi12_0^{0.018}$ mm 表面粗糙度值为 1.6 μm，内孔 $\phi11.8$ mm 表面粗糙度值为 12.5 μm，零件形状复杂、表面粗糙度和加工精度要求较高，符合用数控车床进行加工。

3. 加工要求分析

零件生产批量是 100 件，符合小批量生产的要求，且零件的尺寸精度、表面粗糙度和零件的结构尺寸等符合数控车床的控制精度、加工范围，适合选用高精度、高效率、高可靠性的自动化数控车床。综上所述，零件的数控加工工艺设备适合选择卧式数控车床，其型号为 CKA6136，如图 2-3 所示，主要技术参数如表 2-4 所示。

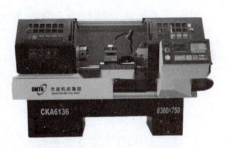

图 2-3　CKA6136 数控车床

表 2-4　CKA6136 数控车床的主要技术参数

项目		技术参数
基本参数	工作台直径/mm	180
	工作台最大转矩/(kN·m)	横向 12，纵向 2.4
	电动机功率/kW	4
	刀库容量/把	4
	机床质量/kg	1 950
	最大车削直径/mm	360
	最大工件高度/mm	750
技术参数	主轴转速/(r·min^{-1})	200~3 500
	X 轴进给范围/(mm·min^{-1})	4 000
	Z 轴进给范围/(mm·min^{-1})	5 000
	X 轴行程/mm	230
	Z 轴行程/mm	580
	主轴内孔直径/mm	40
其他参数	机床外形尺寸/mm	2 300×1 480×1 520

问题提示

　　数控车床是主要用于加工轴类、盘类、套筒类等回转体零件，通过数控加工程序的运行，数控车床可自动完成内外圆柱面、圆锥面、成形表面、螺纹面和端面等工序的切削加工，并能进行车槽、钻孔、扩孔和铰孔等工作。车削中心可在一次装夹中完成更多的加工工序，以提高加工精度和生产率，特别适合加工复杂形状回转类零件。

任务实施

　　根据任务要求完成任务 2 数控车床的选择（任务工单）的填写。

问题探究

　　1. 简述数控车床的加工特点。
　　2. 数控车床是如何分类的？
　　3. 数控车床的功能有哪些？
　　4. 数控车床的选型依据是什么？

任务 3　数控铣床的选择

任务导入

　　世界上诞生的第一台数控机床是数控铣床，随着技术的发展及加工效率的需求，逐渐出现了加工中心、柔性制造单元等。数控铣床最基本的加工方式是铣削，主要的加工内容为铣削平面、台阶沟槽、曲线与曲面等。另外，数控铣床还可以进行钻孔、扩孔、铰孔、镗孔和攻螺纹等工艺的加工。

任务目标

　　1. 了解数控铣床的加工特点。
　　2. 认识数控铣床的功能与类型。
　　3. 掌握数控铣床的选型要求。
　　4. 学会正确选用数控铣床。

知识导图

知识链接

3.1 数控铣床的加工特点

数控铣削加工既具有普通铣床的以箱体类零件为主要加工对象的特点，也具有其自身的特点。数控铣床的加工具有适应性强、范围广的特点，其灵活性强的特点主要表现在利用一台机床可以加工不同形状的零件。具体加工特点如表 3-1 所示。

表 3-1 数控铣床的加工特点

加工对象	案例	说明
平面类零件		平面类零件的加工面平行、垂直于水平面或加工面与水平面的夹角为定角。在数控铣床上加工的绝大多数零件属于平面类零件，一般只需用数控铣床的两坐标联动就可以完成加工
多道工序加工的零件		一次装夹定位后，需进行多道工序加工的零件，使用数控铣床加工起来会非常方便，此类零件的工序内容包括铣削加工和不同精度要求的孔加工等
模具类零件、壳体类零件		数控铣床能加工轮廓形状特别复杂及难以控制尺寸的零件，如模具类零件、壳体类零件等，这类零件的加工可以很好地发挥数控铣床的优势，而且生产效率高，产品的附加值也大
曲面类零件		对于普通机床无法加工或很难加工的零件数控机床加工起来会很方便，例如用数学模型描述的复杂曲线零件以及三维空间曲面类零件。曲面类零件的特点是加工面不能展开为平面，并且与铣刀始终为点接触。对于此类零件，数控铣床更是具有无法替代的作用

此外，加工精度高、加工质量稳定可靠、生产自动化程序高、减轻操作者的劳动强度、有利于生产管理自动化和提高生产效率等优点是数控铣床能够得到发展的有力保障。

3.2 数控铣床的功能与类型

1. 数控铣床的功能

数控铣床的基本功能包括准备功能、辅助功能等。不同的数控铣床，其功能也不尽相同，但一般具备以下功能，具体如表 3-2 所示。

表 3-2 数控铣床的功能

功能	案例	备注
孔加工	钻孔　铰孔	孔的加工过程包括基本的动作，即在 X、Y 轴安全平面内快速定位到孔的中心，然后进行 Z 轴的孔加工。深孔、高精度孔的加工则可使用固定循环功能来进行，如钻孔、扩孔、铰孔、镗孔
轮廓铣削	轮廓加工	数控铣床通过直线功能（如铣刀轨迹 2）和圆弧功能（如铣刀轨迹 1），可方便地控制刀具按照轮廓进行移动，从而加工出由直线和圆弧组成的平面轮廓零件
非圆曲线	非圆曲线加工	利用宏编程功能，数控铣床能加工由椭圆、抛物线、三角函数曲线等非圆曲线组成的轮廓零件，如椭圆槽，其加工过程可以借助椭圆的参数方程来编程，并选择一定的步距量，以直线逼近的方式进行。需要注意的是，步距量的选择应适中，如果太大，则轮廓表面质量差；如果太小，则系统计算工作量增加，也影响加工质量
曲面加工	曲面加工	使用球头铣刀或平铣刀，在数控铣床上能够加工不干涉的空间曲面。理论上，曲面加工可利用三轴联动功能，但更多的情况下，为了编写零件加工程序的方便，加工过程中经常使用两轴联动、一轴偏移的方式
子程序加工	孔系加工　圆周槽加工	使用子程序，可有效地提高编程效率，减少程序调试时间，如孔系加工，由于使用了子程序，程序的编写量和向数控装置的输入量大大减少，并且程序的出错率也大大下降 子程序还是镜像、旋转、缩放等加工的基础，如圆周槽加工，可编写一个槽的加工子程序，然后通过旋转指令调用子程序来加工其余的 5 个槽，镜像加工的思想也和旋转加工类似

功能	案例	备注
固定循环功能	（a） 深孔加工 （b） 深孔加工 （c） 镗孔加工	数控铣床上使用的固定循环功能，主要用于深孔加工和镗孔加工等 　　深孔加工时，需要反复退刀以利于排屑。可以根据孔加工的需要，选择不同的孔加工工艺，既可以反复小回程退刀，如（a）图；也可以每次退出到固定位置，如（b）图 　　镗孔加工包括粗镗加工和精镗加工。这两种加工方式可以使用镗孔固定循环功能，如（c）图，其动作包括进给、孔底暂停、主轴准停和定向快速退刀。特别对于精镗加工，使用固定循环功能后，不但编程可以变得简单，而且镗孔后刀具自动退刀，避免对已加工的孔表面造成损伤

2. 数控铣床的类型

数控铣床的类型如表 3-3 所示。

表 3-3　数控铣床的类型

类型		机床	功能
按主轴方位分类	立式铣床		数控立式铣床主轴与机床工作台面垂直，工件装夹方便，加工时便于观察，但不便于排屑。一般采用固定式立柱结构，工作台不升降。主轴箱做上下运动，并通过立柱内的重锤平衡主轴箱的质量。为保证机床的刚性，主轴中心线距立柱导轨面的距离不能太大，因此，这种结构主要用于中小尺寸的数控铣床
	卧式数控铣床		与通用卧式铣床相同，卧式数控铣床的主轴轴线平行于水平面。为了扩大加工范围和扩充功能，卧式数控铣床通常采用增加数控转盘或万能数控转盘的方法来实现四、五坐标的加工。这样，不但工件侧面上的连续回转轮廓可以加工出来，而且可以实现在一次安装中，通过转盘改变工位来进行"四面加工"
	立、卧两用数控铣床		立卧两用数控铣床的主轴方向可以更换，能实现在一台机床上既可以进行立式加工，又可以进行卧式加工，从而同时具备上述两类机床的功能，其使用范围更广、功能更全，选择加工对象的余地更大，且给用户带来不少方便。特别是生产批量小，品种较多，需要立、卧两种方式加工时，用户只需买一台这样的机床就行了
按构造分类	工作台升降式数控铣床		这类数控铣床采用工作台移动、升降，而主轴不动的方式。小型数控铣床一般采用此种方式
	主轴头升降式数控铣床		这类数控铣床采用工作台纵向和横向移动，且主轴沿垂向溜板上下运动的方式。主轴头升降式数控铣床在精度保持、承载质量、系统构成等方面具有很多优点，已成为数控铣床的主流。此类数控铣床的 Z 轴行程有限，加工的零件不能太高
	龙门架移动式数控铣床		这类数控铣床主轴可以在龙门架的横向与垂向溜板上运动，而龙门架则沿床身做纵向运动。大型数控铣床，因要考虑到扩大行程、缩小占地面积及提高刚性等技术上的问题，往往采用龙门架移动式

3.3 数控铣床的选型要求

数控铣床的选型要解决两个方面的问题，即选不选数控铣床和选择什么类型的数控铣床。

1. 选择数控铣床的条件

数控机床在零件加工中有自身的优势。相对而言，如果零件具有下列特点，建议优先选择数控铣床来进行加工。

①工件上的曲线轮廓内、外形，特别是由数学表达式给出的非圆曲线与列表曲线等曲线轮廓。

②已给出数学模型的空间曲面。

③形状复杂、尺寸繁多、划线与检测困难的部位。

④用通用铣床加工时难以观察、测量和控制进给的内外凹槽。

⑤以尺寸协调的高精度孔或面。

⑥能在一次安装中顺带铣出来的简单表面或形状。

⑦采用数控铣削后能成倍提高生产效率，大大减轻体力劳动强度的一般加工内容。

如果零件或毛坯具有下列一些特征，则不建议选择数控铣削加工。

①需要花费时间来进行机工调整（如以毛坯粗基准定位按划线找正）的粗加工内容。

②必须按专用工装协调的加工内容（如标准样件、协调平板、模胎等）。

③毛坯上的加工余量不太充分或不太稳定的部位。

④如一面加工、另一面不加工，其非加工面又不能作为定位面的部位（用数控铣削很难保证尺寸及精度要求）。

⑤简单的粗加工面。

⑥必须用细长铣刀加工的部位（一般指狭窄深槽或高肋板小转接圆弧部位）。

2. 数控铣床类型的选择

当确定选择数控铣床来进行生产时，主要根据零件的构成要素和复杂程度来确定是选择立式还是卧式数控铣床，根据零件的大小和材料来确定是选择中小型数控铣床还是选择龙门式数控铣床，其具体的选择应参考不同类型数控铣床的特点。

镗铣加工机床

数控铣床的拓展学习请扫二维码。

3.4 数控铣床选型实践与应用

图 3-1 所示为平面类零件，零件待加工部位为平面轮廓、槽及孔。根据零件图分析，加工设备及加工方式选择过程如下：

1. 结构分析

根据零件图结构分析，零件结构方正，待加工部位包含平面轮廓、槽及孔，这类结构可以采用铣削类机床及钻孔类机床进行加工。

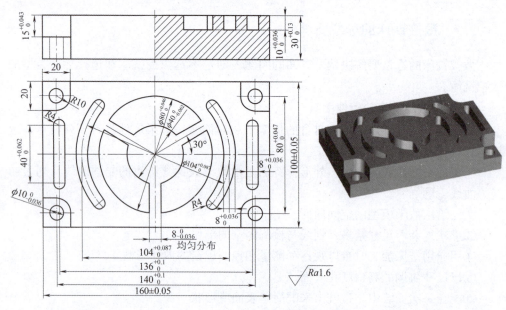

图 3-1　平面类零件

2. 尺寸精度分析

根据零件图中表面粗糙度、尺寸偏差要求，加工过程需要采取先粗加工、后精加工的方式。选择的加工机床应满足精加工需求。目前，制造业市场装备加工设备以数控机床为主，因此数控机床可以选择加工精度较高的设备，如半闭环系统的数控设备。

3. 零件尺寸分析

根据零件图中尺寸，最大尺寸是 160 mm×100 mm×30 mm，制造加工设备可以选择通用型的数控机床进行加工。

4. 编程方式的选择

零件图中结构有规律，ϕ40 mm 圆周上均匀分布 3 个环槽，两侧对称直槽，可以运用子程序，采用功能指令执行加工；孔的加工可以采用孔加工循环功能执行加工。

综上所述，零件的加工可以选择数控铣床，其型号为 DTX850，如图 3-2 所示，主要技术参数如表 3-4 所示。

图 3-2　DTX850 数控铣床

表 3-4　DTX850 立式数控铣床主要技术参数

项目	参数
X、Y、Z 轴行程/mm	800/500/550
工作台尺寸（长×宽）/mm	1 050×500
工作台主轴鼻端/mm	120~670

续表

项目	参数
主轴中心至立柱轨面/mm	550
工作台 T 形槽规格	3~18
主轴电动机功率/kW	7.5
主轴最高转速/(r·min⁻¹)	8 000
主轴规格	BT40
三轴快速进给速度/(mm·min⁻¹)	12 000
切削进给率/(mm·min⁻¹)	1~10 000
定位精度/mm	±0.01
重复定位精度/mm	±0.005
机床外形尺寸（长×宽×高）/mm	2 800×2 200×2 600
机床质量/kg	5 000
机床总功率/kW	30
工作台最大承重/kg	600

问题提示

数控铣床的加工表面形状一般是由直线、圆弧或其他曲线组成，数控铣床一般不需要使用专用夹具等专用工艺设备。数控铣床具有铣床、镗床、钻床的功能，使工序高度集中，大大提高了生产效率。另外，数控铣床的主轴转速和进给速度是无级变速的，因此有利于选择最佳切削用量。

任务实施

根据任务要求完成任务 3 数控铣床的选择（任务工单）的填写。

问题探究

1. 数控铣床的主要加工对象是什么？举例说明。
2. DTX850、DT-PX2015 数控铣床型号的含义是什么？
3. 数控铣床是如何分类的？有哪些类型？
4. 数控铣床有哪些功能？
5. 数控铣床的选型依据与原则是什么？
6. 查阅资料，列举 5 种国产数控铣床的品牌和型号。

任务 4 加工中心的选择

任务导入

随着技术的发展及加工效率的需求，在数控铣床的基础上逐渐出现了加工中心、柔性制造单元、智能制造单元等。加工中心的加工方式以铣削为主，加工内容为铣削平面、台阶沟槽、曲线与曲面等，另外，还可以进行钻孔、扩孔、铰孔、镗孔和攻螺纹等工艺的加工。加工中心在机械结构上增加了自动换刀装置，其加工工序相比较数控铣床，更为集中。

任务目标

1. 了解加工中心的基本加工特点。
2. 认识加工中心的功能与类型。
3. 掌握加工中心自动换刀装置类型及原理。
4. 掌握加工中心的选型要求。
5. 学会正确选用加工中心。

知识导图

知识链接

4.1 加工中心的基本加工特点

加工中心主要是指以数控铣床为基础，集铣削、镗削、钻孔、攻螺纹和切削螺纹等功能于一体的数控机床，主要的加工内容为铣削平面、台阶、沟槽、曲线与曲面，以及钻孔、扩孔、铰孔、锪孔和攻螺纹等。从设备构造上来看，加工中心是一台配备有刀库的数控铣床，加工过程中可自动完成刀具的更换。

与普通数控机床相比，加工中心具有以下几个突出特点。

（1）机床的刚度高、抗振性好

为了适应加工中心高自动化、高精度、高效率及高可靠性的加工要求，加工中心的静态刚度和动态刚度高于普通数控机床，由于其机械结构系统的阻尼比高，从而在加工过程中机床的抗振性能也高于普通数控机床。

（2）工序集中

加工中心带有刀库并能够自动换刀，这是加工中心和数控铣床的主要区别。在加工前将需要的刀具调整测量好后装入刀库，加工时能够通过程序控制实现相应的刀具自动更换，从而对工件进行多工序加工。现代加工中心更大程度地使工件在一次装夹后实现多表面、多特征、多工位的连续、高效、高精度加工，即工序集中。这是加工中心最突出的特点。

（3）对加工对象的适应性强

加工中心生产的柔性不仅体现在对特殊要求的快速反应上，而且可以快速实现批量生产，提高市场竞争能力。

（4）高自动化、高精度、高效率

自动换刀是加工中心高自动化的一个方面。加工中心的主轴转速高、进给速度快、快速定位精度高，可以通过切削参数的合理选择，充分发挥刀具的切削性能，减少切削时间，且整个加工过程连续、各种辅助动作快、自动化程度高。

同其他数控机床一样，加工中心也具有加工精度高的特点。由于加工工序集中、避免了长工艺流程、减少了人为干扰，故加工中心加工精度更高，加工质量更稳定。

在一台加工中心上能集中完成多种工序，因而可减少工件装夹、测量和机床的调整时间，减少工件半成品的周转、搬运和存放时间，使加工中心的切削利用率（切削时间和开动时间之比）高出普通数控机床的 3~4 倍，达到 80% 以上。

（5）使用多个可以自动交换的工作台

有的加工中心上带有自动交换工作台，可实现一个工作台在加工的同时，另一个工作台完成工件的装夹，从而大大缩短辅助时间，进一步提高加工效率。

（6）操作者的劳动强度减轻

加工中心对零件的加工是按事先编好的程序自动完成的。操作者除操作键盘、装卸零件、进行关键工序的中间测量以及观察机床的运行之外，不需要进行繁重的重复性手工操作，劳动强度和紧张程度均大大减轻，劳动条件也得到极大地改善。

（7）经济效益高

在使用加工中心加工零件时，分摊在每个零件上的设备费用是比较昂贵的。但在单件、小批量生产的情况下，可以节省许多其他方面的费用，因此能获得良好的经济效益，例如将零件安装到加工中心上之后，可以减少调整、加工和检验时间，从而减少了直接生产费用；另外，由于加工中心在加工时不需手工制作模型、凸轮、砧模板及其他工装夹具，省去许多工艺装备，减少了硬件投资；还由于加工中心的加工稳定，故减少了废品率，使生产成本进一步下降。

（8）有利于生产管理的现代化

用加工中心加工零件，能够准确地计算零件的加工工时，并有效地简化检验和工夹具、半成品的管理工作，有利于使生产管理现代化。当前有许多大型 CAD 或 CAM 集成软件已经开发了生产管理模块，实现了计算机辅助生产管理。

加工中心的工序集中加工方式固然有其独特的优点，但也带来了新的问题。

①由于加工中心智能化程度高、结构复杂、功能强大，因此加工中心的一次性投资及日常维护保养费用较普通机床高出很多。

②在适当的条件下才能发挥最佳效益，即在使用过程中要发挥加工中心的优点，才能充分体现效益。因此，对加工中心的合理使用至关重要。

③由于工序集中，在加工中心上加工时，粗加工后直接进入精加工阶段，工件的温升来不及恢复，冷却后尺寸变动，影响零件精度。

④工件由毛坯直接加工为成品，一次装夹中金属切除量大、几何形状变化大，没有释放应力的过程。加工完了一段时间后，应力才得以释放，导致工件变形。

⑤切削不断屑，切屑的堆积会影响加工的顺利进行及零件的表面质量，甚至使刀具损坏、工件报废。

⑥装夹零件的夹具必须满足既能承受粗加工中大的切削力，又能满足在精加工中准确定位的要求，而且零件夹紧变形要小。

⑦由于自动换刀及全封闭防护的应用，使工件尺寸受到一定的限制，当吊装较大的工件时不太方便，钻孔深度、刀具长度、刀具直径及刀具质量也要加以考虑。

4.2　加工中心的功能与类型

1. 加工中心的功能

在数控铣床上使用不同的刀具和相应的程序，能完成相应的加工工作。但是，从工序集中的特点出发，加工中心更适合加工一些下列类型的零件，具体加工功能如表 4-1 所示。

表 4-1　加工中心的功能

功能	案例	备注
箱体类零件	减速器箱体 发动机箱体	形状复杂的箱体类零件常要求铣、钻、镗、铰等多工序复合加工，工序和使用的刀具较多，加工的精度要求也高。用加工中心加工此类零件，尺寸精度和位置精度容易保证。零件经一次装夹，便可以完成 60% ~ 95% 的工序内容（铣螺纹、镗螺纹、钻螺纹、攻螺纹等），零件各项精度一致性好，质量稳定，同时可缩短生产周期，降低成本。对于加工工位较多、工作台需多次旋转角度才能完成的零件，一般选用卧式加工中心；当加工工位较少，且跨距不大时，可选立式加工中心，从一端进行加工

功能	案例	备注
复杂曲面		在航空航天、汽车、船舶、国防等领域的产品中，复杂曲面类零件占有较大的比重，如叶轮、螺旋桨、各种曲面成型模具等。就加工的可能性而言，在不出现加工干涉区或加工盲区时，复杂曲面一般可以采用球头铣刀进行三坐标联动加工，其加工精度较高，但效率较低。如果工件存在加工干涉区或加工盲区（曲面扭转），必须考虑采用四坐标或五坐标联动的机床
异形件	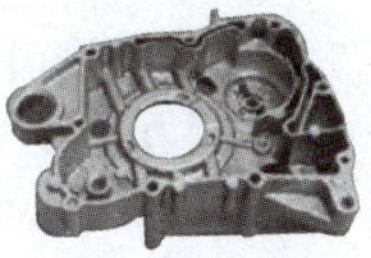 汽车后视镜支承架	异形件是外形不规则的零件，大多需要点、线、面多工位混合加工，如支架、基座、样板、靠模等。异形件的刚性一般较差，夹压及切削变形难以控制，加工精度也难以保证。这时可充分发挥加工中心工序集中的特点，采用合理的工艺措施，通过一次或两次装夹完成多道工序或全部工序的加工内容
盘、套、板类零件		带有键槽、径向孔的或端面有分布孔系、曲面的盘、套或轴类零件，还有具有较多孔加工的板类零件，适宜采用加工中心加工。端面有分布孔系、曲面的零件宜选用立式加工中心，有径向孔的零件可选用卧式加工中心

2. 加工中心的类型

加工中心的品种、规格较多，这里仅从结构上对其进行分类，具体如表 4-2 所示。

表 4-2　加工中心的类型

类型	机床	功能
立式加工中心	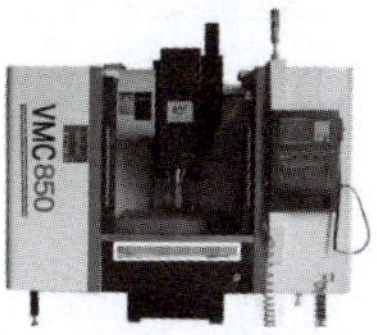 VMC850型加工中心	立式加工中心指主轴轴线为垂直状态设置的加工中心，如左图所示，其结构形式多为固定立柱式，工作台为长方形，无分度回转功能，适合加工盘、套、板类零件。一般立式加工中心具有三个直线运动坐标，并可在工作台上安装一个水平轴的数控回转台，用以加工螺旋线类零件。立式加工中心装夹工件方便，便于操作，易于观察加工情况，但加工时切屑不易排除，且受立柱高度和换刀装置的限制，因此不能加工太高的零件

续表

类型	机床	功能
卧式加工中心	HMC500型卧式加工中心	卧式加工中心指主轴轴线为水平状态设置的加工中心，如左图所示，其一般具有 3~5 个运动坐标，通常带有可进行分度回转运动的工作台。常见的卧式加工中心是三个直线运动坐标加一个回转运动坐标，它能够使工件在一次装夹后完成除安装面和顶面以外的其余四个面的加工，最适合加工箱体类零件。卧式加工中心的刀库一般为链式结构，刀库容量较大，能够加工更复杂的零件
龙门式加工中心	GMB3060mr龙门式加工中心	龙门式加工中心的形状与龙门铣床相似，其主轴多为垂直设置，除自动换刀装置外，还带有可更换的主轴附件；数控装置的功能比较齐全，能够一机多用，尤其适用于加工大型工件或形状复杂的工件，如飞机上的梁、框、壁板等
复合加工中心	龙门式五面加工中心	复合加工中心具有立式加工中心和卧式加工中心的功能，称为多工面加工中心。在复合加工中心上，工件在一次安装后能完成除安装面以外的其余五个面的加工。常见的五轴加工中心有两种形式：一种是主轴可以旋转 90° 或相应角度，对工件进行立式和卧式加工；另一种是主轴不改变方向，而由工作台带着工件旋转 90°，完成对工件五个表面的加工
多工作台加工中心	双工作台加工中心内部结构	多工作台加工中心有两个以上可交换的工作台，当一个工作台上的工件正在加工时，可在另一个工作台上进行工件的装卸，以备加工。当一个加工任务完成后，通过送送轨道可把加工完成的工件连同工作台一起移出加工区，而把已装有待加工工件的工作台移入加工区，在移出的工作台上进行新的工件安装工作，例如双工作台加工中心所示内部结构

多学一点

查阅学习镗铣类加工机床的主要参数，请扫二维码。

镗铣类加工机床主要参数

4.3 加工中心自动换刀装置

自动换刀装置认识

1. 自动换刀装置的主要特点

加工中心的自动换刀装置的结构和数控机床的类型、工艺范围、使用刀具种类和数量有关。数控机床常用的自动换刀装置的类型、特点、适用范围如表4-3所示。

表4-3　常用的自动换刀装置的类型、特点及适用范围

类型		特点	适用范围
转塔刀架	回转刀架	回转刀架多为顺序换刀，换刀时间短，结构简单紧凑，容纳刀具较少	各种数控车床、车削中心机床
	转塔头	顺序换刀，换刀时间短，刀具主轴都集中在转塔头上，结构紧凑，但刚性较差，刀具主轴数受限制	数控钻床、镗床
刀库式	刀库与主轴之间直接换刀	换刀运动集中，运动部件少，但刀库运动多，布局不灵活，适应性差	各种类型的自动换刀数控机床，尤其是对使用回转类刀具的数控镗铣、钻镗类立式、卧式加工中心机床，确定刀库容量和自动换刀装置类型，用于加工工艺范围的立、卧式车削中心机床
	用机械手配合刀库换刀	刀库只有选刀运动，机械手进行换刀运动，比刀库作换刀运动惯性小，速度快	
	用机械手、运输装置配合刀库换刀	换刀运动分散，有多个部件实现，运动部件多，但布局灵活，适应性好	
有刀库的转塔头换刀装置		弥补转换刀数量不足的缺点，换刀时间短	扩大工艺范围的各类转塔式数控机床

2. 刀库式自动换刀装置

刀库式自动换刀装置主要应用于加工中心上。加工中心是一种备有刀库并能自动更换刀具对工件进行多工序加工的数控机床。工件经一次装夹后，数控系统能控制机床连续完成多工步的加工，工序高度集中。自动换刀装置是加工中心的重要组成部分，主要包括刀库、刀具交换装置等部分。

（1）刀库的类型

刀库是存放加工过程中所使用的全部刀具的装置，它的容量从几把刀到上百把刀。加工中心刀库的形式很多，结构也各不相同，常用的有鼓盘式刀库、链式刀库和格子库式刀库，其各功能如表4-4所示。

表 4-4　刀库的类型

类型	结构或示意图	特点
鼓盘式刀库	(a)　(b) (a) 径向取刀；(b) 轴向取刀	左图为刀具轴线与鼓盘轴线平行布置的刀库，其取刀方式有两种，一种是径向取刀式，如图 (a) 所示，每个刀位点为手爪夹持刀柄；另一种是轴向取刀式，如图 (b) 所示，每个刀位点由刀套安装刀柄
链式刀库	(a)　(b) (a) 单环链；(b) 折叠链	如图 (a) 所示，当链条较长时，可以增加支承链轮的数目，使链条折叠回绕，提高空间利用率，如图 (b) 所示
格子盒式刀库		刀具分几排直线排列，由纵、横向移动的取刀机械手完成选刀动作，将选取的刀具送到固定的换刀位置刀座上，由换刀机械手交换刀具。由于刀具排列密集，因此空间利用率高，刀库容量大

(2) 刀库的容量

刀库的容量首先要考虑加工工艺的分析的需要。一般情况下，并不是刀库中的刀具越多越好，太大的容量会增加刀库的尺寸和占地面积，使选刀过程时间增长，例如根据以钻、铣为主的立式加工中心所需刀具数的统计，如图 4-1 所示，加工工件与刀具数量的关系。一般 4 把刀的容量可以完成 90% 左右的铣削工艺，10 把孔加工刀具可完成 70% 的钻削工艺，因此，14 把刀的容量可完成 70% 以上的工件钻铣工艺。如果从完成工件的全部加工所需的刀具数目统计，所得结果

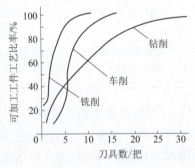

图 4-1　加工工件与刀具数量的关系

是 80% 的工件（中等尺寸，复杂程度一般）完成全部加工任务所需的刀具数在 40 种以下，因此一般的中小型立式加工中心配 14~30 把刀的刀库能够满足 70%~95% 的工件加工需要。

(3) 刀具的选择

按数控装置的刀具选择指令，从刀库中挑选各工序所需要的刀具的操作称为自动选刀。常用的选刀方式有顺序选刀和任意选刀。

1) 顺序选刀

刀具的顺序选择方式是将刀具按加工工序的顺序，一次放入刀库的每一个刀座

内，刀具顺序不能出错。当加工工件改变时，刀具在刀库上的排列顺序也要改变。这种选刀方式的缺点是同一工件上的相同刀具不能重复使用，因此刀具的数量增加，降低了刀具和刀库的利用率，优点是它的控制以及刀库的运动等比较简单。

2）任意选刀

任意选刀方式是预先把刀库中每把刀具（或刀座）编上代码，按照编码选刀，刀具在刀库中不必按照工件的加工顺序排列。任意选刀有刀具编码式、刀座编码式、附件编码式、计算机记忆式四种方式。

①刀具编码式

这种选择方式采用了一种特殊的刀柄结构，并对每把刀具进行编码。换刀时通过编码识别装置，根据换刀指令代码，在刀库中寻找所需要的刀具。

②刀座编码式

刀座编码是对刀库中所有的刀座预先编码，一把刀具只能对应一个刀座，从一个刀座中取出的刀具必须放回同一刀座中，否则会造成事故。这种编码方式取消了刀柄中的编码环，使刀柄结构简化，长度变短，刀具在加工过程中可重复使用，但必须把用过的刀具放回原来的刀座，送取刀具麻烦，换刀时间长。

③附件编码式

附件编码方式可分为编码钥匙、编码卡片、编码杆和编码盘等，其中应用最多的是编码钥匙。这种方式是较早期采用的编码方式，现在已经很少采用。

④计算机记忆式

目前加工中心上大量使用的是计算机记忆式选刀。这种方式能将刀具号和刀库中的刀座位置（地址）对应的存放在计算机的存储器或可编程控制器的存储器中。无论刀具存放在哪个刀座上，新的对应关系重新存放，这样刀具可在任意位置（地址）存取，刀具不需设置编码元件，结构大为简化，控制也十分简单。在刀库机构中通常设有刀库零位，当执行自动选刀时，刀库可以正反方向旋转，每次选刀式刀库转动不会超过一圈的1/2。

3）刀具交换装置

在数控机床的自动换刀装置中，实现刀库与机床主轴之间刀具传递和刀具装卸的装置称为刀具交换装置。自动换刀的刀具可靠固紧在专用刀夹内，每次换刀时将刀夹直接装入主轴。刀具的交换方式通常分为无机械手换刀和有机械手换刀两大类。

①无机械手换刀

无机械手换刀的方式是利用刀库与机床主轴的相对运动实现刀具交换，也叫主轴直接式换刀，其换刀过程见二维码。

无机械手换刀

②有机械手换刀

采用机械手进行刀具交换的方式应用最为广泛，因为机械手换刀具有很大的灵活性，故换刀时间也较短。机械手的结构形式多种多样，换刀运动也有所不同。常见的有机械手换刀装置动作过程见二维码。

有机械手换刀

学习加工中心自动换刀装置工作原理,请扫二维码。

加工中心自动换刀装置工作原理

4.4 加工中心选型实践与应用

图 4-2 所示为圆柱凸轮。圆柱凸轮结构主要包含平键孔及圆柱凸轮槽,其外观为圆柱体,在加工设备的选择上要遵循加工工艺的需求,分析如下:

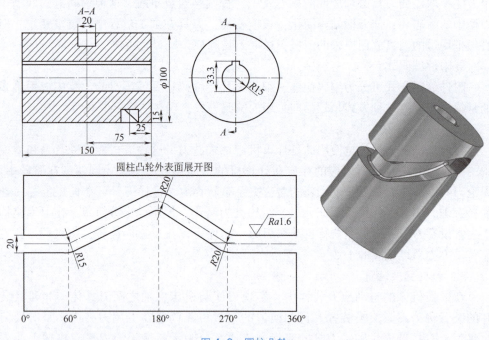

图 4-2 圆柱凸轮

1. 结构分析

根据零件图结构分析,首先,零件结构外形为圆柱体,属于回转体类零件,其外形及 $\phi30$ mm 内孔可以采用车削加工方法,加工设备可以选用数控车床完成。其次,孔内键槽的加工属于铣削加工,可以选用数控铣床或者加工中心上完成。最后,圆柱面上的凸轮槽,槽加工无法在车床上完成,只能采取铣削方法加工,因此需要选用数控铣床或者加工中心完成。

2. 精度分析

根据零件图中表面粗糙度要求,加工过程需要采取先粗加工,后精加工的方式。根据目前市场实际使用情况,选择的加工机床应满足精加工需求。因此数控机床可

以选择加工精度较高的设备，如半闭环系统的数控设备。

3. 零件尺寸分析

首先，根据零件图中尺寸，其最大尺寸为 $\phi100\ mm\times150\ mm$，制造加工设备可以选择通用型的数控机床进行加工。其次，凸轮槽在进行铣削加工时，工件需要不停地旋转运动，因此可以考虑选用四轴的铣削类机床，此外，凸轮槽加工时，一把铣刀不足以完成槽的加工，需要多把刀具组合，才能实现加工，为了提高效率，可以选用加工中心作为加工设备。

4. 刀库容量分析

圆柱凸轮槽结构的加工至少需要 3 把刀具进行加工，包括粗铣刀、精铣刀、清根用铣刀，所用刀具数量较少，因此，可以根据车间加工设备，选用刀库刀位数少的加工中心进行加工，为了提高效率，可选用有机械手换刀的中小型加工中心设备。

5. 编程方式的选择

零件外圆面、内孔及键槽结构简单，可以采用基础指令实现编程加工；凸轮槽结构复杂，可以借助 CAM 软件进行辅助编程。

综上所述，加工设备可以选择带一回转轴的立式加工中心，其型号为 VMC850，如图 4-3 所示，主要技术参数如表 4-5 所示。

图 4-3　VMC850 立式加工中心

表 4-5　VMC850 立式加工中心主要技术参数

项目	参数
X、Y、Z 轴行程/mm	800、500、550
工作台尺寸（长×宽）/mm	1 050×500
主轴鼻端至工作台面距离/mm	150~650
主轴中心至立柱导轨面距离/mm	550
X、Y 轴快速进给/$(mm\cdot min^{-1})$	24 000
Z 轴快速进给/$(mm\cdot min^{-1})$	15 000
切削进给/$(mm\cdot min^{-1})$.	1~10 000
定位精度/mm	±300
重复定位精度/mm	±0.005
工作台面积/mm	1 000×500
工作台载重能力/kg	600
工作台 T 形槽数、宽度、间距/mm	3、8、150
主轴最高转速/$(r\cdot min^{-1})$	8 000
刀库容量/把	24
主轴规格	BT40

续表

项目	参数
机床质量/kg	5 500
机床总功率/kW	30
机床外形尺寸（长×宽×高）/mm	2 700×2 300×2 700

问题提示

　　加工中心加工复杂曲面、精密零件，具有高精度、高速、高灵活性，使用自动化装置能够自动完成一系列工作，从而减少工人劳动强度、减少误差，提高加工效率。加工中心在机械加工、模具制造、汽车制造和医疗器械制造等领域得到广泛应用，而且在未来，随着工业自动化、智能制造不断提高，它的广泛应用领域将更加多样化。

任务实施

　　根据任务要求完成任务4加工中心的选择（任务工单）的填写。

问题探究

　　1. 加工中心和数控铣床的区别是什么？
　　2. 加工中心是如何分类的？有哪些类型？
　　3. 立式加工中心和卧式加工中心在加工零件特征上有什么区别？
　　4. MVR25、TH6340、GMB3060mr 加工中心型号的含义是什么？
　　5. 查阅资料，列举5种加工中心的品牌和型号。

项目二　数控加工刀具的选择

学习导航

学习目标	知识目标： 　1. 掌握数控加工刀具的基础知识。 　2. 熟知数控刀具几何角度及影响因素。 　3. 熟知常用数控刀具规格与材料。 技能目标： 　1. 会根据车削零件图选择各类数控车削刀具。 　2. 会根据铣削零件图选择各类数控铣削刀具。 　3. 会根据孔加工特征选择各类孔加工刀具。 　4. 认知国内外先进的数控刀具系统系统及特点。 素质目标： 　1. 塑造学生爱国敬业、使命奉献的核心价值观。 　2. 培养学生认识问题、分析问题和解决问题的能力。 　3. 培养学生严谨细致、精益求精的工匠精神。 　4. 培养学生实践应用、自主探究的创新精神。 　5. 培养学生团队协作、安全质量的职业素养。
学习重点	常用数控车削刀具、铣削刀具、孔加工刀具的选择方法。
学习难点	刀具的角度的选择。

数控刀具的起源与发展

数控刀具是国内对现代高效刀具的习惯称呼，它是现代数字化制造技术的一个有机组成部分、是机械制造中用于切削加工的工具，又称切削工具。

数控刀具的
起源与发展

项目导入

随着高端智能制造技术的不断发展，以制造业为主要服务对象的刀具制造及应用技术发展迅速。大量高速、高效、柔性、复合、环保的数控加工刀具及应用新技术不断涌现，使数控加工技术发生了较大变化。刀具产品已发展成为高附加值、高科技含量的产品，掌握刀具的正确选用与了解刀具的发展，对刀具的认知提出了新要求。学习数控刀具的结构特点、材料性能和选用方法，认真探求"事半功倍"的做事效果途径。

任务 5　认识数控刀具

任务导入

工欲善其事、必先利其器，了解国内外数控刀具的技术现状和国产数控刀具的应用情况，掌握数控刀具的种类和可转位刀片的型号表示规则，是合理选择数控刀具的重要前提条件。

任务目标

1. 了解数控刀具的发展和数控刀具技术的发展现状。
2. 了解刀具选用的标准。
3. 掌握数控刀具的分类方法和种类。
4. 熟知数控可转位刀具的刀片型号表示规则。
5. 塑造学生爱国敬业、使命奉献的核心价值观。

知识导图

知识链接

5.1　数控加工刀具基础知识

1. 数控加工对刀具的要求

为了适应数控加工技术的需要，不仅要求数控加工刀具耐磨损、寿命长、可靠性好、精度高、刚性好，而且要求刀具尺寸稳定、安装调整方便等。具体要求如下：

（1）刀具材料应具有高可靠性

数控加工在数控机床或加工中心上进行，切削速度和自动化程度高，要求刀具

数控刀具
基础知识

应具有很高的可靠性，并且要求刀具的寿命长、切削性能稳定、质量一致性好、重复精度高。

（2）刀具材料应具有高的耐热性、抗热冲击性和高温力学性能

现在的数控机床向着高速度、高刚性和大功率发展，切削速度的增大，往往会导致切削温度的急剧升高。因此，要求刀具材料的熔点高、氧化温度高、耐热性好、抗热冲击性能强，同时要求刀具材料具有很高的高温力学性能，如高温强度、高温硬度、高温韧性等。

（3）数控刀具应具有高的精度

数控加工刀具借助专用对刀装置或对刀仪，调整到所要求的尺寸精度后，再安装到机床上应用。这样就要求刀具的制造精度要高，尤其在使用可转位结构的刀具时，刀片的尺寸公差、刀片转位后刀尖空间位置尺寸的重复精度，都有严格的精度要求。

（4）数控刀具应能实现快速更换

数控刀具应能与数控机床快速、准确地接合和脱开，能适应机械手和机器人的操作，并且要求刀具互换性好、更换迅速、尺寸调整方便、安装可靠，以减少因更换刀具而造成的停顿时间。

（5）数控刀具应系列化、标准化和通用化

尽量减少刀具规格，以利于数控编程和便于刀具管理，降低加工成本，提高生产效率，建立刀具准备单元，进行集中管理，负责刀具的保管、维护、预调、配置等工作。

（6）数控刀具大量采用机夹可转位刀具

由于机夹可转位刀具能满足耐用、稳定、易调和可换等要求，目前，广泛采用机夹可转位刀具结构。机夹可转位刀具在数量上已达到整个数控刀具的30%~40%。

（7）数控刀具大量采用多功能复合刀具及专用刀具

对复杂零件加工要求在一次装夹中进行多工序的集中加工，并淡化传统的车、铣、镗、螺纹加工等不同切削工艺的界限，对数控刀具提出了多功能（复合刀具）的新要求，要求一种刀具能完成零件不同工序的加工，减少换刀次数，节省换刀时间，减少刀具的数量和库存量，便于刀具管理。

（8）数控刀具应能可靠断屑或卷屑

在切削塑性材料时，切屑的折断与卷曲，常常是决定数控加工能否正常进行的重要因素。因此，数控刀具必须具有很好的断屑、卷屑和排屑性能，要求切屑不能缠绕在刀具或工件上、切屑不影响工件的已加工表面、不妨碍后续工序进行。数控刀具一般采取一定的断屑措施（如可靠的断屑槽型、断屑台和断屑器等），以便可靠断屑或卷屑。

（9）数控刀具材料应能适应难加工材料和新型材料加工的需要

工程材料提出了越来越高的要求，各种高强度、高硬度、耐腐蚀和耐高温的工程材料越来越多地被采用，它们中多数属于难加工材料。目前难加工材料已占工件的40%以上，因此，数控加工刀具应能适应难加工材料和新型材料加工的需要。

2. 数控刀具的种类

（1）从结构上分

1）整体式是指刀具切削部分和夹持部分为一体结构的刀具。

2）镶嵌式可分为焊接式和机夹式。机夹式根据刀体结构不同，分为可转位和不转位。

3）减振式。当刀具的工作臂长度与直径之比较大时，为了减少刀具的振动，提高加工精度，多采用此类刀具。

4）内冷式。切削液通过刀体内部由喷孔喷射到刀具的切削刃部。

5）特殊形式，如复合刀具、可逆攻螺纹刀具等。

（2）从切削工艺上分

1）车削刀具。常规车削刀具分外圆、内孔、外螺纹、内螺纹、切槽、切端面、切端面环槽、切断等刀具。数控车床一般使用标准的机夹可转位刀具，机夹可转位刀具的刀片和刀体都有标准，刀片材料采用硬质合金、涂层硬质合金及高速钢。从切削方式上分为三类：圆表面切削刀具、端面切削刀具和中心孔类刀具。

2）铣削刀具。铣削刀具是用于铣削加工的、具有一个或多个刀齿的旋转刀具。工作时各刀齿依次间歇地切去工件的余量。铣刀主要用于在铣床上加工平面、台阶、沟槽、成形表面和切断工件等。常用的刀具有面铣刀、立铣刀、三面刃铣刀等。除此之外有模具铣刀、键槽铣刀、鼓形铣刀、成形铣刀等其他种类。

3）孔加工刀具。孔加工刀具分为孔粗加工、孔精加工、螺纹加工等刀具，可在数控车床、车削中心、数控镗铣床和加工中心上使用。它的结构和连接形式有直柄、锥柄、螺纹连接、模块式连接（圆锥或圆柱连接）等多种。

（3）从制造所采用的材料分

1）高速钢刀具。高速钢通常是型坯材料，韧性较硬质合金好，硬度、耐磨性和热硬性较硬质合金差，不适于切削硬度较高的材料，也不适于进行高速切削。高速钢刀具使用前需生产者自行刃磨，且刃磨方便，适于各种特殊的非标准刀具。

2）硬质合金刀具。硬质合金刀片切削性能优异，在数控车削中广泛使用。硬质合金刀片有标准规格系列产品，具体技术参数和切削性能由刀具生产厂家提供。

硬质合金刀片按国际标准分为三大类：P类、M类、K类。

P类适用于加工钢、长屑可锻铸铁，相当于我国的钨钛钴类硬质合金（YT）。

M类适用于加工奥氏体不锈钢、铸铁、高锰钢、合金铸铁等，相当于我国的钨钛钽（铌）钴类硬质合金（YW）。

K类适用于加工铸铁、冷硬铸铁、短屑可锻铸铁、非钛合金，相当于我国的钨钴类硬质合金（YG）。

3）陶瓷刀具。陶瓷刀具是利用属于非金属材料的特种陶瓷原料加工而成，除可用于一般的精加工和半精加工外，也可用于冲击负荷下的粗加工，在国际上是公认的提高生产效率、最有潜质的刀具。

4）立方氮化硼刀具。立方氮化硼刀具是指用立方氮化硼（CBN）做成切削部分的刀具，适用于加工35HRC以上的硬质材料，如各种淬硬钢（碳素工具钢、合金工具钢、高速钢、轴承钢、模具钢等）冷硬铸铁、钴基和镍基高温合金、硬质合金、表面喷涂（焊）材料等高硬及耐磨材料，也可用于钛合金、纯镍、纯钨及其他材料的加工。

5）金刚石刀具。可以制成切削刀具的金刚石材料有天然单晶金刚石和人造聚晶金刚石两类。天然单晶金刚石材料耐磨性极好，制成刀具在切削中可长时间保持尺寸的稳定，故而有很长的刀具寿命。人造聚晶金刚石（PCD）是在高温高压下将金刚石微粉加溶剂聚合而成的多晶体材料。

多学一点

学习常用刀具材料，请扫二维码。
学习新型刀具材料，请扫二维码。

常用刀具材料   新型刀具材料

5.2 数控刀具的结构及角度

1. 刀具切削部分的组成

各种刀具的基本角度均由外圆车刀的基本角度演化而来。因此，外圆车刀角度是学习刀具角度的基础，其切削部分如图5-1所示，主要由以下几部分组成。

数控刀具结构

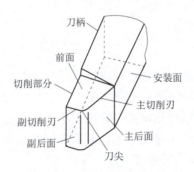

图5-1 刀具切削部分组成

刀具切削部分几何形状。

①前面 A_γ：刀具上切屑流过的表面。

②主后面 A_α：刀具上与工件上的加工表面相对的刀具表面。

③副后面 A'_α：刀具上与工件的已加工表面相对的刀具表面。

④主切削刃 S：前面与主后面相交得到的刃边。主切削刃是前面上直接进行切削的锋刃，完成主要的金属切除工作。

⑤副切削刃 S'：前面与副后面相交得到的刃边。副切削刃协同主切削刃完成金属的切除工作，最终形成工件的已加工表面。

⑥刀尖：又称为过渡刃，它是指主切削刃与副切削刃连接处的一小段刃形，可以是圆弧，也可以是直线。

2. 数控车刀的几何角度

刀具角度是确定刀具切削部分几何形状的重要参数，用于定义和规定刀具角度的各基准坐标平面称为参考系，有两种：

①刀具静止参考系：刀具设计时标注、刃磨和测量的基准，用此定义的刀具角度称刀具标注角度。

②刀具工作参考系：确定刀具切削工作时角度的基准，用此定义的刀具角度称刀具工作角度。

（1）正交平面参考系及基本标注角度

1）正交平面参考系如图 5-2 所示。

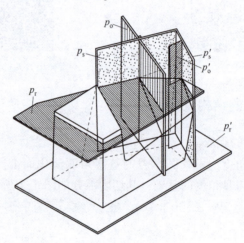

图 5-2　正交平面参考系

①基面 P_r：过切削刃选定点平行或垂直于刀具上的安装面（轴线）的平面，车刀的基面可理解为平行刀具底面的平面。

②切削平面 P_s：过切削刃选定点与切削刃相切并垂直于基面的平面。

③正交平面 P_o：过切削刃选定点同时垂直于切削平面与基面的平面。

2）正交平面参考系标注的角度

在正交平面 P_o 内定义的刀具角度如图 5-3 所示有：

①前角 γ_o：前刀面与基面之间的夹角。前角表示前刀面的倾斜程度。

②后角 α_o：主后刀面与切削平面之间的夹角。后角表示主后刀面的倾斜程度。

在基面 P_r 内定义的角度如图 5-3 所示有：

③主偏角 κ_r：主切削刃在基面投影与假定进给方向的夹角。

④副偏角 κ_r'：副切削刃在基面投影与假定进给反方向的夹角。

在切削平面 P_s 内定义的角度有：

⑤刃倾角 λ_s：刃倾角指主切削刃与基面之间的夹角。

在副正交平面 P_o'（过副切削刃上选定点垂直于副切削刃在基面上投影的平面）内定义的角有：

⑥副后角 α'_o：副后刀面与副切削平面 P'_s（过副切削刃上选定点的切线垂直于基面的平面）之间的夹角。副后角表示副后刀面的倾斜程度，一般情况下为正值，且 $\alpha'_o = \alpha_o$。其他常用的刀具角度如刀尖角 ε_r、楔角 β_o 等为派生角度。

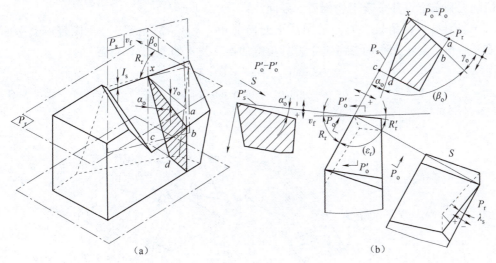

图 5-3　正交平面参考系的刀具角度

3）前、后角及刃倾角正负的判定

①前、后角正负的判定

如图 5-4 所示，若前、后刀面都位于 P_r、P_s 组成的直角平面系之内时，前、后角都为正值；反之，则为负值。前面与 P_r 重合时，前角为 0；后面与 P_s 重合时，后角为 0。

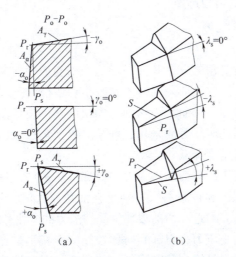

图 5-4　刀具角度正负的判定

（a）前、后角正负的判定；（b）刃倾角的正负判定

②刃倾角正负的判定

刀尖相对车刀的底平面处于最高点时，刃倾角为正；刀尖相对车刀的底平面处

于最低点时，刃倾角为负；切削刃与基面平行时，刃倾角为 0。

（2）法平面参考系及角度

法平面参考系由 P_r、P_s、P_n 三个平面组成，如图 5-5 所示。其中法平面 P_n 过切削刃某选定点并垂直于切削刃的平面。

当刀具刃倾角较大时，常用法平面内前角（γ_n）、后角（α_n），代替正交平面前、后角，与正交平面参考系中刀具角度的换算公式如下：

$$\tan \gamma_n = \tan \gamma_o \cos \lambda_s \qquad (5-1)$$

$$\cot \alpha_n = \cot \alpha_o \cos \lambda_s \qquad (5-2)$$

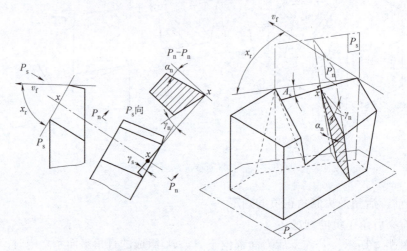

图 5-5 法平面参考系及其刀具角度标注

3. 刀具几何参数的合理选择

（1）前角 γ_o 的选择

1）前角的功用

数控刀具角度

前角有正前角和负前角之分，其大小影响切削变形和切削力的大小、刀具耐用度及加工表面质量高低。取正前角的目的是减小切屑被切下时的弹塑性变形和切屑流出时与前面的摩擦阻力，从而减小切削力和切削热，使切削轻快，提高刀具寿命和已加工表面质量，因此应尽可能采用正前角。但前角过大，刀具强度低、散热体积小，反而会使刀具耐用度降低。

取负前角的目的在于改善切削刃受力状况和散热条件，提高切削刃强度和耐冲击能力。正前角刀具切削脆性材料，特别是在前角较大时，切屑和前面接触较短，切削力集中作用在切削刃附近，切削刃部位受切削力的弯曲和冲击，容易产生崩刃。而负前角刀具的前面则受压力，刃部相对比较结实，特别是在切削硬脆材料时，刃口强度较好，但切削时刀具锋利程度降低，切屑变形和摩擦阻力增大，切削力和切削功率也增加。因此，负前角刀具通常在用脆性刀具材料加工高强度、高硬度工件材料，而切削刃强度又不够、易产生崩刃时才采用。

2）合理前角的选择原则

选择前角时首先应保证切削刃锋利，同时要兼顾足够的切削刃强度。合理前角的选择原则如表5-1所示。硬质合金车刀合理前角的参考值如表5-2所示。

表5-1 合理前角的选择原则

工件材料	强度硬度	工件材料的强度和硬度大，采用小前角；反之工件材料的强度和硬度小，前角应大些
	塑性	采用较大的前角
	脆性	采用较小的前角
刀具材料	强度韧性	刀具材料的抗弯强度和冲击韧性较低时，应选用较小的前角高速钢刀具。比硬质合金刀具的合理前角，陶瓷刀具的合理前角应选得比硬质合金刀具更小些
加工性质	粗加工	采用较小的前角
	精加工	前角取得较大些
系统刚性机床功率		工艺系统刚性差和机床功率较小时，宜选用较大的前角，以减小切削力和振动
成形刀具		成形刀具应采用较小的前角或零前角，以减少刀具刃磨后截形产生的误差
机床自动化		数控机床、自动机床和自动线用刀具，为保证刀具工作的稳定性，使其不易发生崩刃和破损，一般选用较小的前角

表5-2 硬质合金车刀合理前角的参考值

工件材料		合理前角/（°）	工件材料		合理前角/（°）
碳钢 σ_b/GPa	≤0.445	20~25	软橡胶		50~60
	≤0.558	15~20	不锈钢	奥氏体	15~30
	≤0.784	12~15		马氏体	−5~15
	≤0.98	5~10	淬硬钢	≥HRC40	−10~−5
40Cr	正火	13~18		≥HRC50	−15~−10
	调质	10~15	高强度钢		−10~8
灰铸铁	≤220 HBS	10~15	钛及钛合金		5~15
	>220 HBS	5~10	变形高温合金		5~15
铜	纯铜	25~35	铸造高温合金		0~10
	黄铜	15~25	高锰钢		−5~8
	青铜（脆黄铜）	5~15	铬锰钢		−5~−2
铝及铝合金		25~35			

3）前面形状及刃区参数的选择

正确选择前面形状及刃区参数，对防止刀具崩刃、提高刀具寿命和切削效率、降低生产成本具有重要意义。前面形状分平面型和断屑前面型两大类。刃区剖面形式有峰刃型、倒棱型和钝圆切削刃型三种。表5-3列出了常用的前面形状和刃区剖面参数、特点及应用范围。

表5-3　前面形状和刃区剖面参数、特点及应用范围

形式	特点及切削性能	应用范围
正前角锋刃平前面	切削刃口较锋利，但强度较差 γ。不能太大，不易断屑	各种高速钢刃形复杂刀具及成形刀具，精加铸铁、青铜等脆性材料的硬质合金刀具
负前角平前面	切削刃强度较好，但刀刃较钝，切削变形大	硬脆刀具材料、加工高强度高硬度（如淬火钢）的车刀、铣刀、面铣刀等
正前角锋刃断屑前面	比平前刀面可取较大前角且改善了卷屑和断屑条件，但刃磨不如平前面简便	各种高速钢刀具，加工纯铜、铝合金等低强度低硬度的硬质合金刀具
带倒棱的前面	切削刃强度及抗冲击能力增加。在同样条件下允许采用较大的前角，提高刀具寿命	加工各种钢材等塑性材料的硬质合金车刀
		加工铸铁等脆性材料用的硬质合金陶瓷刀具
		零度倒棱，适用于高速钢刀具
钝圆切削刃或倒棱刃加钝圆切削刃的前面	切削刃强度及抗冲击能力增加，且有一定的熨压和消振作用	适用于陶瓷等脆性材料刀具

（2）后角 α_o 的选择

1）后角的功用

后角的主要作用是减小后面与过渡表面和已加工表面之间的摩擦，影响楔角 β_o 的大小，从而配合前角调整切削刃的锋利程度和强度。后角减小，后面与工件表面间摩擦加大，刀具磨损加大，工件冷硬程度增加，加工表面质量差；后角增大，摩擦减小，但刀刃强度和散热情况变差。因此，在一定切削条件下，后角有一个对应最高刀具寿命的合理数值。

2）合理后角的选择原则

合理后角的选择原则如表 5-4 所示。

表 5-4　合理后角的选择原则

加工情况	粗加工	为保证刀具强度，应选较小的后角
	精加工	为保证表面质量，应选较大的后角
工件材料		工件材料的强度、硬度高时，宜选较小的后角；工件材料硬度低、塑性较大时，主后刀面的摩擦对已加工表面质量和刀具磨损影响较大，此时应选较大的后角；加工脆性材料时，切削力集中在切削刃附近，为强化切削刃，宜选较小的后角
尺寸精度		对于尺寸精度要求较高的精加工刀具（如铰刀、拉刀），为减少重磨后刀具尺寸变化，应选较小的后角
工艺系统刚性		工艺系统刚性差，容易产生振动时，应选较小的后角以增强刀具对振动的阻尼作用

3）硬质合金车刀合理后角的参考值如表 5-5 所示。

表 5-5　硬质合金车刀合理后角的参考值

工件材料	合理后角/（°）		工件材料	合理后角/（°）	
	粗车	精车		粗车	精车
低碳钢	8~10	10~12	灰铸钢	4~6	6~8
中碳钢	5~7	6~8	铜及铜合金（脆）	4~6	6~8
合金钢	5~7	6~8	铝及铝合金	8~10	10~12
淬火钢	8~10		钛合金（$\sigma_b \leqslant 1.17$ GPa）	10~15	
不锈钢	6~8	8~10			

4）后面形状及选择

后面形状及选择如表 5-6 所示。

表 5-6 后面形状及选择

后面形状	特点及切削性能、选取参考值
第一后面 第二后面 α_{o1} $\alpha_{o1}+(2°\sim4°)$ b_{a1}	为了减少刃磨后面的工作量，提高刃磨质量，常把后面做成双重后面，b_{a1} 取 $1\sim3$ mm
b_{a1} $\alpha_{o1}=0$ 第一后面（刃带） 第二后面 α_o	沿主切削刃或副切削刃磨出后角为 0 的窄棱面称为刃带。对定尺寸刀具沿后面（如拉刀）或副后面（如铰刀、浮动镗刀、立铣刀等）磨出刃带的目的是在制造刃磨刀具时便于控制和保持其尺寸精度，同时在切削时也可起到支承、导向、稳定切削过程和消振（产生摩擦阻尼）的作用。此外，刃带对已加工表面会产生所谓"熨压作用"，从而能有效降低已加工表面粗糙度值。刃带宽度一般在 $0.05\sim0.3$ mm，超过一定值后会增大摩擦，导致擦伤已加工表面，甚至引起振动。有时，沿着后面磨出负后角倒棱面，倒棱角 $\alpha_{o1}=5°\sim10°$，倒棱面宽度 $b_{a1}=0.1\sim0.3$ mm
b_{a1} α_{o1} α_o	切削时能产生支撑和阻尼作用，防止扎刀，使用恰当时，有助于消除低频振动

（3）主偏角 κ_r 和副偏角 κ_r' 的选择

1）主偏角的功用

主偏角的功用主要影响刀具耐用度、已加工表面粗糙度及切削力的大小。主偏角 κ_r 较小，则刀头强度高、散热条件好、已加工表面残留面积高度小，主切削刃的工作长度长，单位长度上的切削负荷小；其负面效应为背向力大，容易引起工艺系统振动，切削厚度小，断屑效果差。当主偏角较大时，所产生的影响与上述完全相反。

2）合理主偏角的选择原则

在一定切削条件下，主偏角有一个合理数值，其主要选择原则为：

①粗加工和半精加工时，硬质合金车刀应选择较大的主偏角，以便减少振动，提高刀具耐用度和断屑。例如，在生产中效果显著的强力切削车刀的 κ_r 为 75°。

②加工很硬的材料，如淬硬钢和冷硬铸铁时，为减少单位长度切削刃上的负荷，

改善刀刃散热条件，提高刀具耐用度，应取 $\kappa_r = 10° \sim 30°$，工艺系统刚性好的取小值，反之取大值。

③当工艺系统刚性低（如车细长轴、薄壁筒）时，应选较大的主偏角，甚至取 $\kappa_r \geqslant 90°$ 以减小背向力 f_p，从而降低工艺系统的弹性变形和振动。

④当单件小批生产时，希望用一两把车刀加工出工件上所有表面，则应选用通用性较好的 $\kappa_r = 45°$ 或 $\kappa_r = 90°$ 的车刀。

⑤需要从工件中间切入的车刀以及仿形加工的车刀，应适当增大主偏角和副偏角；有时主偏角的大小取决于工件形状，例如车阶梯轴时，则需用 $\kappa_r = 90°$ 的刀具。

3）副偏角的功用

副偏角的功用主要是减小副切削刃及副后面与已加工表面之间的摩擦。较小的副偏角，可减小残留面积高度，提高刀具强度和改善散热条件，但将增加副后刀面与已加工表面之间的摩擦，且易引起振动。

4）合理副偏角的选择原则

①一般刀具的副偏角，在不引起振动的情况下，可选取较小的副偏角，如车刀、刨刀均可取 $\kappa_r' = 5° \sim 10°$。

②精加工刀具的副偏角应取得更小一些，甚至可制出副偏角为 0° 的修光刃，以减小残留面积，从而减小表面粗糙度。

③加工高强度、高硬度材料或断续切削时，应选较小的副偏角（$\kappa_r' = 4° \sim 6°$），以提高刀尖强度，改善散热条件。

④切断刀、锯片刀和槽铣刀等，为了保证刀头强度和重磨后刀头宽度变化较小，只能选很小的副偏角，即 $\kappa_1 = 1° \sim 2°$。

表 5-7 所示为在不同加工条件时，主要从工艺系统刚度考虑的合理主偏角、副偏角的参考值。

表 5-7　合理主偏角和副偏角的参考值

加工情况	加工冷硬铸铁、高锰钢等高硬度高强度材料，且工艺系统刚度好时	工艺系统刚度较好，加工外圆及端面、能中间切入时	工艺系统刚度较差，粗加工、强力切削时	工艺系统刚度差，车台阶轴、细长轴、薄壁件时	车断车槽
主偏角/(°)	10~30	45	60~75	75~93	≥90
副偏角/(°)	10~5	45	15~10	10~5	1~2

（4）刃倾角 λ_s 的选择

1）刃倾角的功用

刃倾角主要影响切屑的流向和刀尖的强度。如图 5-6 所示，刃倾角为正时，刀尖先接触工件，切屑流向待加工表面，可避免缠绕和划伤已加工表面，对半精加工、精加工有利；刃倾角为负时，刀尖后接触工件，切屑流向已加工表面，可避免刀尖受冲击，起保护刀尖的作用，并可改善散热条件。

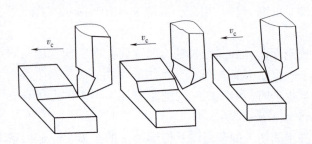

图5-6　刃倾角对刀尖强度的影响

2）合理刃倾角的选择原则

合理刃倾角的选择原则如表5-8所示，车削时合理刃倾角的参考值如表5-9所示。

表5-8　合理刃倾角的选择原则

加工情况	选择原则
粗加工	可取负 λ_s，以使刀具具有较高的强度和较好的散热条件，并使切件时刀尖免受冲击
精加工	取正 λ_s，使切屑流向待加工表面，以提高表面质量
断续切削	工件表面不规则、冲击力大时，应取负 λ_s，以提高刀尖强度
切削硬度很高的工件材料	取绝对值较大的负 λ_s，以使刀具具有足够的强度
工艺系统刚性差	应取正 λ_s，以减小背向力（吃刀抗力）

表5-9　车削时合理刃倾角的参考值

刃倾角值/(°)	0～+5	+5～10	-5～0	-10～-5	-15～-10	-45～-10
应用范围	精车钢和细长轴	精车有色金属	粗车钢和灰铸铁	粗车余量不均匀钢	断续车削钢和灰铸铁	带冲击切削淬硬钢

5.3　数控可转位刀具

1. 可转位刀具的基本知识

（1）可转位刀具的概念

可转位刀具是将预先加工好并带有若干切削刃的多边形刀片，用机械加固的方法加紧在刀体上的一种刀具，如图5-7所示。当在使用过程中一个切削刃磨钝后，只要将刀片的夹紧松开后转位，使新的切削刃进入工作位置，并重新夹紧就可以继续使用。当所有切削刃用钝后，换一块新刀片即可继续切削，不需要更换刀体。因此节约了钢材和制造费用，极大地促进了可转位刀体的专业化、标准化生产，进一步促进可转位刀具技术的进步。

为了保证可转位刀具的刀片在转位或刀片更换后切削刃在刀体上位置不变，并具有相同的几何参数。在对可转位刀片的结构设计、几何尺寸、制造精度及选用等方面有如下基本要求：

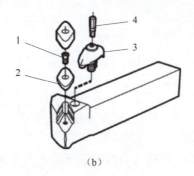

（a）　　　　　　　　　　　　　　　（b）

图 5-7　可转位刀具

（a）可转位车刀；（b）结构图

1—垫片螺钉；2—刀片；3—夹紧装置；4—夹紧螺钉

①刀片具有一定的制造精度，保证可转位刀片完全互换。

②同一刀片上具有尽可能多的切削刃供转位使用，提高可转位刀片的利用率。

③各切削刃要具有相同的几何参数，保证转位或更换后的切削效果不变。

④刀片在刀具上定位与夹紧可靠。

⑤具有足够的强度，以承受切削过程中的切削力及冲击、振动等。

⑥刀片的断屑（卷屑）性能要好。

在保证上述要求的前提下，刀片几何形状应尽可能简单，刀片体积尽量小，以简化制造工艺，保证好的经济性。

（2）可转位刀具的分类

可转位刀具通常按刀片在刀杆或刀体上的安装方法不同，把可转位刀片分为如下几类，如表 5-10 所示。

表 5-10　可转位刀具刀片类型

类别名称	类别	特点
无孔可转位刀片		最早出现的可转位刀刀片形式，采用上压式结构将刀片夹紧
圆孔可转位刀片		刀片中间有一圆柱形孔，用来将刀片安装夹紧在刀杆上
沉孔可转位刀片		刀片夹紧时，用一沉头螺钉穿入孔内直接将刀片夹紧在刀杆或刀体上，简化了刀具的夹紧结构

续表

类别名称	类别	特点
铣削用可转位刀片		为无孔刀片，目前该类刀片已制成带锥孔的用螺钉直接压紧的结构形式，刀具结构更简单、紧凑

2. 可转位刀片的型号及表示方法

（1）可转位硬质合金刀片的型号表示方法

我国硬质合金可转位刀片的国家标准采用的是 ISO 国际标准，已经颁布了 6 项，如表 5-11 所示。标准规定，任何一个型号刀片必须具有前 7 个号位，后 3 个号位在必要时才使用。但对于车刀刀片，第 10 号位属于标准要求标注的部分。无论有无第 8、9 两个号位，第 10 号位必须用短横线 "-" 与前面号位隔开，并且其字母不得使用第 8、9 两个号位已使用过的 7 个字母（F、E、T、S、R、L、N）。当第 8、9 号位只使用其中一位时，则写在第 8 号位上，且中间不需空格。第 5、6、7 号位使用不符合标准规定的尺寸代号时，第 4 号位要用 X 表示，并需用略图或详细的说明书加以说明。

表 5-11　硬质合金可转位刀片 ISO 国际标准

序号	ISO 国际标准
1	GB/T 2076—2007《切削刀具可转位刀片型号表示规则》
2	GB/T 2077—1987《硬质合金可转位刀片圆角半径》
3	GB/T 2078—2007《带圆角圆孔固定的硬质合金可转位刀片尺寸》
4	GB/T 2079—1987《无孔的硬质合金可转位刀片》
5	GB/T 2080—2007《带圆角沉孔固定的硬质合金可转位刀片尺寸》
6	GB/T 2081—1987《硬质合金可转位铣刀片》
注：刀片型号表示方法也可根据刀具的品牌进行查阅	

（2）可转位硬质合金刀片的型号表示示例

可转位硬质合金刀片的型号表示示例如表 5-12 所示。

表 5-12　可转位硬质合金刀片的型号表示示例

号位	1	2	3	4	5	6	7	8	9	10
车刀片示例	T	N	U	M	16	03	08	E	R	-A4
注：选择刀片型号，查阅对应品牌刀具手册中字母表示含义										

示例中，T 表示刀片形状为三角形，N 表示法后角为 0°，U 表示偏差等级为精密级，M 表示退刀槽有圆形固定孔，16 表示切削刃长度 16.5 mm，03 表示刀片厚度

3.18 mm，08 表示刀尖圆角半径 0.8 mm，E 表示刀片的刃口形状为倒圆切削刃，R 表示切削方向为右切，A4 表示断屑槽形式为 A 型槽宽为 4 mm 的数控车削三角形刀片。

多学一点

可转位刀片的型号表示说明：

（1）GB/T 2076—2007 关于米制单位的机夹可转位刀片型号规定，车、铣刀片通用。作为标准规定的代号考虑的问题更全面，实际厂家根据自己的具体情况使用的代号会略有减少。另外，部分较大的刀具制造商可能会有自己的刀片代号，因此，实际使用中选择的刀片代号以刀具制造商的产品样本为准。

（2）关于刀片的形状与尺寸，GB 2077—1987、GB/T 2078—2019、GB/T 2079—2015、GB/T 2080—2007、GB/T 2081—2018 对常用的可转位刀片规定了较为详细的尺寸型号与尺寸等参数，篇幅所限，部分未列出，有兴趣的读者可直接查阅相关标准。

（3）应当强调的是，标准所列的形状与尺寸并不能完全满足实际需求。以车削加工刀片为例，标准中未规定切断刀片、螺纹加工刀片等，铣削刀片同样有未规定的刀片，如球头铣刀用刀片等，所有这些刀片均可称为非标准刀片，只能按刀具制造商的型号规则选用。关于非标准刀片，需要读者查阅刀具制造生产商刀具说明手册。

问题提示

数控车刀结构是组成刀具结构的基本单元，在刀具结构术语中一般以车刀为例来介绍刀具角度名称术语，这些名称术语、定义或方法同样适用于其他所有切削刀具。数控可转位刀具已经成为刀具应用和发展的重要方向。

任务实施

根据任务要求完成任务 5 认识数控刀具（任务工单）的填写。

问题探究

1. 常用的刀具材料有哪些？
2. 数控刀具按结构可分为几种形式？各有什么特点？
3. 数控可转位刀片的类型有几种？各自使用于什么场合？
4. 在基面上的标注角度有几个？各角度对切削加工的影响是什么？
5. 数控可转位刀片的型号表示规则是什么？试举例说明。
6. 绘制一把车刀的工作草图，其标注前角 $\gamma_o = 13°$，后角 $\alpha_o = 10°$，主偏角 $\kappa_r = 60°$、副偏角 $\kappa_r' = 30°$ 和刃倾角 $\lambda_s = 10°$。

任务 6 数控车削刀具的选择

任务导入

刀具作为数控车床的重要配置之一，在机床运行工作中起着至关重要的作用。由于数控车床加工是一项精度高的工作，而且它的加工工序集中和零件装夹次数少，正确合理选择数控车削加工刀具是保证车削零件加工精度的关键所在。数控车削刀具选用途径有两种：一是相关刀具手册，二是查阅刀具制造商的产品样本，需要读者平时的积累与跟踪。

任务目标

1. 了解数控车削刀具的种类和用途。
2. 认知数控机夹可转位车刀代码。
3. 掌握数控外圆车刀、内孔车刀、螺纹车刀的选用方法。

知识导图

知识链接

6.1 数控车刀的种类和用途

1. 数控车刀的种类和用途

数控车刀的种类较多，分类标准也不一样，按用途可分为外圆车刀、端面车刀、切断刀、螺纹车刀等；按切削部分材料可分为高速钢车刀、硬质合金车刀、陶瓷车刀、金刚石车刀等；按结构可分为整体式、焊接式、机夹重磨式、机夹可转位式等，其主要类型和用途如图 6-1 所示。

数控车削刀具

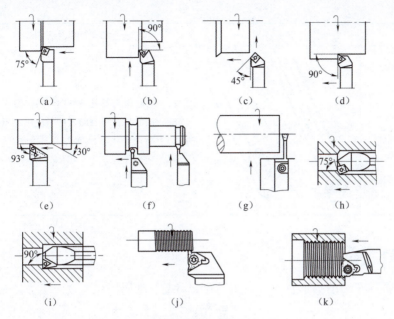

图 6-1 各类数控车刀的主要类型和用途

（a）75°偏头外圆车刀；（b）90°偏头端面车刀；（c）45°偏头外圆车刀；（d）90°偏头外圆车刀
（e）93°偏头仿形车刀；（f）QC 系列切槽刀、切断刀；（g）机夹式切断刀；（h）75°内孔车刀
（i）90°内孔车刀；（j）外螺纹车刀；（k）内螺纹车刀

2. 数控车刀的特点

数控车刀的结构特点及应用，如表6-1所示。

表 6-1 数控车刀的结构特点

类型	示意图	结构特点及应用
整体式车刀		整体式车刀是由整块高速钢淬火、磨制而成的，俗称"白钢刀"，形状为长条形、截面为正方形或矩形，使用时可根据不同用途将切削部分修磨成所需形状
焊接式车刀		焊接式硬质合金刀片的形状和尺寸有统一的标准规格。焊接式车刀的刀槽有敞开式、半封闭式、封闭式等形式
机夹重磨式		机夹重磨式车刀是用机械夹固的方法将刀片固定在刀杆上，由刀片、刀垫、刀杆和夹紧机构等组成。它是针对硬质合金焊接车刀的缺陷而出现的。它的结构形式有上压式、侧压式和切削力夹固式

续表

类型	示意图	结构特点及应用
机夹可转位式	刀杆 刀片	机夹可转位刀具是一种把可转位刀片用机械夹固的方法装夹在特制的刀杆上使用的刀具。应用范围不断地扩大，已成为刀具发展的一个重要方向

 多学一点

学习数控车刀的刃形特点和应用场合，请扫二维码。

数控车刀的刃形

6.2 机夹可转位外圆车刀及选择

在任务 5 中，对数控可转位刀片型号的标准表示方法已经有初步认识，这里不再赘述。下面具体学习数控车削可转位标准刀片。

1. 机夹可转位外圆车刀结构分析

外轮廓回转体表面是车削加工中基础与常见的，应用极为广泛。数控车削加工主流刀具是机夹可转位不重磨形式的外圆车刀。

图 6-2 所示为一款常见的机夹可转位外圆车刀结构示例。刀体加刀头构成刀杆，刀杆是刀具的夹持部分，与车床刀架刚性连接，而刀片又通过机夹方式夹固在刀头上，因此，刀片相对于车床刀架的位置是固定的。机夹可转位刀具的特点是刀片通过机械装置固定，并可松开转位或快速更换。

机夹可转位车刀的切削部分同样遵循"三面、两刃、一尖"的构成原则，即前面 A_1、主后面 A_a 和副后面 A'_a，主切削刃 S 和副切削刃 S'，主、副切削刃的交点（刀尖），这些点、刃、面构成了相应的几何角度。机夹式外圆车刀几何参数如图 6-3 所示。这些几何参数包括几何角度和刀具结构参数，如各刀具几何角度、总长度 l_1、刀头长度 l_2、刀杆截面尺寸 b 和 h、刀尖高度 h_1 等。

2. 典型外圆车刀结构示例分析

图 6-4 所示为根据某刀具样本查得的外圆车刀 SDJCR2020K11，主要代号含义分析如表 6-2 所示。

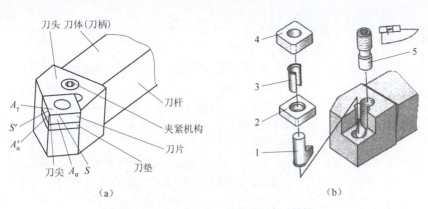

图 6-2 常见的机夹可转位外圆车刀结构

（a）结构示意图；（b）工作原理示意图

1—杠杆；2—刀垫；3—挡垫；4—刀片；5—夹紧螺钉

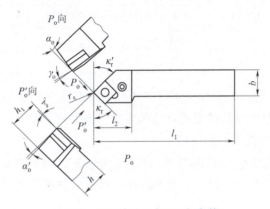

图 6-3 机夹式外圆车刀几何参数

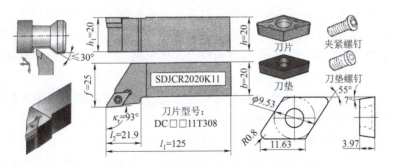

图 6-4 外圆车刀 SDJCR2020K11 结构及型号示例

表 6-2 外圆车刀 SDJCR2020K11 代号含义分析

型号表示号位	代号	代号含义
第一位：①	S	主偏角 $\kappa_r = 93°$
第二位：②	D	刀尖角 $\varepsilon_r = 55°$ 的菱形刀片，副偏角 $\kappa'_r = 32°$
第三位：③	J	图 6-4 所示的刀头形式

型号表示号位	代号	代号含义
第四位：④	C	第4位C表示刀片法后角$\alpha_n = 7°$，因此水平放置后刀具仍然有后角α，是精车刀具的常见设计；图6-4左上角切削方向提示显示了这种刀具可切入一定的凹槽，图6-4左下角给出了刀头的三维效果图，与刀具型号第1位S对应，螺钉通孔夹紧
第五位：⑤	R	R表示正刀，一般说的正刀是指主切削刃在左侧，设计为从右向左走刀车削的车刀。而反刀是主切削刃在右侧，设计为从左向右走刀的刀具。刀刃在左是正刀。一般正刀，刀杆有上方被切去一个角，形成副偏角，于是有人也把它叫作右偏刀——右边是偏的。对应的反刀又叫作左偏刀。正刀——从右向左走刀，也叫右偏刀；反刀——从左向右走刀，也叫左偏刀
第六、七位：⑥⑦	2020	图6-4中的h_1和b对应的数值
第八位：⑧	K	$l_1 = 125$ mm
第九位：⑨	11	刀片刃长 = 12 mm

查阅样本中的刀片型号 DC□□11T308 得到的刀片尺寸如图6-4右下所示，图6-4右上所示的刀片及其槽型适合精车加工（槽型代号略）。

3. 机夹可转位外圆车刀的选择

外圆车削加工是车削加工的基础，外圆车刀选择时的注意事项多于后续的内孔车刀、切槽与切断车刀以及螺纹车刀的选择，具有启迪性的效应。外圆车刀选择时应该思考的问题如下。

（1）刀杆的选择

①与数控机床的接口问题。选择车刀首先必须确保刀具能够安全可靠地安装在使用的数控机床上，各种数控车床的刀架是确定刀具安装的基础，刀架的形式决定刀具的安装方式。目前，正方形和矩形截面刀体仍然是大部分数控车床外圆车削刀具首选的刀具安装方式。

②刀尖安装高度尺寸。理想的刀具安装方式是刀具在机床刀架上安装时不需或尽可能少地使用垫铁安装，因此，刀尖安装高度h_1必须与机床刀架相适应，一般而言，数控车床的使用说明书中均会提供推荐的刀尖安装高度尺寸。

③刀杆形式的选择。机夹可转位车刀的刀杆从其作用看可认为是数控车床的标配和必备的机床附件，具有一定的可重复使用性和通用性。作为数控车床的使用者，如何配备一套合理数量和形式的刀杆是一个系统工程的问题，不可能将所有车刀形式的刀杆均配齐，一般主要考虑自身加工产品材料与常见几何特征、产品的批量大小等因素。

（2）刀片与刀具头部形式的选择

从宏观上看，主要是刀具主偏角和刀片刀尖角的组合，不同的组合形式，其加工的工件形状也不同，大部分刀具制造商的车刀样本中会有这类选择的参考图例。

主偏角的选择还会影响刀尖强度，以图 6-5 所示的外圆车削为例，不同主偏角对刀尖强度的影响如表 6-3 所示。

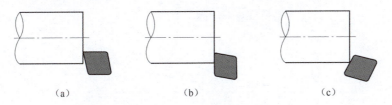

（a） （b） （c）

图 6-5 不同主偏角外圆车削

（a）$\kappa_r > 90°$；（b）$\kappa_r = 90°$；（c）$\kappa_r < 90°$

表 6-3 不同主偏角对刀尖强度的影响

主偏角 κ_r 情况	影响情况
$\kappa_r > 90°$	刀尖先接触工件，容易崩刃
$\kappa_r = 90°$	同时接触的切削刃长度大，切削力突变也不利于刀尖的保护
$\kappa_r < 90°$	刀尖后切入，不容易崩刃。当然，刃倾角也会产生这类效果，如负刃倾角刀具就不易崩刃

1）刀片形状的选择

刀片的刀尖顶角越大，刀头强度越高，散热性越好，但切削力也大，刀尖顶角越小，仿形加工能力越强。几种主要车削刀片形状性能及评价如表 6-4 所示。

表 6-4 几种主要车削刀片形状性能及评价

性能及评价	刀片形状	V 型（菱形）	D 型（菱形）	C 型（菱形）	W 型（等边不等形）	S 型（正方形）	T 型（三角形）	R 型（圆形）
强度	顶角/（°）	35	55	80	80	90	60	180
	评价	顶角越大强度越高						
经济性	可用刃数	2~4	2~4	2~4	3~6	4~8	3~6	更多
	评价	可用刃数越多越经济						
仿形加工能力		顶角越小，仿形加工能力越强						
精度		顶角小转位次数少，精度可达较高						
散热性		顶角越大，散热性能越强						
切削力		顶角越大，切削阻力越大						

2）刀尖圆角

刀尖圆角直接影响加工表面残留面积高度和刀尖强度，车削加工属于单刃切削，刀尖以圆弧为主，评价参数是刀尖圆弧半径 r_ε。刀尖圆弧半径大则刀尖强度好，在进给量一定的情况下，刀尖圆弧半径大，则加工表面残留面积高度小，表面粗糙度值低。刀尖圆弧半径与表面粗糙度的关系如图 6-6 所示。

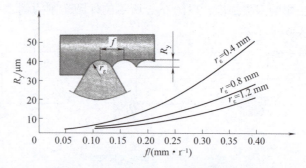

图 6-6　刀尖圆弧半径与表面粗糙度的关系

3）刀片尺寸大小与厚度的选择

各种刀片尺寸大小是以内接圆直径大小与刃长来表示的。一般以最大背吃刀量的大小来选择，通常选刃长较长的，以适用多种背吃刀量加工，使其综合成本较低。图 6-7 所示为不同切削深度下刀片尺寸选择。

4）刀片夹固形式与有无断屑槽的选择

刀片夹固形式主要表示刀片有孔或无孔，双面有孔有倒角或单面有孔有倒角，倒角大小为多少，有无断屑槽等。各制造厂商在许多基本符号上，其代表的内容大致是一样的，如 N 为无孔无断屑槽；R、F 也为无孔，但 R 为单面断屑槽，F 为双面断屑槽；G、M、A、W、T、C 等也常用，它们均为有孔。

无孔的只能用压板夹固，有孔的可用螺钉或孔内杠杆等夹固。结构形式查阅对应刀具品牌手册。

一般双面刀片上下面均有断屑槽，上下面切削刃刀角均可用，经济性好，但适用于轻负荷。单面刀片可适用于较重负荷。无断屑槽刀片适用于铸铁粗加工，因刃部强度大、支承面大，可在恶劣的条件下稳定切削。断屑槽的具体参数往往是刀具制造商的商业秘密，其只能通过某一代号表明某刀片适用于粗加工、半精加工或精加工。

6.3　机夹可转位内孔车刀及选择

与外圆车刀类似，机夹式内孔车刀的基本尺寸取决于各种车刀的类型与型号，国外较为知名的厂家一般有自己的型号表示规则，但大部分厂家仍然是依据 ISO 6261：1995《装可转位刀片的镗刀杆（圆柱形）代号》进行型号表示。GB/T 20336—2006《装可转位刀片的镗刀杆（圆柱形）代号》等同样采用了 ISO 6261：1995 标准，相关参数查阅表 5-11 列出的相关标准，这里不再赘述。

1. 内孔车刀结构分析

内孔车刀是主要用于加工已存在预孔的内轮廓回转体表面的车削刀具，可用于扩大孔径，获得所需的内回转体型面，或提高加工精度，减小表面粗糙度值等各种工序的加工。

内孔车削通常称为镗削，因此内孔车刀又称为镗刀。但镗孔的概念更为宽泛，包括工件固定不动，镗刀（主要为单刃刀具，但也有多刃镗刀）在旋转运动的同时

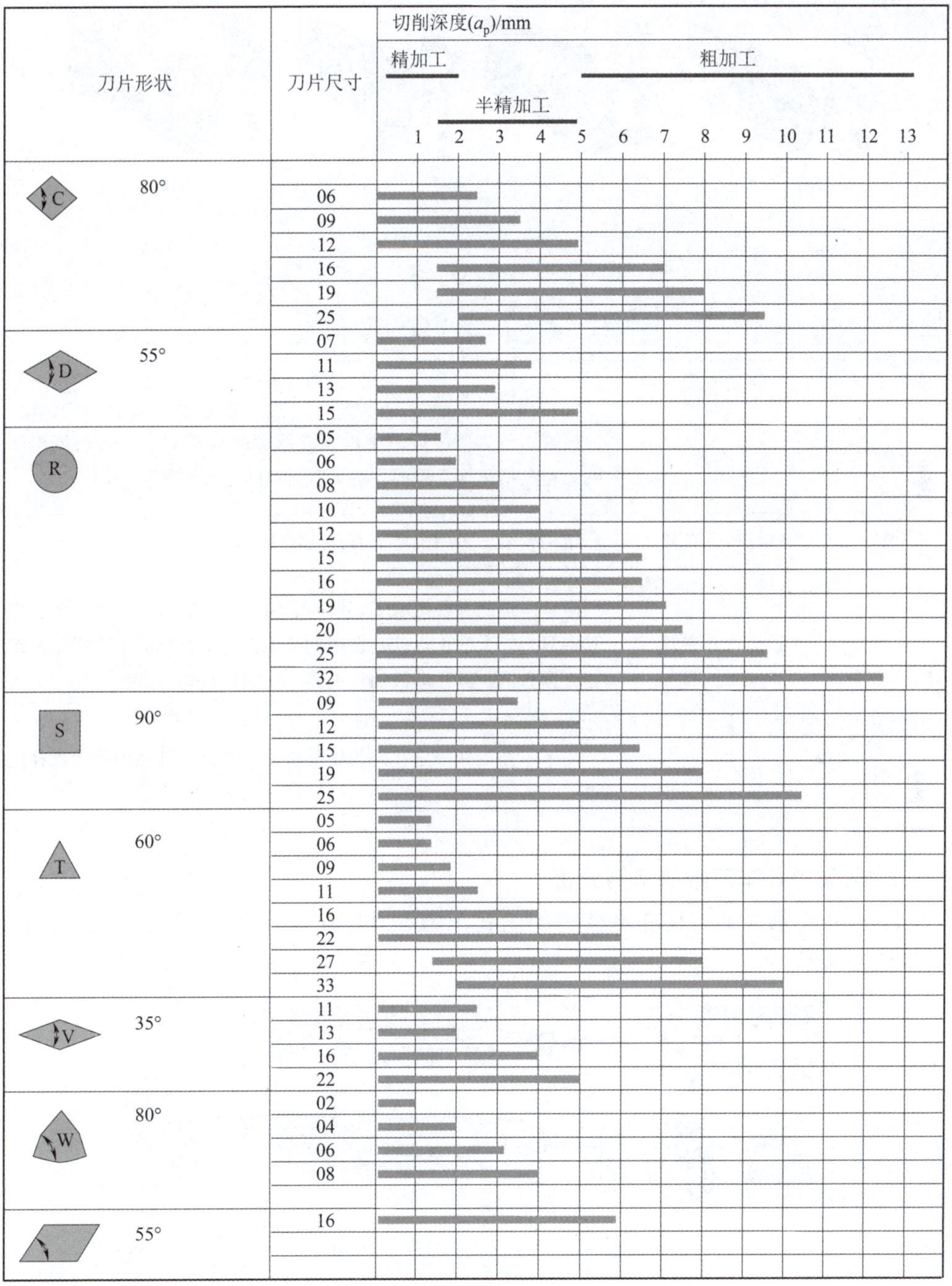

图 6-7 所示为不同切削深度下刀片尺寸选择。切削深度 (a_p)/mm，分为精加工、半精加工、粗加工三个区段，横坐标刻度为 1~13。

刀片形状	刀片尺寸	切削深度 (a_p)/mm 适用范围
C 80°	06	精加工～半精加工（约 1～2.5）
	09	约 1～3.5
	12	约 1～5
	16	约 2～7
	19	约 2～8
	25	约 1～10
D 55°	07	约 1～2
	11	约 1～3
	13	约 1～4
	15	约 1～5
R	05	约 1～1.5
	06	约 1～2.5
	08	约 1～3.5
	10	约 1～5
	12	约 1～5
	15	约 1～6
	16	约 1～5.5
	19	约 1～7
	20	约 1～7.5
	25	约 1～9
	32	约 1～12.5
S 90°	09	约 1～5
	12	约 1～6
	15	约 1～7
	19	约 1～8
	25	约 1～10.5
T 60°	05	约 1～1.5
	06	约 1～2
	09	约 1～3
	11	约 1～5
	16	约 1～6
	22	约 1～7
	27	约 2～9
	33	约 2～11
V 35°	11	约 1～2.5
	13	约 1～3
	16	约 1～4
	22	约 1～5
W 80°	02	约 1～1.5
	04	约 1～2.5
	06	约 1～3.5
	08	约 1～4
55°	16	约 1～6

图 6-7 不同切削深度下刀片尺寸选择

轴向进给运动镗削出所需的孔。基于这种细微的差异，本书仍然采用内孔车刀这一术语。图 6-8 所示为内孔车刀标准夹紧机构系列，各系列结构特点如表 6-5 所示，其夹紧原理参见前述外圆车刀部分内容。

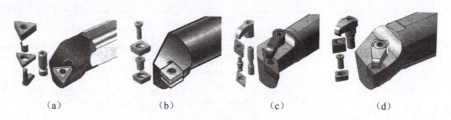

图 6-8　内孔车刀标准夹紧机构系列

（a）P 型；（b）S 型；（c）M 型；（d）C 型

表 6-5　内孔车刀标准系列结构特点

系列类型	夹紧方式	结构特点
P 型	孔夹紧	夹紧力较大，可应用于单面或双面断屑槽刀片，切屑流出顺畅，粗、精车加工镗刀均可，所需空间略大于 S 型
S 型	螺钉通孔夹紧	结构紧凑，多用于精车刀具及较小孔径镗刀
M 型	顶面与孔夹紧	由于压板的存在影响了切屑的流向以及排屑等，应用不多，但其夹紧力较大的优点使其在稍大尺寸镗杆中有所应用，但作为组合夹紧方式，其逐渐被双重夹紧（D 型）机构所替代
C 型	顶面夹紧	用于不便制作固定孔的超硬材料刀片夹紧，且多为稍大孔径的镗刀

2. 典型内孔车刀结构示例分析

图 6-9 所示为某刀具样本查得的内孔车刀 S20S-SCLCR09，主要代号含义分析如表 6-6 所示。

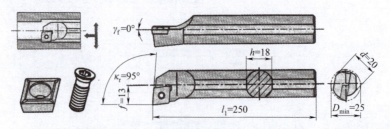

图 6-9　内孔车刀 S20S-SCLCR09

表 6-6　内孔车刀 S20S-SCLCR09 代号含义分析

型号表示号位	代号	代号含义
第一位：①	S	整体钢制刀具（全钢制刀杆），不含内冷却通道
第二、三位：②③	20S	刀柄直径 $d = 20$ 和刀具长度 $l_1 = 250$，$f = 13$，$h = 18$ 等，镗孔最小加工直径 $D_{min} = 25$。另外图 6-9 中刀片进给前角 $\gamma_f = 0°$，表示刀片水平安装

续表

型号表示号位	代号	代号含义
第四位：④	S	刀片的夹紧方式为螺钉夹紧
第五位：⑤	C	C 型刀片，刀尖角 $\varepsilon_r = 80°$，主偏角 $\kappa_r = 95°$，副偏角 $\kappa_r' = 5°$
第六位：⑥	L	刀头形式为 L 形
第七位：⑦	C	刀片法后角 $\alpha_n = 7°$
第八位：⑧	R	右手刀
第九位：⑨	09	刀片尺寸，刀具左上角显示该刀具可能的走刀方向，显然可用于内孔与孔底端面加工。该刀具 S 型刀片夹紧，且无刀垫设计，刀片刃长 = 12 mm

查阅样本中的刀片型号得到 CC□□09T3□□，图 6-9 中刀具左上角显示该刀具可能的走刀方向，显然可用于内孔与孔底端面加工。该刀具 S 型刀片夹紧，且无刀垫设计，结构紧凑，切削流畅，但夹紧力较小，主要用于半精和精车加工，刀片断屑槽的型号必须咨询刀具代理商或刀具样本获得。

3. 机夹可转位内孔车刀的选择

内孔车刀与外圆车刀的车削原理基本相同，因此，内孔外圆选择应考虑的某些问题对内孔车刀的选用也是通用的。现将内孔车刀选择与外圆车刀选择不同之处进行介绍。

（1）刀杆的选择

1）粗加工与半精加工时，一般选择杠杆式夹紧方式（P 型）、双重夹紧（D 型）和上压式夹紧方式（M 型）的刀杆；精加工一般选择螺钉夹紧方式（S 型）的刀杆。D 型和 M 型夹紧方式的刀杆切屑流出易受压板影响，因此结构尺寸较小的内圆车削最好选用 P 型夹紧方式的刀杆。螺钉夹紧式刀杆虽然刀片夹紧力稍小，但足以满足精加工和半精加工的要求，且切屑流出顺畅，是精加工常选的刀杆。

2）刀杆选择时要考虑刀片的断屑槽型，由于国家标准未规定，因此各刀具制造商的型号不统一，具体以刀具制造商或代理商的推荐或刀具样本为准。

3）内孔加工孔的直径直接决定了刀具的径向尺寸，刀具形式参数中 D_{min} 是车削内孔的最小尺寸。一般情况，在不影响排屑的前提下，刀杆的直径越大越好。

4）内孔加工孔的深度直接决定了刀杆安装的伸出长度，间接决定了刀杆长度参数的选择，一般要求内孔车削时刀杆的伸出长度尽可能短。

5）振动是影响内孔车削质量的重要因素之一，就内孔车刀而言，伸出段的长径比是重要的影响因素，对于钢制刀杆，长径比一般不超过 4 较可靠。从防振性的角度看，整体钢制刀杆（S 型）的抗振性最差，硬质合金刀杆（C 型）由于材料的刚性较好使其具有较好的抗振性能，专业设计防振装置的刀杆的抗振和减振性最好，但刀具结构复杂。

（2）刀片与刀具头部形式的选择

内孔车削受加工空间位置的限制，刀杆不能取得较粗，自然刀杆的刚性较差。刀杆刚性差，变形量增加容易造成切削振动，影响切削加工质量。内孔车削的主偏角尽可能选择 90°左右，一般为 75°~90°，避免选择接近 45°主偏角，大于 90°主偏角更有利于减少振动。刀尖圆角的选择取决于工序性质，因为刀尖圆角太小，散热差，易磨损，所以粗加工的刀尖圆角还是不宜选得太小，且粗加工时的背吃刀量一般远大于刀尖圆角半径，因此，此时刀尖圆角对切削振动的影响已经不甚明显。机夹式车刀实际切削的工作前角受刀片安装前角与断屑槽前角的综合影响，其切削振动的影响要综合考虑。切削刃倒钝及负倒棱等均会造成切削力的增加，振动趋势也会有所增加。对于内孔车削而言，后面的磨损对径向切削力的影响比外圆车削更为明显，对径向切削力和振动的影响显而易见。

6.4 机夹可转位螺纹车刀及选择

机夹式螺纹车刀及刀片国家标准的制定远落后于螺纹车刀的发展现状。现行的国家标准基本未涉及机夹可转位不重磨螺纹车刀。学习与选用螺纹车刀基本按刀具制造商提供的资料进行。各刀具制造商关于机夹式螺纹车刀及刀片的型号编制规则各不相同，这里仅介绍当前主流的常用机夹式螺纹车刀。

典型螺纹车刀的结构可认为有两种来源模式：一是来源于平装结构的外/内圆车刀，其刀片一般为 3 刃可转位平装刀片形式，二是基于切槽刀结构发展而来的结构形式，其刀片一般为立装式结构，各结构形式如图 6-10 所示。下面主要对常见平装刀片式的螺纹车刀结构进行分析。

平装刀片式机夹可转位螺纹车刀主要分为外螺纹和内螺纹车刀两大类，结构形式与外圆和内孔车刀基本相同，仅刀片形式相差较大。

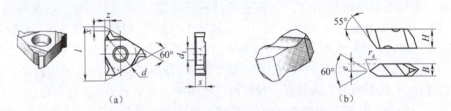

图 6-10 螺纹刀片结构形式

(a) 三角形螺纹车刀及参数；(b) 典型顶尖形刀片结构参数

1. 平装式外螺纹车刀结构分析

与外圆车刀结构相似，平装式外螺纹车刀主要几何参数包括刀尖高度 h_1、刀尖位置 f、刀具长度 l_1、刀杆截面宽度 b 和高度 h 等，也有刀具制造商提供了刀尖位置参数（如图 6-10 中的刀尖放大图）。由于这种螺纹刀片的法后角一般均为 0°，因此，刀杆上的刀片装夹一般均有一个前倾角 γ_f，实际切削时的前角更多的是通过前刀片的断屑槽实现，多为 0°，以便于切削刃廓线的设计。机夹式螺纹车刀刀片的夹紧方式主要有螺纹夹紧与压板夹紧两种，如图 6-11 和图 6-12 所示。圈卡扣在夹紧螺钉螺纹上部的沟槽中，松开夹紧螺钉的同时可提起压板，便于操作。

图 6-11 所示为某外螺纹车刀结构，刀片为螺钉夹紧，螺纹车刀的刀垫不仅起到护刀杆的作用，还可选用不同倾角 θ 的刀垫调整工作角度。图 6-12 所示为某压板

夹紧外螺纹车刀图例，其几何参数表达更为丰富。

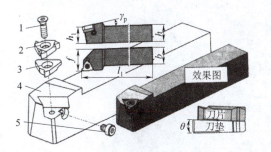

图 6-11　螺钉夹紧外螺纹车刀图例

1—夹紧螺钉；2—刀片；3—刀垫；

4—刀杆；5—刀垫螺钉

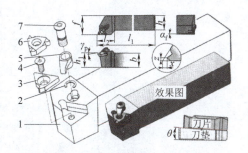

图 6-12　压板夹紧外螺纹车刀图例

1—刀杆；2—C 形挡圈；3—刀垫；4—刀垫螺钉；

5—压板；6—刀片；7—夹紧螺钉

2. 平装式内螺纹车刀结构分析

平装式内螺纹车刀的夹紧方式主要是螺钉夹紧与压板夹紧两种，如图 6-13 和图 6-14 所示。

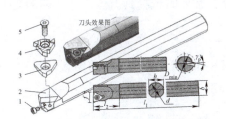

图 6-13　螺钉夹紧内螺纹车刀图例

1—刀垫螺钉；2—刀杆；3—刀垫；

4—刀片；5—夹紧螺钉

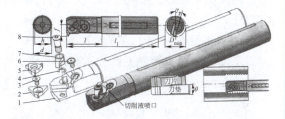

图 6-14　压板夹紧内螺纹车刀图例

1—刀杆；2—刀垫；3—刀垫螺钉；4—C 形挡圈；5—刀片；

6—切削液调节螺钉；7—压板；8—夹紧螺钉

3. 螺纹车刀的选择

螺纹车削加工主要为外螺纹与内螺纹加工，作为车削刀具，按切削方向不同可分为右手刀（R）和左手刀（L），同时要注意，有相应切削方向的刀片匹配，如图 6-15 所示，这里不再赘述。螺纹车刀选择时分两方面考虑，即刀片与刀杆。

(a)　　　　　　(b)　　　　　　(c)　　　　　　(d)

图 6-15　左/右切削刀片与内/外螺纹刀片

（a）外螺纹右切削刀片；（b）外螺纹左切削刀片；（c）内螺纹右切削刀片；（d）内螺纹左切削刀片

（1）螺纹刀片的选择

螺纹刀片切削刃形状与刀片结构，一般加工主要在全牙形与泛牙形之间考虑，如图 6-16 所示。选择泛牙形刀片，刀片通用性较好，性价比高，应用较多，若更注重牙形质量，则考虑选择全牙形刀片。从市场购买性看，选用平装式机夹可转位不重磨刀片较好。

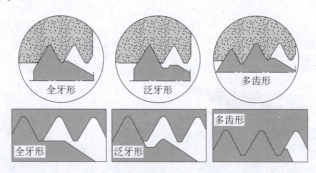

图 6-16　螺纹车刀切削刃形状

（2）刀杆的选择

刀杆主要依据机床刀架而定，市场上安装方截面刀杆的刀架较为常见，外螺纹车刀一般直接按机床说明书的规格选择，内螺纹参见内孔车刀的原理选择即可。特定接口刀架的选择，类似数控铣床的刀柄选择原理。要注意所使用车床刀架上是否有切削液供应接口，如何实现内冷却刀杆的供液，必要时选择具有内冷却功能的车刀刀杆。

（3）螺纹车刀加工方式的选择

车削螺纹时需要熟悉螺纹的切削方式，如图 6-17 所示。要考虑的因素包括外/内螺纹、螺纹旋向（左/右旋）、机床刀架位置（前置/后置刀架）等。

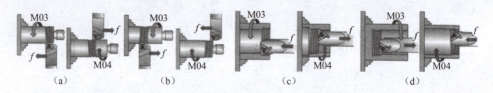

图 6-17　螺纹车削加工方式

（a）右旋外螺纹；（b）左旋外螺纹；（c）右旋内螺纹；（d）左旋内螺纹

（4）刀垫的选择

刀垫是用于调整工作角度变化的部件，调整结构原理如图 6-18 所示。默认标准刀垫的偏转角 ϕ 一般为 1°~1.5°（各刀具制造商给出的推荐值略有差异），另外，提供一定数量不同偏转角 ϕ 的刀垫供选择，角度增量一般为 1°，刀具制造商刀垫规格为 - 1.5°、- 0.5°、0°、0.5°、1.5°、2.5°、3.5°、4.5°。个别刀具制造商还提供 0.5° 增量规格的刀垫。内螺纹加工时刀垫角度符号相反，即为负值。

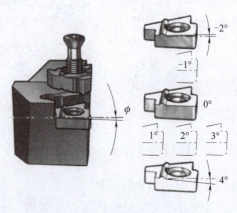

图 6-18　刀垫调整结构原理

问题提示

选择车削刀片时如图 6-19 和图 6-20 所示，需要考虑许多参数。需要仔细选择刀片槽型、刀片材质、刀片形状（刀尖角）、刀片尺寸、刀尖半径和主偏（切入）角，以实现良好的切屑控制和加工性能。

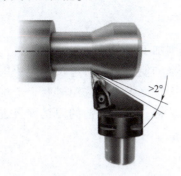

图 6-19　数控车刀工作状态

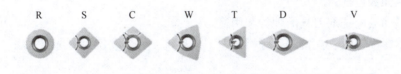

图 6-20　数控车削刀片形状

任务实施

根据任务要求完成任务 6 数控车削刀具的选择（任务工单）的填写。

问题探究

1. 数控车刀按用途可分几种类型？各类型的特点是什么？
2. 机夹可转位外圆车刀的结构特征是什么？在什么场合使用？如何选择？
3. 机夹可转位内孔车刀的结构特征是什么？在什么场合使用？如何选择？
4. 螺纹车刀的结构特征是什么？如何选择？

任务导入

　　铣刀是铣削加工中除铣削加工设备外最重要的工具，铣刀在一定程度上决定零件加工的复杂程度。正确选择和使用铣刀对延长铣刀使用寿命，提高加工质量都非常重要。由于铣刀结构各异、规格繁多，选用时有一定难度，铣刀的正确选择和合理使用是充分发挥其效能的关键。选用合适的刀具种类进行加工，就能做到事半功倍，达到提质增效降本的目的。

任务目标

　　1. 认知数控铣刀的几何角度。
　　2. 熟知数控铣削刀具的种类和用途。
　　3. 掌握面铣刀、立铣刀、键槽铣刀、模具铣刀、螺纹铣刀的选用方法。

知识导图

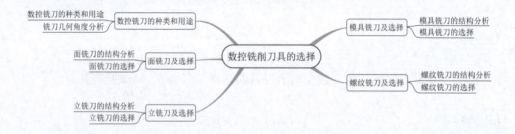

知识链接

7.1　数控铣刀的种类和用途

1. 数控铣刀的种类和用途

　　铣刀的类型按刀齿结构可分为尖齿铣刀和铲齿铣刀；按刀齿的方向分为直齿铣刀和螺线齿铣刀；按结构分为整体式、焊接式、镶齿式、可转位式；按用途分为圆柱铣刀、面铣刀、盘铣刀、锯片铣刀、立铣刀、键槽铣刀、模具铣刀、角度铣刀、成形铣刀等。应用不同铣刀可以加工平面、沟槽、台阶等，也可以加工齿轮、螺纹、花键轴的齿形及各种成

数控铣削刀具

形表面，各类数控铣刀的类型和用途如图 7-1 所示。

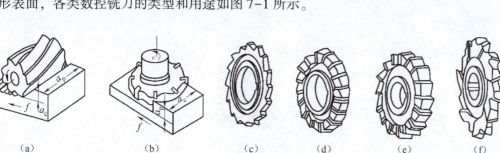

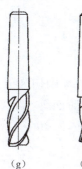    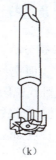 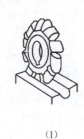

图 7-1　各类数控铣刀的类型和用途

（a）圆柱铣刀；（b）面铣刀；（c）槽铣刀；（d）两面刃铣刀；（e）三面刃铣刀；（f）错齿三面刃铣刀
（g）立铣刀；（h）键槽铣刀；（i）单角度铣刀；（j）双角度铣刀；（k）T 形槽铣刀；（l）成形铣刀

2. 铣刀几何角度分析

　　铣刀是一种在回转体表面上或端面上分布有多个刀齿的多刃刀具，每一个刀齿相当于一把车刀，铣刀的刀齿参数如图 7-2 所示，切削部分的几何参数如图 7-3 所示。

图 7-2　铣刀的刀齿参数

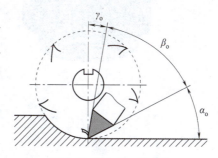

图 7-3　铣刀切削部分的几何参数
（a）圆柱铣刀；（b）面铣刀

学习数控铣刀角度推荐值，请扫二维码。

铣刀角度的选择

7.2 面铣刀及选择

1. 面铣刀的结构分析

如图 7-4 所示，面铣刀圆周方向切削刃为主切削刃，端部切削刃为副切削刃，可用于立式铣床或卧式铣床上，用于粗、半精、精加工各种平面、台阶面等，生产率较高。面铣刀多制成套式镶齿结构，刀齿为高速钢或硬质合金，刀体为 40Cr。硬质合金面铣刀结构特点如表 7-1 所示。

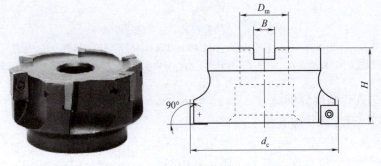

图 7-4　面铣刀

表 7-1　硬质合金面铣刀结构特点

名称	结构图	结构特点
整体焊接式面铣刀		将硬质合金刀片焊接在刀体上，结构紧凑，较易制造。但刀齿磨损后整把刀将报废，故已较少使用，目前已被可转位式面铣刀所取代

续表

名称	结构图	结构特点
机夹焊接式面铣刀		将硬质合金刀片焊接在小刀头上，再采用机械夹固的方法将刀装夹在刀体槽中。刀头报废后可换上新刀头，能延长刀体的使用寿命。难以保证焊接质量，刀具耐用度低，重磨较费时，目前已被可转位式面铣刀所取代
机夹可转位式面铣刀		刀片具有可转位、不重磨、可更换、专业化生产等特点，专业化生产模式保证了各种先进刀具材料与涂层技术得到有效利用，优异的切削使用性使其成为各刀具制造商主导刀具系列之一，是当前数控面铣刀的主流产品

2. 面铣刀的选择

（1）结构形式的选择

套式面铣刀是首选的刀具形式，但要考虑机床的功率、工作台面的大小、机床主轴锥度形式与规格等，套式铣刀需要通过专用刀柄与机床主轴连接。因此选择面铣刀的同时必须考虑是否有现成的刀柄或需要重新购置刀柄。中、小型机床一般选择 A 型或 B 型接口的面铣刀即可。

（2）直径的选择

①加工平面面积不大，选用刀时，要注意应选择直径比平面宽度大的刀具或铣刀，这样可以实现单次平面铣刀。在平面铣刀的宽度达到加工平面宽度的 1.3 ~ 1.6 倍时，可以有效保证切屑的较好形成及排出。

②加工平面面积大的时候，需要选用直径大小合适的铣附刀，分多次铣削平面。其中，由于机床的限制、切削的深度和宽度以及刀片与其尺寸的影响，铣刀的直径会受到限制。

③加工平面较小，工件分散时，需选用直径较小的立铣刀进行铣削。为使加工效率最高，铣刀应有 2/3 的直径与工件接触，即铣刀直径等于被铣削宽度的 1.5 倍。顺铣时，合理使用这个刀具直径与切削宽度的比值，保证铣刀在切入工件时有非常适合的角度。如果不能肯定机床是否有足够的功率来维持铣刀在这样的比值下切削，可以把轴向切削厚度分两次或多次完成，从而尽可能保持铣刀直径与切削宽度的比值。

（3）刀片的选择

首先是刀片材料的选择，依据工件材料选择，如碳素钢类塑性材料多选用 P 类硬质合金，铸铁加工多选 K 类硬质合金，当然，单件加工选用通用性 M 类硬质合金可多次使用，选择依据与其他刀具一样。其次是断屑槽形式的选择，这一点必须以刀具制造商的推荐为主。最后，尽可能选择涂层硬质合金，性价比较高。

（4）刀具齿数疏密的选择

在面铣刀系列中，有时会出现同样直径面铣刀有不同刀片齿数 z 的现象，这就是刀具齿数疏密的问题。一般而言，标准齿数面铣刀考虑加工的通用性，齿数不会太多，齿数少意味着容屑槽空间大，适应性较好，但带来的问题是加工的平稳性稍差，特别是侧吃刀量 a_e 小于刀具直径 D 的 75%，甚至 50% 时，建议选择齿数稍多的密齿面铣刀。

（5）刀柄长度的选择

优先选择长度较短的刀柄，以提高工艺系统的刚性。

学习硬质合金面铣刀，请扫二维码。

学习面铣刀的选用样例，请扫二维码。

硬质合金面铣刀

面铣刀的选用样例

7.3　立铣刀及选择

1. 立铣刀的结构分析

（1）整体式立铣刀的结构分析

整体式立铣刀多用于结构尺寸较小、刃口较为复杂、不便于设置机械夹紧机构夹持刀片的场合，按作用不同可分为切削部分、颈部和柄部三大部分，结构如图 7-5 所示，特点如表 7-2 所示。

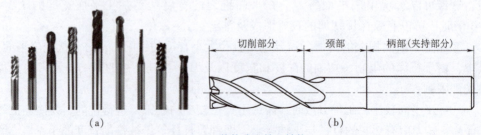

（a）　　　　　　　　　　　　　　　　（b）

图 7-5　整体式立铣刀结构

（a）示意图；（b）结构图

表 7-2　整体式立铣刀结构特点

结构名称		示意图	结构特点
切削部分结构	端头部分结构	 平底　圆角　球头　倒角	按轮廓形状不同可分为平底（又称为锋刃平头）、圆角、球头三种常见形式以及倒角头等，当 $R = d/2$ 时称为球头，当 $R < d/2$ 时称为圆角头，另外可定制刀尖为倒角的倒角头铣刀。理论上平头铣刀的刀尖半径 $R = 0$，但实际中为增强刀尖强度，常常会对刀尖修磨一个非常小的倒角 b_ε 或倒圆 γ_ε
		 带中心孔　二刃　三刃　四刃	立铣刀端面刃的制作工艺发生了变化，取消了中心孔结构，并确保至少一条端面切削刃延伸至中心，使垂直下刀的性能大大提高。二刃和四刃中有两条刃延伸至中心，而三刃也有一条延伸至中心。必须注意的是，端面切削刃越靠近中心，切削性能越差
	圆周部分结构	 平底　圆角　球头　圆锥　圆锥球头	在粗加工工序中，若圆周部分同时参加切削的切削刃较长时，切削的断屑与排屑将可能产生问题，因此圆柱平底立铣刀的圆周切削刃有被处理为波形刃的形式
颈部结构		颈部是切削部分与刀柄部分的过渡部分。对于小直径的直柄立铣刀，常将其与刀柄融为一体，但大部分情况，颈部的过渡作用还是必须的。对于直径稍大的铣刀，以及刀柄为非圆柱的形式（如各式锥柄等），其过渡的存在价值就显得有必要了，这种铣刀的过渡颈部一般略小于柄部（或切削部分）。同时，对于切削部分与柄部材料不同的立铣刀，其焊接部位设置在颈部的适当部位，为提高刀具的抗疲劳强度，颈部与柄部和切削部分一般制作成圆角或圆锥过渡。对直径微小的立铣刀，柄部直径一般介于柄部与切削部分之间，成为一段过渡段，最大限度地保证切削部分的强度		

续表

结构名称		示意图	结构特点
柄部结构	圆柱直柄	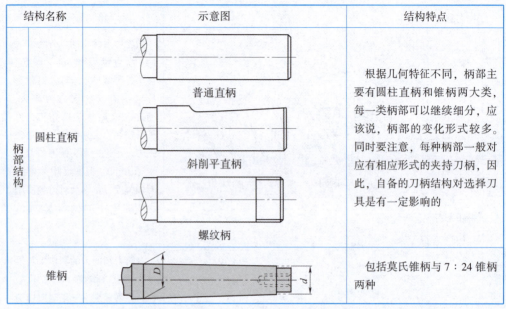 普通直柄 斜削平直柄 螺纹柄	根据几何特征不同，柄部主要有圆柱直柄和锥柄两大类，每一类柄部可以继续细分，应该说，柄部的变化形式较多。同时要注意，每种柄部一般对应有相应形式的夹持刀柄，因此，自备的刀柄结构对选择刀具是有一定影响的
	锥柄		包括莫氏锥柄与 7∶24 锥柄两种

（2）机夹式立铣刀结构分析

机夹式立铣刀是机夹可转位不重磨立铣刀的简称，按结构特点可分为刀体与刀片两大部分；按作用不同可分为柄部、颈部与切削部分三部分，只是切削部分为可转位刀片通过机械方式夹固在刀体上，即刀体和刀片等于切削部分，结构如图7-6所示。机夹式立铣刀的柄部结构形式与整体式立铣刀基本相同，颈部的设计也大致相同，切削部分完全的创新成了机械夹固、可转位和更换的结构模式。因此，学习与选用机夹式立铣刀，仅需重点研究切削部分的刀片与夹固方式即可。

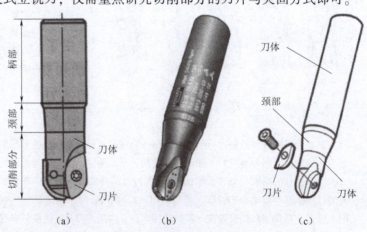

图7-6　机夹式立铣刀的结构组成

（a）结构组成；（b）整体效果；（c）爆炸效果

机夹式立铣刀的主要特点是机夹和可转位。机夹式立铣刀由于受空间位置的限定，多为螺钉夹紧固定方式，若空间位置许可的话，会增加刀垫等保护刀体，受力较大的铣刀有增加压板辅助夹紧的方案，对于套式结构的立铣刀，仍可见有套式面铣刀的夹固方式。图7-7所示为螺钉夹紧，图7-8所示为螺钉夹紧（含刀垫），刀片下部设置了一个刀垫，可有效保护刀体，延长使用寿命。图7-9（a）所示为纯压板夹紧，刀片未用螺孔紧固，这种夹紧方式切屑流出受一定影响，应用并不广泛；图7-9（b）所示为螺钉夹紧为主，辅助压板夹紧，又称为复合夹紧，其夹紧力较大。图7-10所示为套式结构立铣刀（方肩铣刀），采用斜楔夹紧刀片，夹紧力较大且可靠性好。对于可转位铣削，可转位刀片的型号表示方法已经在5.3小节中学习过，在此不再赘述。

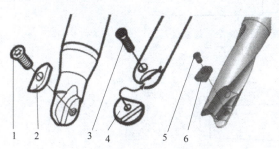

图7-7　螺钉夹紧

1、3、5—刀片螺钉；2、4、6—刀片

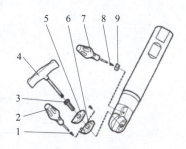

图7-8　螺钉夹紧（含刀垫）

1—刀垫螺钉；2、4、7—扳手；3、8—刀片螺钉；
5—球头刀片；6—刀垫；9—圆周刃刀片

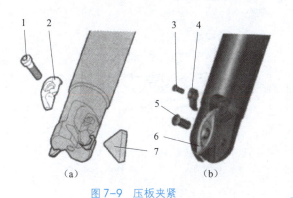

（a）　　　　　　（b）

图7-9　压板夹紧

（a）纯压板压紧；（b）螺钉和压板压紧
1、3—压板螺钉；2、4—压板；
5—刀片螺钉；6、7—刀片

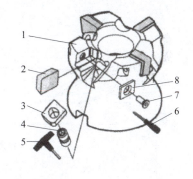

图7-10　套式结构立铣刀斜楔夹紧

1—刀体；2—刀片；3—楔块；4—双头螺钉；
5、6—扳手；7—刀垫螺钉；8—刀垫

（3）镶焊式立铣刀结构分析

根据直径大小，镶焊式直刃硬质合金立铣刀有直柄和锥柄两种结构，图7-11和图7-12分别为直柄和锥柄立铣刀的结构，用于加工铸铁，刀片材料选用YG6或YG8，加工钢时选用YT15，刀体材料一般为9SiCr。

（4）螺旋齿立铣刀结构分析

焊接式硬质合金螺旋齿立铣刀结构有普通直柄和削平直柄、莫氏锥柄、7∶24锥柄等硬质合金螺旋齿立铣刀，如图7-13~图7-15所示，适用于加工碳素结构钢和合金工具钢。

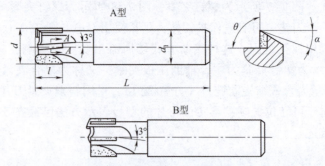

图 7-11　直柄硬质合金斜齿立铣刀

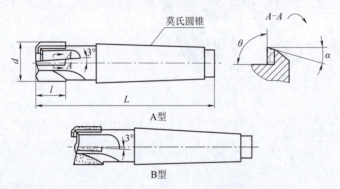

图 7-12　锥柄硬质合金斜齿立铣刀

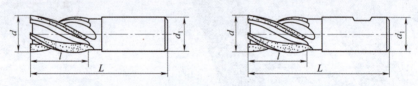

图 7-13　普通直柄和削平直柄硬质合金螺旋齿立铣刀

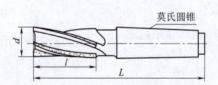

图 7-14　莫氏锥柄硬质合金螺旋齿立铣刀

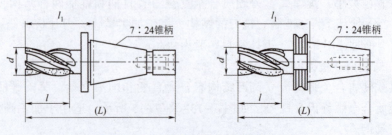

图 7-15　7∶24 锥柄硬质合金螺旋齿立铣刀

（5）键槽铣刀结构分析

键槽铣刀是专为圆柱形工件圆柱面上键槽加工而设计的铣刀，这种铣刀具有轮廓铣削功能的同时有较强的垂直下刀功能，且轴向铣削深度不大，因此其端面刃要求过中心，早年的键槽铣刀的圆周切削刃为螺旋形，如图 7-16 所示，有直柄与莫氏锥柄两种形式。键槽铣刀在数控加工中不仅可用于键槽铣削，还广泛的作为圆柱平底立铣刀用于阶梯面铣削、平键键槽等矩形断面的槽铣削、内外轮廓的二维铣削和三维曲面的粗铣加工等。图 7-17 所示为新式键槽铣刀（2012 年版标准），有普通直柄、削平直柄和莫氏锥柄三种新式键槽铣刀的形式，可见其容屑槽为直槽。

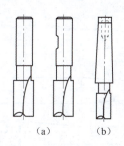 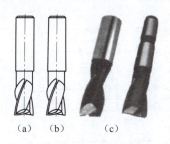

图 7-16　旧式键槽铣刀　　　　　图 7-17　新式键槽铣刀

（a）工程图；（b）实物图　　　（a）直柄；（b）削平；（c）莫氏锥柄

2. 立铣刀的选择

在选择立铣刀时，主要应考虑工件材料和加工部位。在加工切屑呈长条状、韧性强的材料时，使用直齿或是左旋的立铣刀。为减小切削阻力，可沿齿的长度方向进行加工。在切削铝、铸件时，选择齿数少且旋角大的铣刀，可以减少切削热。在进行沟槽加工时，要根据切屑的排出量选择适当的齿槽，否则发生切屑堵塞，常常会损坏刀具。

在选择立铣刀时，应注意以下 3 个方面：首先，根据不发生切屑堵塞的条件来选定刀具；其次，为防止崩刃而进行切削刃的珩磨；最后，选定适当的齿槽。立铣刀在槽铣中的应用如表 7-3 所示。

表 7-3　立铣刀在槽铣中的应用

槽的立铣	应用类型	注意事项
普通立铣刀	封闭槽、浅槽、全槽铣、非直线槽、通用性	用于难切削材料（如硬钢、HRSA 等）的余摆线槽铣；插铣作为长刀具悬伸问题的解决方案；易于增加的附加半精加工/精加工工序
玉米铣刀铣槽	粗加工铣槽、大去除率	在稳定的大功率铣床中，较短的刀具可以加工具有相同最大深度和直径的槽；刀具要承受非常大的径向力；要考虑各种工序类型的最佳齿距

7.4　模具铣刀及选择

1. 模具铣刀的结构分析

模具铣刀结构如图 7-18 和图 7-19 所示，用于加工模具型腔或凸模成形表面。在模具制造中广泛应用，铣刀是由立铣刀演变而成，高速钢模具铣刀主要分为圆锥形立铣刀（直径 $d = 6 \sim 20$ mm，半锥角 $\alpha/2 = 3°$、$5°$、$7°$ 和 $10°$）、圆柱形球头立铣刀（直径 $d = 4 \sim 63$ mm）和圆锥形球头立铣刀（直径 $d = 6 \sim 20$ mm，半锥角 $\alpha/2 = 3°$、$5°$、$7°$ 和 $10°$），按工件形状和尺寸来选择。

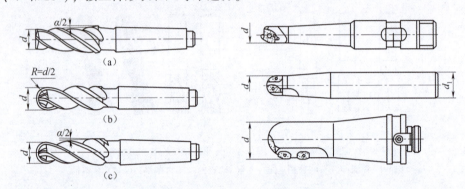

图 7-18　高速钢模具铣刀　　　　图 7-19　可转位球头立铣刀
（a）圆锥形立铣刀；（b）圆柱形球头立铣刀；
（c）圆锥形球头立铣刀

2. 模具铣刀的选择

合理的刀具寿命一般分为最高生产率刀具寿命和最低成本刀具寿命两种，前者根据单件工时最少的目标确定，后者根据工序成本最低的目标确定。

与普通机床加工方法相比，数控加工对刀具提出了更高的要求，不仅需要刚性好、精度高，要求尺寸稳定，刀具寿命高，同时要求安装调整方便，满足数控机床高效率的要求。数控机床上所选用的刀具常采用适应高速切削的刀具材料，并使用可转位刀片。对于装刀、换刀和调刀比较复杂的多刀机床、组合机床，刀具寿命制定标准应选得高些，还应保证刀具可靠性。当车间内某一工序的生产率限制了整个车间的生产率的提高时，或某工序单位时间内所分担到的全厂开支较大时，刀具寿命也应选得低些。

制定刀具寿命时可考虑刀具制造、磨刀成本和复杂程度等因素。对于换刀时间短的机夹可转位刀具，为了提高生产效率，充分发挥其切削性能，刀具寿命可选得低些。复杂和精度高的刀的寿命应选得比单刃刀具高些。大件精加工时，为保证至少完成一次走刀，避免切削时中途换刀，刀具寿命应按零件精度和表面粗糙度来确定。

模具铣削加工刀具选择考虑的因素有①根据机床主轴接口（BT、HSK、NT 和 Capto 等）选取刀柄形式；②根据模具铣削策略及工步的大小选取刀具结构（面铣刀、快进给铣刀、方肩铣、整体合金铣刀、圆鼻刀、球刀、倒角刀和钻孔刀等）；

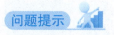

③根据模具结构及大小，分析模具型腔、凸模拐角和 R 角大小，确定最小刀具和最大刀具，二次开粗使用的第二把刀具的直径为首次切削开粗刀具直径的 1/2，三次开粗所用的第三把刀具直径为第二把的 1/2，以此类推，将模具型腔及凸模拐角处的材料清理干净，利用精加工策略进行高速精加工，刀具一般根据加工的复杂程度选用圆鼻刀或球刀。

垂直或水平拐角处的清角一般结合垂直或水平 R 角来选取清角刀具。

7.5　螺纹铣刀及选择

1. 螺纹铣刀的结构分析

螺纹铣刀的种类同其他刀具一样，也有不同的类型，按结构形式不同有整体式与机夹式之分，图 7-20（a）为整体式螺纹铣刀，适用于钢、铸铁和有色金属材料的中小直径螺纹铣削；图 7-20（b）为可换刀片式螺纹铣刀，用于加工铝合金材料；图 7-20（c）为焊接式螺纹铣刀，用于加工深孔或者特别工件。

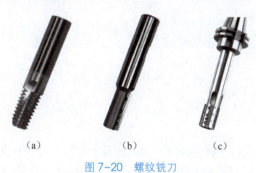

（a）　　　　　　（b）　　　　　　（c）

图 7-20　螺纹铣刀

（a）整体式；（b）可换刀片式；（c）焊接式

2. 螺纹铣刀的选择

（1）高硬度材料的分水岭是 HRC40 左右，超过这个硬度的材料，就需要选用高硬度的螺纹铣刀。

（2）螺纹铣刀有些规格内外螺纹是不通用的，比如 M 和 UN，除此以外的螺纹规格，螺纹铣刀是内外通用的。

（3）螺纹长度选择的基本原则是不超过刀具刃径的 3 倍螺纹长度，螺纹长度较长时尽量选择整体硬质合金螺纹铣刀，超过 3 倍螺纹长度的螺纹铣刀需要向刀具制造厂商定制。

（4）螺纹大小是选择整体式螺纹铣刀还是可换刀片式螺纹铣刀的前提条件，一般来讲 M12 以下选用整体硬质合金螺纹铣刀，超过这个规格选择可换刀片式螺纹铣刀。当然也要考虑客户的要求和加工环境，比如光洁度要求较高时，则应选用整体式螺纹铣刀。

问题提示

可转位车铣刀和硬质合金铣刀在内的数控刀具无论在我国还是在国际上正处于

应用发展期，大部分产品和数据在实践中会不断更新，恳请读者加以注意。

任务实施

根据任务要求完成任务 7 数控铣削刀具的选择（任务工单）的填写。

问题探究

1. 铣刀如何分类？铣刀的类型有哪些？
2. 常见的面铣刀类型有哪些？面铣刀的选择方法是什么？
3. 立铣刀和键槽铣刀的区别什么？各自特点是什么？
4. 模具铣刀的结构特征是什么？在什么场合使用？
5. 螺纹铣刀的牌号是如何规定的？如何选取？

任务8 孔加工刀具的选择

任务导入

机械零件产品带孔的零件占 50%~80%，内孔加工有两种形式，一种是本身机械零件上已有孔，只需对孔进行扩大，加工到尺寸即可，常用刀具有镗刀、铰刀、丝锥等；另一种是本身机械零件上没有孔，需要加工出一个孔，常用刀具有钻头、铣刀等。熟练掌握各类孔加工刀具使用特点是保证孔加工质量的关键环节之一。

任务目标

1. 掌握孔加工刀具的种类和用途。
2. 熟知可转位钻孔刀具结构特点。
3. 掌握铰刀类型、结构特点和应用场合。
4. 掌握镗刀类型、结构特点和应用场合。

知识导图

```
                    在实体材料上的孔加工刀具   孔加工刀具的                        机夹式钻孔刀具的结构分析
                    对已有孔的加工刀具        种类和用途      机夹可转位钻孔      机夹式钻孔刀具的选择
                                                         刀具及选择
                                      孔加工刀具的
                                        选择
                    铰刀的结构分析          铰刀及选择                          粗镗刀的结构分析
                    铰刀的选择                          镗刀及选择             精镗刀的结构分析
                                                                          镗刀的选择
```

知识链接

8.1　孔加工刀具的种类和用途

在工件实体材料上钻孔或扩大已有孔的刀具统称为孔加工刀具，机加工中孔加工刀具应用非常广泛。由于孔的形状、规格、精度要求和加工方法不相同，孔加工刀具种类很多。本小节只讲解按用途可分为在实体材料上加工孔用刀具和对已有孔加工用刀具。

孔加工刀具

1. 在实体材料上的孔加工刀具

在实体材料上的孔加工刀具如表 8-1 所示。

表 8-1　实体材料上的孔加工刀具

刀具名称	结构示意图	使用特点
麻花钻		用于直径小于 30 mm 孔的粗加工，直径大一点的也可用于扩孔。麻花钻按制造材料不同可分为高速钢麻花钻和硬质合金麻花钻，在钻孔中以高速钢麻花钻为主
中心钻		中心钻主要用于加工轴类零件的中心孔，有利于钻头的导向，防止孔的偏斜，根据结构特点分为无护锥中心钻和带护锥中心钻两种。钻孔前，先打中心孔，有利于钻头的导向，防止孔的偏斜
深孔钻		用于深度与直径的比值（一般≥10）较大的孔，由于切削液不易到达切削区域，刀具的冷却散热条件差，切削温度高，刀具耐用度降低，再加上刀具细长，刚度较差，钻孔时容易发生引偏和振动。因此为保证深孔加工质量和深孔钻的耐用度，深孔钻在结构上必须解决断屑排屑、冷却润滑和导向三个问题

2. 对已有孔的加工刀具

对已有孔加工刀具如表 8-2 所示。

表 8-2　对已有孔加工刀具

刀具名称	结构示意图	使用特点
铰刀		孔的精加工刀具或用于高精度孔的半精加工。由于铰刀齿数多，槽底直径大，其导向性及刚度好，而且铰刀的加工余量小，制造精度高、结构完善，所以铰孔的加工精度一般可达 IT6～IT8 级，表面粗糙度值 Ra 可达 1.6～0.2 μm。铰孔操作方便，生产率高，而且容易获得高质量的孔，因此在中小孔生产中应用极为广泛
镗刀		用于较大直径孔的粗加工、半精加工和精加工。镗孔的加工精度可达 IT6～IT8，加工表面粗糙度值 Ra 可达 6.3～0.8 μm，常用于较大直径孔的粗加工、半精加工和精加工。根据镗刀的结构特点及使用方式，可分为单刃镗刀和双刃镗刀
扩孔钻		铰或磨前的预加工或毛坯孔的扩大，外形与麻花钻相类似。扩孔钻通常有三四个刃带，没有横刃，前角和后角沿切削刃的变化小，故加工时导向效果好，轴向抗力小，切削条件优于钻头
锪钻		锪钻用于在孔的端面上加工圆柱形沉头孔和锥形沉头孔。锪钻上的定位导向柱用来保证被锪的孔或端面与原来的孔有一定的同轴度和垂直度。导向柱可以拆卸，以便制造锪钻的端面齿。锪钻可制成高速钢整体结构或硬质合金镶齿结构

8.2　机夹式可转位钻孔刀具及选择

1. 机夹式钻孔刀具的结构分析

机夹式可转位钻孔刀具具有机夹式刀具的共同特点，从加工综合性能而言明显优于整体式钻孔刀具，是数控钻孔加工的首选刀具，但由于价格较高，在实际中的应用仍然受到一定的限制。

机夹式可转位不重磨设计思想始终是数控刀具的发展方向，机夹式钻孔刀具的钻体部分基本与整体式钻头相同，容屑槽以螺旋槽为主流，也有直槽结构，直槽结构加工方便，但综合应用性能不如螺旋槽强，因此，机夹式钻头大部分为螺旋槽形式，结构形式如图 8-1 所示。

可换头单刀片机夹式钻头的刀片，钻尖部分的结构可较好地模拟整体式钻头的钻尖结构，如图 8-2 所示，图 8-2 （a）所示为典型的锥顶结构，锥角一般为 130°～140°；图 8-2 （b）所示为钻尖倒角，增加刀具寿命；图 8-2 （c）所示为双锥顶角结构，中心锥角顶角较小，钻孔定心精度好，外部锥顶角较大，轴向切削力减小；图 8-2 （d）所示为锥顶平底结构，且中心有一个小的钻尖定心。以上四种钻尖均修磨了横刃，具有专业数控钻头的特征。

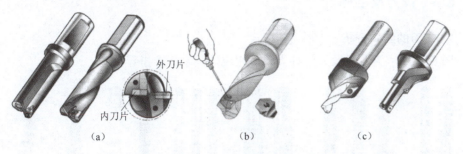

图 8-1　机夹式钻孔刀具

（a）双刀片机夹式钻头；（b）可换头单刀片机夹式钻头；（c）复合式机夹钻头

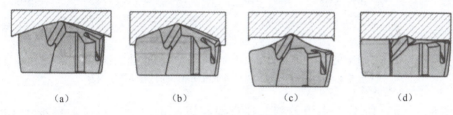

图 8-2　可换头单刀片的钻尖结构

（a）典型锥顶；（b）钻尖倒角；（c）双锥顶角；（d）锥顶平底

学习机夹式钻孔刀具国家标准分析，请扫二维码。

机夹式钻孔刀具国家标准

2. 机夹式钻孔刀具的选择

钻头类型的正确选择要能满足钻孔尺寸、公差和表面粗糙度要求及经济性。对于孔径小于 $\phi 12.7$ mm 的加工，考虑到加工精度和加工性能，整体硬质合金钻头仍然是推荐的解决方案。对于孔径大于 $\phi 25$ mm 的加工（特别是粗加工），推荐使用可转位刀片钻头。在大功率机床上加工孔径为 $\phi 25 \sim \phi 51$ mm 的孔时，采用可转位刀片钻头尤其有效。尺寸再大的孔加工，在机床功率足够的情况下，可使用复合钻头。

在孔径范围为 $\phi 12.7 \sim \phi 25.4$ mm 的钻削加工中，可换钻头式钻头已成为一种常见的较好选择，因为这种钻头可实现高的孔加工精度和成本效益的综合竞争优势。硬质合金钻尖具有针对工件材料和加工要求优化钻尖形状设计的特点，并且通常不进行重磨，因此更换的每个钻尖都是新的，加工性能与所有其他新钻尖完全相同。

8.3 铰刀及选择

1. 铰刀的结构分析

图 8-3 所示为常见铰刀的种类，由相应的国家标准指导生产。

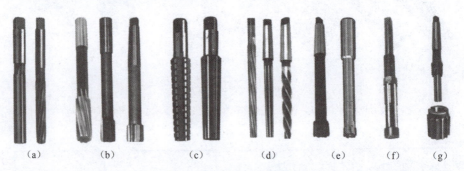

图 8-3 常见铰刀的种类

(a) 手用铰刀；(b) 机用铰刀；(c) 手用锥度铰刀；(d) 机用锥度铰刀；
(e) 焊接式机用铰刀；(f) 可调节手用铰刀；(g) 套式机用铰刀

图 8-3 (a) 所示为手用铰刀，有直槽与螺旋槽之分，对应的标准为 GB/T 1131.1—2004《手用铰刀第 1 部分形式和尺寸》和 GB/T 1131.2—2004《手用铰刀第 2 部分：技术条件》等。

图 8-3 (b) 所示为机用铰刀，有直柄与莫氏锥柄之分，对应的标准为 GB/T 1132—2004《直柄和莫氏锥柄机用铰刀》、GB/T 4243—2004《莫氏锥柄长刃机用铰刀》、GB/T 1134—2008《带刃倾角机用铰刀》（包含直柄与莫氏锥柄机用铰刀）、GB/T 4245—2004《机用铰刀技术条件》等。

图 8-3 (c) 所示为手用锥度铰刀，用于圆锥孔铰削加工，切削刃上开有断屑槽的铰刀为粗铰刀，对应的标准为 GB/T 1139—2017《莫氏圆锥和米制圆锥铰刀》、GB/T 20774—2006《手用 1：50 锥度销子铰刀》、GB/T 4248—2004《手用 1：50 锥度销子铰刀技术条件》等。

图 8-3 (d) 所示为机用锥度铰刀，有直柄与莫氏锥柄两种，容屑槽有直槽与螺旋槽之分，对应的标准为 GB/T 20331—2006《直柄机用 1：50 锥度销子铰刀》和 GB/T 20332—2006《锥柄机用 1：50 锥度销子铰刀》等，其技术条件与 GB/T 4245—2004 通用。

图 8-3 (e) 所示为焊接式机用铰刀，切削部分为硬质合金材料，用钎焊等方法焊接在 40Gr 等合金钢材料的刀体上，对应的标准为 GB/T 4251—2008《硬质合金机用铰刀》和 GB/T 4251—2008《硬质合金机用铰刀》等。

图 8-3 (f) 所示为可调节手用铰刀，对应的标准为 GB/T 25673—2010《可调节手用铰刀》等。

图 8-3 (g) 所示为套式机用铰刀，对应的标准为 GB/T 1135—2004《套式机用铰刀和芯轴》（已作废）等，其技术条件与 GB/T 4245—2004 通用。

2. 铰刀的选择

（1）单刃铰刀

单刃铰刀适合数控机床、加工中心和具有一定刚性、精度的车、镗、钻等机床上对各种材料的精加工。

（2）可调式铰刀

由于铰刀属于精加工刀具，对铰刀的孔尺寸精度要求非常高，铰刀的微小损耗都会影响工件的尺寸公差，特别是在汽车发动机等铰刀大量使用的领域中。当铰刀刃口产生微小耗损时，不能再使用，因此铰刀的消耗非常大，为了解决这一矛盾，这时可以使用可调式铰刀。

（3）铰刀几何角度的选择

1）铰刀前、后角的推荐范围如表 8-3 所示。

表 8-3　铰刀前、后角度的推荐范围

铰刀切削部分材料 ⟍ 几何角度 ⟍ 加工材料	高速钢	硬质合金	高速钢	硬质合金
	前角 γ_o /（°）		后角 α_o /（°）	
未淬硬钢	0~4	0~5	6~12	6~8
中硬钢	5~10	−10~−5	6~12	6
不锈钢、耐热钢	8~12	—	5~8	—
铜合金	0~5	—	10~12	—
镁合金	5~8	—	10~12	—
铝和铝合金	5~10	—	10~12	—
铸铁	0	5	6~8	8~10

2）切削锥角的选择。切削锥角 2ϕ 主要影响进给抗力的大小、刀具寿命、孔的加工精和表面粗糙度。当切削锥角小时，进给力小，铰刀切入时的导同性好。但由于切削厚度过小产生较大变形，同时切削宽度增大使卷屑、排屑产生困难，且使切入切出时间变长。因为减轻劳动强度，减小进给力，故可选用较大的 ϕ 值，以减小切削长度和机动时间。加工料时 ϕ 取 30°，加工铸铁等脆性材料时 ϕ 取 6°~10°，加工盲孔时 ϕ 取 90°。

3）刃倾角的选择

图 8-4 所示为高速钢直槽铰刀切削部分的切削刃，其 λ_s 一般取 15°~20°。为便于制造硬质合金铰刀，一般取 $\lambda_s = 0°$，铰削盲孔时仍使用带刃倾角的千刀，但在铰刀端部开一沉头孔以容纳切屑。

图 8-4　高速钢直槽铰刀切削部分的刃倾角

学习高速钢和硬质合金铰刀切削用量推荐值，请扫二维码。

高速钢和硬质合金铰刀切削用量

8.4 镗刀及选择

镗刀按加工性质的不同分为粗镗镗刀与精镗镗刀；按切削刃数不同分为单刃镗刀、双刃镗刀和多刃镗刀；按加工孔特征不同分为通孔镗刀、不通孔镗刀、阶梯镗刀和背镗刀等；按结构形式可分为整体式与模块式镗刀（系统）。本小节按加工性质分类方法进行镗刀内容的学习。

1. 粗镗刀的结构分析

粗镗刀应用于孔的半精加工。常用的粗镗刀按结构可分为单刃和双刃，根据不同的加工场合，也有通孔专用镗刀和盲孔加工镗刀。

（1）单刃粗镗刀的结构分析

一般单刃粗镗刀为不同形式的单刃镗刀，结构简单、制造方便、通用性很强，如图 8-5 所示。但是这种刀具刚性较差，易引起振动，镗孔尺寸调节不方便，生产效率低，对工人技术要求较高。为了使镗刀头在镗杆内有较大的安装长度，并具有足够的位置压紧螺钉和调节螺钉，在镗盲孔或阶梯孔时，镗刀头在刀杆上的安装斜角一般取 45°；镗通孔时取 0°，以便于镗杆的制造。通常通孔镗刀压紧螺钉从镗杆的端面来压紧镗刀头，盲孔镗刀则从侧面压紧镗刀头。

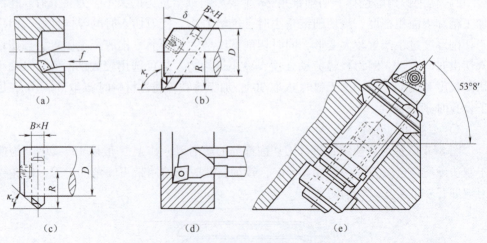

图 8-5 不同形式的单刃镗刀

（a）整体式焊接式镗刀；（b）机夹式盲孔镗刀；
（c）机夹式通孔镗刀；（d）可转位式镗刀；（e）微调镗刀

（2）可调式双刃粗镗刀的结构分析

可调式双刃粗镗刀如图8-6所示，两端有切削刃，切削时受力均匀可消除径向力对镗杆的影响，通过各类调整可发挥不同的作用，如将一个刃调小后可做单刃镗孔，在刀夹下加垫片可做不同台阶刃镗孔，镗孔范围可达 $\phi25 \sim \phi450$ mm。可调式双刃粗镗刀最适合在各类型的加工中心或数控铣床上面使用，通常为模块式，加工深度可配合延长杆延伸至所需长度。

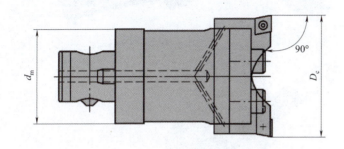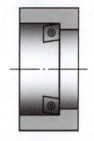

图 8-6　可调式双刃粗镗刀

2. 精镗刀的结构分析

精镗刀应用于孔的精加工场合，能获得较高的直径、位置精度和较低的表面粗糙度值。为了在孔加工中能获得更高的精度，一般精镗刀采用单刃形式，刀头带有微调结构，以获得更高的调整精度和调整效率。根据结构，精镗刀可分为整体式精镗刀、模块式精镗刀和小径精镗刀，均广泛地应用于数控铣床，镗床和加工中心上。

（1）整体式精镗刀结构分析

整体式精镗刀如图8-7所示，主要用在批量产品的生产线，但实际上刀柄规格有 NT、MT、BT、IV、CV、DV 等多种多样，即使规格一样大小，拉钉或者法兰面形状也有不同，这些都使整体式镗刀在应用上相对较少。

（2）模块式精镗刀结构分析

模块式精镗刀如图8-8所示，可将镗刀分为基础柄、延长杆、变径杆、镗头、刀片座等多个部分，然后根据具体的加工内容（粗镗，精镗；孔的直径、深度、形状；工件材料等）进行自由组合。这样不但大大地减少了刀柄的数量，降低了成本，也可以迅速对应各种加工要求，并延长刀具整体的寿命。

（3）小径精镗刀结构分析

小径精镗刀如图8-9所示，是通过更换前部刀杆和调整刀杆偏心达到调整直径的目的。由于调整范围广，且可加工小径孔，所以在加工模具和产品的单件、小批量生产中得以广泛的应用。这种刀具的特点是：

①通过更换不同的刀杆，可以加工 $\phi8 \sim \phi50$ mm 的孔，可调范围大，因此成本较低。

②对于长径比较大的孔，可采用钨钢防震刀杆进行加工。

③对于 $\phi20$ mm 以上的孔，由于刚性和稳定性不如模块式镗刀，所以如果在批量生产的情况下，尽量使用模块式镗刀。

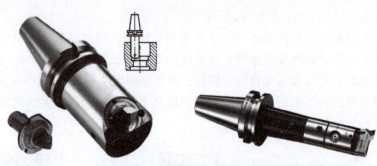

图 8-7　整体式精镗刀　　　图 8-8　模块式精镗刀

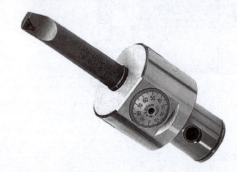

图 8-9　小径精镗刀

3. 镗刀的选择

（1）镗刀的选择步骤如表 8-4 所示。

表 8-4　镗刀的选择步骤

步骤	步骤名称	步骤内容
1	确定操作类型	确定操作类型并记下与待加工孔有关的特征、限制因素、材料及机床等
2	选择镗削系统	使用刀具产品系列概述来查找满足工序（粗加工或精加工）要求以及工况的系统
3	确定镗削直径和镗孔要求	针对工序、表面质量及公差选择覆盖镜削直径范围的刀具
4	选择主偏角	基于所选的主偏角，选择相应的刀片载体和最合适的刀片类型
5	选择刀柄	根据接口大小和镗削深度选择接柄
6	选择刀片	根据刀片类型和大小确定切削参数，根据加工材料和工况选择刀片牌号

（2）粗镗刀的选择

粗镗刀以高的金属去除率为目的，主要功能是提高工作效率，因此粗锋刀要有高的强度。对于精度要求不高的孔，粗镗可以作为最终的工序。对于精度要求高的孔，粗镗可以切去毛坯孔的大部分余量，提高孔的尺寸精度、降低表面粗糙度值，为半精镗和精镗做好准备。

1）多刃镗刀的选择。为提高镗孔效率，在低至中等功率机床、非稳定工序或大直径加工中，建议选用双刃镗刀，其两个切削刃事先可调整到被加工孔的尺寸。双刃镗刀加工精度可控制到 IT9 级。在中型和大型功率机床，建议使用三刃镗刀，其加工效率更高，镗削加工精度可达到 IT9 级。

2）可转位式深孔镗刀的选择。当要加工直径在 $\phi30$ mm 以上的深孔时，建议使用可转位深孔镗刀。其切削部分的几何角度选取如下：

①前角 γ_o、后角 α_o 和副后角 α_o' 的选择如表 8-5 所示。

表 8-5　镗刀前角、后角和副后角的选择

材料 刀具角度/(°)	一般材料	淬硬钢和高强度钢	38CrMoAl 和不锈钢等难加工材料
γ_o	0	−10~5	5~10
α_o	8~10	8~10	8~10
α_o	10~15	10~15	10~15

②主偏角 κ_r、副偏角 κ_r' 和刃倾角 λ_s。主偏角 κ_r 一般取 45°~65°为宜，当背吃刀量大时，κ_r 取大值，反之取小值。副偏角 κ_r' 一般取 3°~5°，深孔刀可以不磨修光刃和刃带，刃倾角 λ_s 一般取 0°。

（3）精镗刀的选择

1）单刃镗刀。当机床功率低而需要降低切削力、存在振动问题时，单刃镗刀是合适的选择，能实现小公差、精确的圆度或理想的表面质量。

2）微调镗刀。在精加工中，为了使孔获得高的尺寸精度，要求镗刀能较方便而精确地调整尺寸。微调镗刀可以在机床上精确地调节镗孔尺寸。

3）浮动镗刀。单件、小批生产，或加工直径较大的孔，选择浮动锋刀是比较合适的。

4）减振镗刀。当刀具悬伸为 5 倍刀具直径及以上时，振动通常是机床实现高生产效率的限制因素，只能降低切削速度、进给量和背吃刀量。这时建议使用具有减振系统的减振镗刀可将振动减至最低，从而增加切削参数，同时实现更加可靠的无振动加工过程、小公差、理想的表面质量和显著提高的金属去除率。

多学一点

钻孔的三项基本要素是孔径、孔深、孔质量。孔型和精度要求会影响刀具选择。铰削是使用多刃刀具执行的高精度孔精加工工序。通过高穿透率和小切深，能够实现高表面质量、出色的孔质量和严密的尺寸公差。镗削是一种扩孔或改现有孔质量的加工工艺。对于镗孔，无论粗镗还是精镗，有多种灵活的刀具系统用于宽泛的孔径的加工。

问题提示

在机械制造业中，一般将孔深超过孔径 10 倍的圆柱孔称为深孔。深孔按孔深与

孔径的比（*L/D*）的大小通常可分为一般深孔、中等深孔及特殊深孔 3 种。

①*L/D* = 10~20，属于一般深孔，常在钻床或车床上用接长麻花钻加工。

②*L/D* = 20~230，属于中等深孔，常在车床上加工。

③*L/D* = 30~2 100，属于特殊深孔，必须使用深孔钻在深孔钻床或专用设备上加工。

任务实施

根据任务要求完成任务 8 孔加工刀具的选择（任务工单）的填写。

问题探究

1. 孔加工刀具如何分类？有哪些基本类型？
2. 孔的精加工刀具有哪些？
3. 铰刀有哪些类型？如何选择？
4. 镗刀有哪些类型？在什么场合使用？如何选择？

任务 9　数控工具系统

任务导入

为适应多变加工零件的要求，数控机床尽可能通过提高刀具及工具系统的标准化、系列化和模块化程度来获得最佳经济效益。这不仅便于刀具的组装、预调、使用和管理，而且有利于数控切削数据库的建立。学习数控工具系统是建立包括刀头、刀夹、刀杆和刀座在内的刀具快换结构体系十分重要的环节。

任务目标

1. 数控机床与刀具接口技术特点。
2. 熟知数控车削工具系统特点。
3. 熟知镗铣类数控机床工具系统。

知识导图

知识链接

9.1 数控机床与刀具接口技术

数控机床与刀具接口技术主要分为两大类：镗铣类数控机床工具系统和车削类数控机床工具系统。前者主要包括数控铣床、加工中心与数控镗床等，后者的代表机床为数控车床。近年来，车铣复合机床逐渐普及，其接口技术也开始备受关注。

镗铣类数控工具系统

9.2 镗铣类数控机床工具系统

镗铣类数控机床与刀具的接口，常见的称呼为刀柄，是机床与刀具的连接过渡部分。由于镗铣类刀具夹持部分变化较大，且不同刀具制造商生产的数控机床主轴有一定的差异，为适应这些变化，刀具制造商通常综合考虑设计，称为工具系统，如图 9-1 所示。

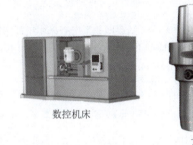

数控机床   刀柄   刀具

图 9-1 数控机床工具体统接口

1. 整体式工具系统

整体式工具系统指工具系统的柄部与夹持刀具的工作部分连成一体，要求不同工作部分都具有同样结构的刀柄，以便与机床的主轴相连，如图 9-2 所示。在我国镗铣类数控机床中，应用比较广泛的整体式工具系统是 TSG 工具系统。TSG 工具系统主要用于数控镗铣床、加工中心等数控机床。下面对 TSG 工具系统进行详细介绍。

TSG 工具系统中各种工具的型号。

工具系统的型号由 5 部分组成，表示方法如下：

1）各组成部分结构及含义如表 9-1 所示。

图 9-2 整体式工具系统

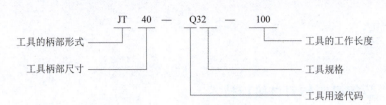

表 9-1　TSG 工具系统的组成结构及含义

组成结构名称	含义
工具柄部形式	一般采用 7：24 圆锥柄，常用形式有 JT、BT 和 ST 等三种
工具柄部尺寸	对锥柄表示相应 ISO 锥度号，对圆柱柄表示直径
工具用途代码	表示工具的用途
工具规格	表示工具的工作特性
工作长度	表示工具的设计工作长度（锥柄大端直径处到端面的距离）

2）TSG 工具系统工具柄部的形式尺寸代号及含义如表 9-2 所示。

表 9-2　TSG 工具系统工具柄部的形式尺寸代号及含义

形式尺寸代号	柄部尺寸代号含义
JT	表示采用国际标准 ISO 7388 制造的加工中心机床用锥柄柄部（带机械手夹持槽），代号后数字为相应的 ISO 锥度号，如 50、45 和 40 分别代表大端直径为 69.85 mm、57.15 mm 和 44.45 mm 的 7：24 锥度
BT	代号后数字为相应的 ISO 锥度号，如 50、45 和 40 分别代表大端直径为 69.85 mm、57.15 mm 和 44.45 mm 的 7：24 锥度数字，意义同上
ST	表示按 GB 3837 制造的数控机床用锥柄（无机械手夹持槽），代号后数字意义同上
MTW	表示无扁尾莫氏锥柄，代号后数字为莫氏锥度号
MT	表示有扁尾莫氏锥柄，代号后数字为莫氏锥度号
ZB	表示直柄接杆，代号后数字表示其直径尺寸
KH	表示 7：24 锥柄接杆，代号后数字为锥柄 ISO 代号

3）工具用途代码。工具用途代码表示工具的用途，其中 TSG82 工具系统用途代码和意义如表 9-3 所示。

表 9-3　TSG82 工具系统用途代码和意义

代号	代号的意义	代号	代号的意义	代号	代号的意义
J	装接长杆用刀柄	KJ	用于装扩、铰刀	TF	浮动镗刀
Q	弹簧夹头	BS	倍速夹头	TK	可调镗刀
KH	7：24 锥度快换夹头	H	倒锪端面刀	X	装铣削刀具
Z	装钻夹头	T	镗孔刀具	XS	装三面刃铣刀

续表

代号	代号的意义	代号	代号的意义	代号	代号的意义
MW	装无扁尾莫氏锥柄刀具	TZ	直角镗刀	XM	装面铣刀
M	装有扁尾莫氏锥柄刀具	TQW	倾斜式微调镗刀	XDZ	装直角端铣刀
G	攻螺纹夹头	TQC	倾斜式粗镗刀	XD	装端铣刀
C	切内槽工具	TZC	直角式粗镗刀	XP	装削平型铣刀刀柄

4）工具规格。用途代码后的数字表示工具的工作特性，含义随工具不同而异，有些工具的数字为轮廓尺寸 D 或 L；有些工具的数字表示应用范围；还有些工具的数字表示其他参数，如锥度号等。

5）工作长度，表示工具的设计工作长度（锥柄大端直径处到端面的距离）。

学习整体式刀柄示例，请扫二维码。

整体式刀柄

2. 模块式工具系统

模块式工具系统是为了适应整体式工具系统规格和品种繁多，给生产、使用和管理带来诸多不便而发展起来的，是目前较普遍采用的工具系统。它的特点是把整体式刀具分解成柄部、中间连接块和工作头三个部分，并制成各种系列化的模块，借助不同规格的中间模块组装成不同用途、不同规格的模块式工具，从而方便制造、使用和保管，减少工具储备，增加工具系统柔性。

模块式工具系统是由主柄模块、中间模块和工作模块三个基本模块组成，模块之间借助圆锥（或圆柱）配合，通过适当组合三个模块和刀具，可以组装成满足特定加工要求的成套刀具，如图9-3所示。

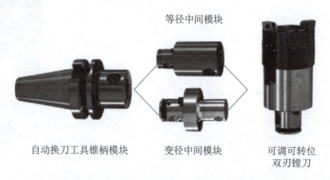

图9-3 模块式工具系统三个基本模块组成

多学一点

学习模块式工具系统示例，请扫二维码。

模块式工具系统

9.3 车削类数控工具系统

数控车削工具系统是车床刀架与刀具之间的连接环节（包空各种装车刀的非动力刀夹及装钻头）的总称，如图9-4所示。系统作用是使刀具能快速更换和定位以及传递回转刀具所需的回转运动。通常固定在回转刀架上，随之做进给运动或分度转位，并从刀架或转塔刀架上获得自动回转所需的动力。数控车削工具系统主要由两部分组成：一部分是刀具；另一部分是刀夹（夹刀器）。数控车床的刀架有多种形式，且各公司生产的车床，刀架结构各不相同，因此各种数控车床所配的工具系统也各不相同。

图 9-4 数控车削工具系统

1. 整体式工具系统

目前，在我国较为普及的数控车削整体式工具系统是 CZG 车削工具系统，如图9-5所示，有非动力刀夹组合形式和动力刀夹组合形式两种，在国际上等同于德国标准 DIN 69880。

车削类数控工具系统

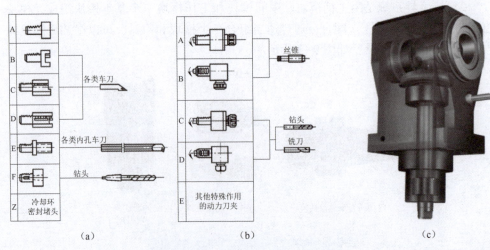

图 9-5 CZG 车削工具系统（DIN 69880）

（a）非动力刀夹组合形式；（b）动力刀夹组合形式；（c）动力刀座

多学一点

学习整体式工具系统示例，请扫二维码。

整体式工具系统

2. 模块式工具系统

模块式车削类刀具系统主要由主柄模块、中间模块和工作模块组成，如图 9-6 所示。一般只有主柄模块和工作模块，较少使用中间模块，以适应车削中心较小的切削区空间，并提高工具的刚性。主柄模块有较多的结构形式，根据刀具安装方向的不同，有径向模块和轴向模块。工作模块主要有两大类型：一类是连接柄和刀体制成一体的各种刀具模块，例如用于外圆、端面、切槽等加工的刀具模块；另一类是用于装夹钻头、丝锥、铣刀等标准工具或专用工具的夹刀模块。

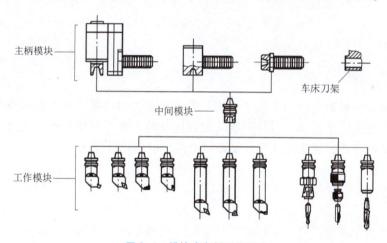

图 9-6　模块式车削工具系统

模块式车削刀具系统的核心技术是各模块之间的接口，不同的刀具制造商有较大的差异。另外，不同刀具制造商的模块式刀具系统一般不能通用。

多学一点

学习模块式工具系统示例，请扫二维码。
学习数控铣刀的装夹示例，请扫二维码。

模块式工具系统　　　　　数控铣刀的装夹

9.4　整体式工具系统和模块式工具系统性能比较

整体式和模块式工具系统相比较，整体式工具系统灵活性低，适合大批量短式应用的场合，模块式工具系统灵活性高，适合小批量镗削的加长应用场合，如图9-7所示。

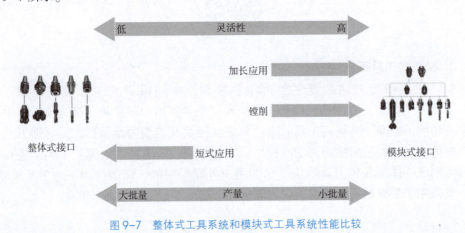

图 9-7　整体式工具系统和模块式工具系统性能比较

问题提示

标准化、系列化与通用化的"三化"要求是数控刀具接口技术必须遵循的设计原则。标准化要求是大部分刀具制造商能够接受的，而系列化与通用化要求，由于出于商业利益考虑，制造商往往只是在自身品牌的刀具品种内实现。

任务实施

根据任务要求完成任务9数控工具系统（任务工单）的填写。

问题探究

1. 数控机床与刀具接口技术有哪些类型？查阅资料举例说明。
2. 数控刀具工具系统的"三化"通常是指什么？
3. 我国较为普及的数控车削整体式工具系统是什么？
4. 我国镗铣类模块工具系统的特点是什么？查阅资料举例说明。

项目三　数控机床的夹具与选用

学习导航

学习目标	知识目标： 1. 掌握工件的定位原理，了解定位方式、定位元件、定位误差及分度装置。 2. 了解夹紧装置相关知识及典型夹紧机构。 3. 熟知数控机床通用夹具、高效夹具，掌握专用夹具设计要点。 技能目标： 1. 能正确运用定位原理合理选择的定位方式、定位元件、分度装置。 2. 能合理进行工件的定位误差分析和计算。 3. 能理解典型夹紧机构，合理选用机床夹具，掌握数控夹具的设计要点。 素质目标： 1. 塑造学生爱国敬业、使命奉献的核心价值观。 2. 培养学生严谨细致、精益求精的工匠精神。 3. 培养学生实践应用、自主探究的创新精神。 4. 培养学生团队协作、安全质量的职业素养。
学习重点	工件的定位原理、数控机床夹具的选用及专用夹具的设计。
学习难点	工件的定位误差分析与计算、高效夹具的选用、专用夹具的设计。

大国工匠

管延安，港珠澳大桥岛隧工程首席钳工，了解管延安的故事请扫二维码。

大国工匠—管延安

项目导入

在机床上加工工件时，为了在工件的某一部位加工出符合工艺规程要求的表面，加工前首先要使工件在机床上占有正确的位置，即定位。由于在加工过程中工件受到切削力、重力、振动、离心力、惯性力等作用，因此还应采用一定的机构，使工件在加工过程中始终保持在原先确定的位置上，即夹紧。工件定位与夹紧的过程又称为工件的装夹，在机床上使工件占有正确的加工位置并在加工过程中始终保持不变的工艺装备称为机床夹具。

目前，加工可分为单件、多品种和小批量（以下简称小批量生产）另外还有小品种、大批量生产（简称大批量生产），前者约占机械加工总产值的 70%～80%，是机械加工的主体。本项目为大家介绍数控机床夹具的合理选择和应用。

任务 10　工件的定位

任务导入

在切削加工时，必须使工件在机床或工具中相对刀具及切削成形运动占有某一正确的位置，称为定位。为了在加工中使工件能承受切削力，并保持正确位置，还需压紧或夹牢，称为夹紧。从定位到夹紧的过程称为安装或装夹。

任务目标

1. 掌握六点定位原理。
2. 能根据加工要求合理选择定位方式与定位元件。
3. 能根据加工要求确定基准。
4. 培养规范性机床加工工作。

知识导图

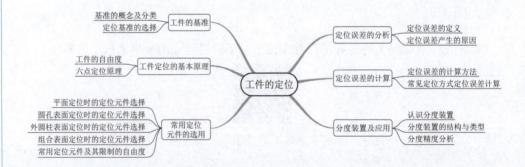

知识链接

10.1　工件的基准

在制定工艺规程时，定位基准选择的正确与否，对保证零件的尺寸精度和相互位置精度要求，以及零件各表面间的加工顺序安排有很

工件的基准

大影响。当用夹具安装工件时，定位基准的选择还影响到夹具结构的复杂程度。因此，定位基准的选择是一个很重要的工艺问题。

1. 基准的概念及分类

在零件的设计和制造过程中，要确定一些点、线或面的位置，必须以一些指定的点、线或面作为依据，这些作为依据的点、线或面称为基准。根据作用和应用场合不同，基准可分为设计基准和工艺基准两大类，工艺基准又可分为工序基准、定位基准、测量基准和装配基准。

（1）设计基准

设计者在设计零件时，根据零件在装配结构中的装配关系以及零件本身结构要素的相互位置关系，确定标注尺寸（或角度）的起始位置。把这些尺寸（或角度）的起始位置作为设计基准。简言之，设计基准即设计时在零件图纸上所使用的基准。设计基准可以是点，也可以是线或面，例如图 10-1 所示的阶梯轴，端面 1 和中心线 2 是设计基准。

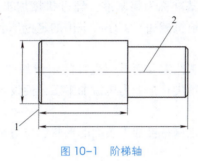

图 10-1　阶梯轴

（2）工艺基准

在零件加工、测量和装配过程中所使用的基准，称为工艺基准，按用途不同可分为定位基准、工序基准、测量基准和装配基准。

1）工序基准

在工序图上用来确定工序所加工表面经加工后的尺寸、形状、位置的基准，称为工序基准。

在设计工序基准时，主要应考虑如下三个方面的问题：

①考虑用设计基准为工序基准。

②所选工序基准应尽可能用于工件的定位和工序尺寸的检查。

③当采用设计基准为工序基准有困难时，可另选工序基准，但必须可靠地保证零件设计尺寸的技术要求。

2）定位基准

在工件加工过程中，用于确定工件在机床或夹具上的正确位置的基准称为定位基准。定位基准可进一步分为粗基准、精基准，另外还有辅助基准。

例如车削图 10-2 所示齿轮轮坯的外圆时，若用已经加工过的内孔将工件安装在芯轴上，则孔的轴线为外圆和左端面的定位基准。

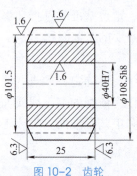

图 10-2　齿轮

必须指出的是，工件上作为定位基准的点或线，总是由具体表面来体现的，这个表面称为定位基准面。例如图 10-2 所示齿轮孔的轴线，并不具体存在，而是由内孔表面来体现的，因此确切地说，内孔是加工外圆的定位基准面。

①粗基准和精基准

未经机械加工的定位基准称为粗基准，经过机械加工的定位基准称为精基准。机械加工工艺规程中第一道机械加工工序所采用的定位基准是粗基准。

②辅助基准

零件上根据机械加工工艺需要而专门设计的定位基准，称为辅助基准，例如轴类零件常用顶尖孔定位，顶尖孔是专为机械加工工艺而设计的辅助基准。

3）测量基准

在加工中或加工后用来测量被加工表面的形状、位置和尺寸误差所依据的基准，称为测量基准。

4）装配基准

在装配时用来确定零件或部件在产品中的相对位置所采用的基准，称为装配基准。

2．定位基准的选择

选择定位基准时，要保证工件加工精度，定位基准的选择应先选择精基准，再选择粗基准。

（1）精基准的选择原则

选择精基准时，主要应考虑保证加工精度和工件安装方便可靠，选择原则如下：

1）基准重合原则

即选用设计基准作为定位基准，以避免定位基准与设计基准不重合而引起的基准不重合误差。

 多学一点

学习基准重合实例，请扫二维码。

基准重合实例

2）基准统一原则

应采用同一组基准定位加工零件上尽可能多的表面，这就是基准统一原则。这样做可以简化工艺规程的制定工作，减少夹具设计、制造工作量和成本，缩短生产准备周期，由于减少了基准转换，故便于保证各加工表面的相互位置精度。

3）自为基准原则

某些要求加工余量小而均匀的精加工工序，选择加工表面本身作为定位基准，称为自为基准原则。

多学一点

学习自为基准实例，请扫二维码。

自为基准实例

4）互为基准原则

当对工件上两个相互位置精度要求很高的表面进行加工时，需要用两个表面互相作为基准，反复进行加工，以保证位置精度要求。

5）所选精基准应保证工件安装可靠，夹具设计简单、操作方便。

（2）粗基准的选择原则

选择粗基准时，主要要求保证各加工面有足够的余量，并注意尽快获得精基面。在具体选择时应考虑下列原则：

1）若主要要求保证工件上某重要表面的加工余量均匀，则应选该表面为粗基准，例如车床床身粗加工时，为保证导轨面有均匀的金相组织和较高的耐磨性，应使其加工余量适当而且均匀，因此应选择导轨面作为粗基准先加工床脚面，再以床脚面为精基准加工导轨面，如图 10-3 所示。

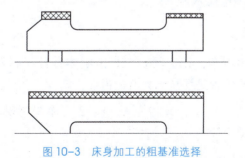

图 10-3　床身加工的粗基准选择

2）若主要要求保证加工面与不加工面间的位置要求，则应选不加工面为粗基准，如图 10-4 所示零件，选不加工的外圆 A 为粗基准，从而保证其壁厚均匀。

如果工件上有多个不加工面，则应选其中与加工面位置要求较高的不加工面为粗基准，以便于保证精度要求，使外形对称等。

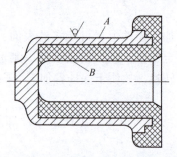

图 10-4　粗基准选择的实例

　　如果零件上每个表面均需加工，则应选加工余量最小的表面为粗基准，以避免该表面在加工时因余量不足而留下部分毛坯面，造成工件废品。

　　3）作为粗基准的表面，应尽量平整光洁，有一定面积，以使工件定位可靠、夹紧方便。

　　4）粗基准在同一尺寸方向上只能使用一次。因为毛坯面粗糙且精度低，故重复使用将产生较大的误差。

素质拓展

　　无论精基准还是粗基准的选择，上述原则不可能同时满足，有时还是互相矛盾的。因此，在选择时应根据具体情况进行分析，做到极致。学习做到极致就是行家，请扫二维码。

做到极致就是行家

工件的定位原理

10.2　工件定位的基本原理

1. 工件的自由度

　　由刚体运动的规律可知，在空间一个自由刚体有且仅有六个自由度。图 10-5 所示的工件，在空间的位置是任意的，既能沿 X、Y、Z 三个坐标轴移动，称为移动自由度，分别表示为 $\vec{X}$、$\vec{Y}$、$\vec{Z}$；又能绕 X、Y、Z 三个坐标轴转动，称为转动自由度，分别表示为 $\hat{X}$、$\hat{Y}$、$\hat{Z}$。

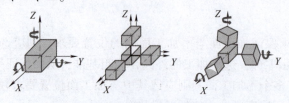

图 10-5　工件的六个自由度

多学一点

大黄蜂机器人有限公司的六自由度平台系统由采用 Stewart 机构的六自由度运动平台（图 10-6）、计算机控制系统、驱动系统等组成。了解六自由度平台系统请扫二维码。

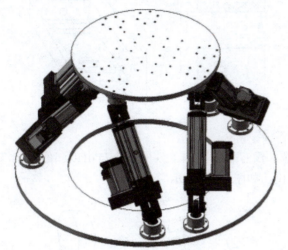

六自由度
平台系统

图 10-6　六自由度运动平台

2. 六点定位原理

（1）六点定位原理的概念

要完全确定工件的位置，必须消除这六个自由度，通常用六个支承点（即定位元件）来限制工件的六个自由度，其中每一个支承点限制相应的一个自由度。定位实质上是限制工件的自由度。

六点定位原理是工件定位的基本法则，用于实际生产时，起支承点作用的是一定形状的几何体。这些用来限制工件自由度的几何体是定位元件。

多学一点

图 10-7 所示为六点定位实例，请扫二维码查看。

六点定位实例

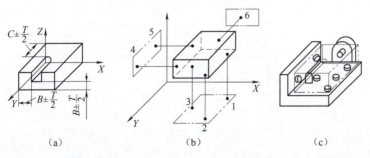

图 10-7　六点定位实例

（a）零件；（b）定位分析；（c）支承点位置

（2）工件定位的几种情况

1）完全定位：工件的 6 个自由度全部被限制而在夹具中占有完全确定的唯一位置，称为完全定位，如图 10-8 所示。

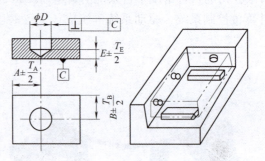

图 10-8　完全定位实例

2）不完全定位：没有全部限制工件的 6 个自由度，但也能满足加工要求的定位，称为不完全定位，如图 10-9 所示。

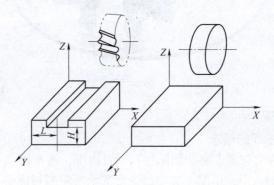

图 10-9　不完全定位实例

3）欠定位：根据加工要求，工件必须限制的自由度没有达到全部限制的定位，称为欠定位。欠定位必然导致无法准确保证工序所规定的加工要求，如图 10-10 所示。

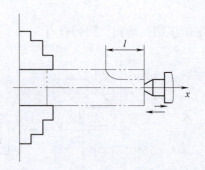

图 10-10　欠定位实例

4）过定位：工件在夹具中定位时，若几个定位支承点重复限制同一个或几个自由度，称为过定位。过定位是否允许，应根据工件的不同加工情况进行具体分析，如图 10-11 所示。

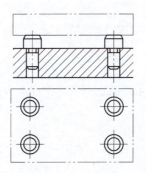

图 10-11　过定位实例

学习工件定位的几种情况分析，请扫二维码。
学习应用六点定位原理应注意的问题，请扫二维码。

应用六点定位原理应注意的问题

工件定位的几种情况分析

10.3　常用定位元件的选用

定位方式和定位元件的选择包括定位元件的结构、形状、尺寸及布置形式等，主要取决于工件的加工要求、工件的定位基准和外力的作用状况等因素。工件上的定位基准面与相应的定位元件合称为定位副。定位副的选择及制造精度直接影响工件的定位精度和夹具的工作效率以及制造使用性能等。按不同的定位基准面分类，常用的定位方

常见的定位方式和定位元件

式有工件以平面定位、工件以圆孔定位、工件以外圆柱表面定位以及组合表面定位，在夹具设计中根据需要可以选用各种类型的定位元件。

1. 平面定位时的定位元件选择

在机械加工中，大多数工件，如箱体、机体、支架、圆盘等零件以平面作为主要定位基准。工件以平面为基准定位时，一般可分为主要支承和辅助支承两类。主要支承用来限制工件的自由度，具有独立定位的作用；辅助支承用来加强工件的支承刚性，不起限制工件自由度的作用。

（1）固定支承

在夹具体上，支承点的位置固定不变的定位元件称为固定支承，常用的固定支承有各种支承钉和支承板，如图 10-12、图 10-13 所示。

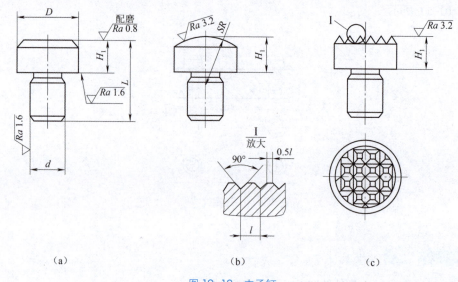

图 10-12 支承钉

（a）A 型；（b）B 型；（c）C 型

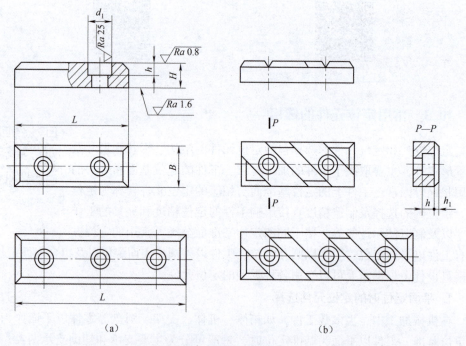

图 10-13 支承板

（a）A 型；（b）B 型

1）支承钉（JB/T 8029.2—1999）

①平头支承钉：如图 10-12（a）也称为 A 型支承钉，用于加工过的精基准定位。

②圆头支承钉：如图 10-12（b）也称为 B 型支承钉或球头支承钉，用于毛坯粗基准定位。

③锯齿头支承钉：如图 10-12（c）也称为 C 型齿纹头支承钉，常用于侧面粗基准定位。

2）标准支承板（JB/T 8029.1—1999）

①A 型支承板：如图 10-13（a）所示，因结构简单，便于制造，但孔边切屑不易清除，故适用于顶面和侧面定位。

②B 型支承板：如图 10-13（b）所示，因开有斜槽，容易清除切屑，则易保证工作表面清洁，故适用于底面定位（精基准定位用）。

定位支撑板应用实例，如图 10-14 所示，具体分析请扫二维码。

支承板
应用实例

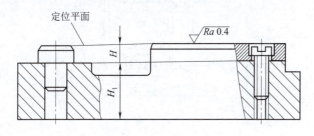

图 10-14　支承板应用实例

（2）可调支承（JB/T 8026.3—1999、JB/T 8026.4—1999）

可调支承又称调节支承，是指支承的高度可以进行调节。图 10-15 所示为几种常用的可调支承。调整时要先松后调，调好后用防松螺母锁紧。

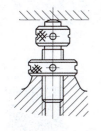 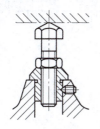 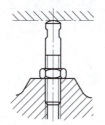 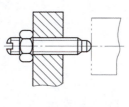

图 10-15　常用的可调支承

可调支承主要用于毛坯质量不高，而又以粗基准定位的场合。

图 10-16 所示为可调支承应用实例，具体分析请扫二维码。

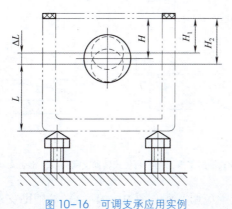

可调支承应用实例

图 10-16　可调支承应用实例

（3）自位支承

自位支承（或称浮动支承），是在工件定位过程中，能随工件定位基准面的位置变化，自动与之适应的多点接触的浮动支承。当既要保证定位副接触良好，又要避免过定位时，常把支承做成浮动或联动结构。图10-17所示为夹具中常用的自位支承，具体应用及特点请扫二维码。

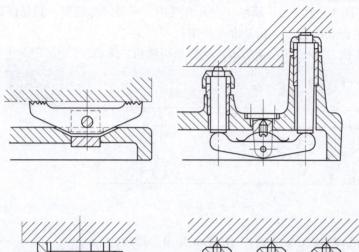

自位支承的
应用及特点

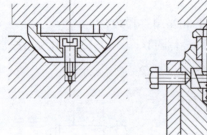

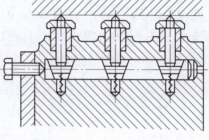

图10-17 常用的自位支承

（4）辅助支承

辅助支承用来提高工件的装夹刚度和定位稳定性，它是不起定位作用的支承，是在工件定位完成后参与作用的。常用的辅助支承结构如图10-18所示。辅助支承的应用及特点请扫二维码。

辅助支撑的
应用及特点

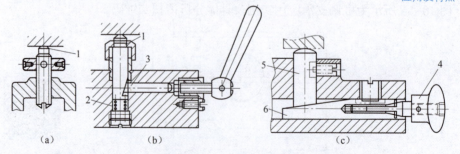

图10-18 常用的辅助支承

（a）螺旋式辅助支承；（b）自位式辅助支承；（c）推引式辅助支承

图10-19为辅助支承应用实例，图10-19（a）的辅助支承用于提高工件稳定性

和刚度；图 10-19（b）的辅助支承起预定位作用。

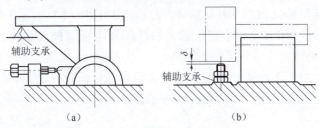

（a）   （b）

图 10-19　辅助支承应用实例

2. 圆孔表面定位时的定位元件选择

　　工件以圆柱孔定位是一种中心定位方式，定位基准面为圆孔或圆锥孔的内表面，定位基准为圆孔或圆锥孔的中心线，通常要求内孔或内锥孔基准面有较高的精度。工件中心定位常通过定位销、定位芯轴等与孔的配合实现。

　　（1）以外圆柱面限位工件的圆柱孔

　　若工件以圆柱孔作为定位基准面，则夹具用外圆柱面作为限位基准面。如果采用长外圆柱面作定位元件，则限制工件的四个自由度，定位元件常用定位芯轴；若采用短外圆柱面，则限制工件的两个自由度，定位元件常用定位销。

　　1）圆柱定位销

　　工件上定位内孔较小时，常选用定位销作定位元件。圆柱定位销的结构和尺寸已标准化，不同直径的定位销有其相应的结构形式，可根据工件定位内孔的直径选用。图 10-20 所示为标准定位销，它们分为圆柱销（A 型）和菱形销（B 型）两种类型。

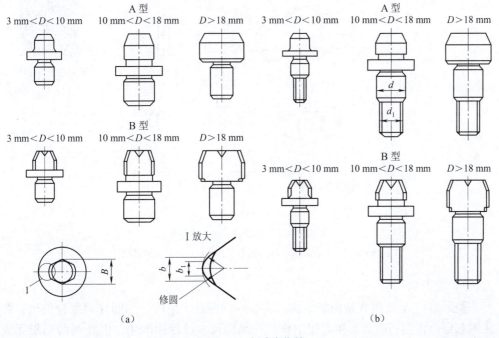

（a）   （b）

图 10-20　标准定位销

（a）固定式定位销；（b）可换式定位销

①固定式定位销（JB/T 8014.2—1999）：图 10-20（a）所示为固定式定位销；
②可换式定位销（JB/T 8014.3—1999）：图 10-20（b）所示为可换式定位销。

对于直径为 3~10 mm 的小定位销，根部倒圆角可以提高强度；销的头部带有（2~6）mm×15°的倒角，方便工件的装卸。

大批量生产中，工件装卸频繁，定位销容易磨损而丧失定位精度，可采用可换式定位销与衬套配合使用，如图 10-21 所示。

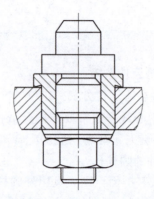

图 10-21　可换式定位销的结构

2）圆柱芯轴

在套类、盘类零件的车削、磨削和齿轮加工中，大部分选用芯轴定位。常用的圆柱芯轴的结构形式如图 10-22 所示，学习常用圆柱芯轴的结构形式及特点，请扫二维码。

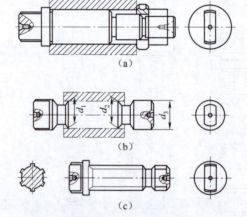

常用圆柱芯轴的
结构形式及特点

图 10-22　常用的圆柱芯轴的结构形式
（a）间隙配合芯轴；（b）过盈配合芯轴；（c）花键芯轴

3）菱形销

菱形销有 A 型和 B 型两种结构，常在一面两孔定位时，与圆柱销配合使用，圆柱销起定位作用，而菱形销起定向作用，结构尺寸已经标准化，可查《简明机床夹具设计手册》进行选用。

（2）以圆锥面限位工件的圆柱孔

1）圆锥定位销

当工件圆柱孔用孔端边缘定位时，需选用圆锥定位销，如图 10-23 所示，工件圆孔与锥销定位，圆孔与锥销的接触线是一个圆，限制工件 $\vec{X}$、$\vec{Y}$、$\vec{Z}$ 三个自由度，图 10-23（a）所示用于粗基准，图 10-23（b）所示用于精基准。工件以圆孔与圆锥销定位能实现无间隙配合，但是单个圆锥销定位时容易倾斜，因此，圆锥销一般不单独使用。圆锥销组合定位如图 10-24 所示。

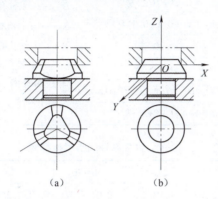

图 10-23　圆锥销定位

（a）粗基准定位；（b）精基准定位

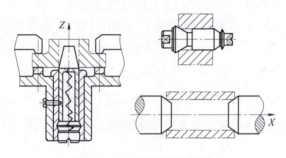

图 10-24　圆锥销组合定位

2）锥度芯轴（JB/T 10116—1995）

锥度芯轴如图 10-25 所示。工件在锥度芯轴上定位，并靠工件定位圆孔与芯轴柱面的弹性变形夹紧工件。这种定位方式的定心精度较高，但工件的轴向位移误差较大，适用于工件定位孔公差等级不低于 IT7 的精车和磨削加工，不能用于加工端

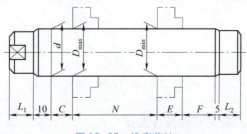

图 10-25　锥度芯轴

面。锥度芯轴的尺寸按表 10-1 计算；锥度芯轴的锥度推荐值如表 10-2 所示，具体设计可查阅 GB/T 12875—1991。

表 10-1 锥度芯轴的尺寸计算

计算项目	计算公式及数据	说明
芯轴大端直径	$D_1 = D_{max} + (0.01 \sim 0.02)$	D——工件孔的基本尺寸；
芯轴大端公差	$\delta_{D_1} = 0.01 \sim 0.005$	D_{max}——工件孔的最大极限尺寸；
保险圆锥面长度	$A = (D_1 - D_{max})/C$	D_{min}——工件孔的最小极限尺寸；
导向锥面长度	$F = (0.3 \sim 0.5)D$	δ_D——工件孔的公差；
左端圆柱长度	$L_1 = 20 \sim 40$	F——工件孔的长度；
右端圆柱长度	$L_2 = 10 \sim 15$	L_1——芯轴传动部分的长度；
工件轴向位置的变动范围	$N = (D_{max} - D_{min})/C = \delta_D/C$	当 $L/D < 8$ 时，应分组设计芯轴；结构尺寸见图 10-25
芯轴总长度	$L = A + N + E + F + L_1 + L_2 + 15$	

表 10-2 锥度芯轴的锥度推荐值

基准孔直径 D/mm	8~25	25~50	50~70	70~80	80~100	>100
锥度 C	0.01/2.5D	0.01/2D	0.01/1.5D	0.01/1.25D	0.01/D	0.01/100

（3）工件以圆锥孔定位

轴类零件加工或内外轴线有同轴度要求的精密定心工件，常以工件的圆锥孔作定位基面，如图 10-26 所示。这类定位元件往往也采用圆锥面作限位基面，图 10-26（a）所示把圆锥孔安装在锥度芯轴上定位，由于其接触面较长，故相当于五个定位支承点，限制 $\vec{X}$、$\vec{Y}$、$\vec{Z}$、$\hat{Y}$ 和 $\hat{Z}$ 五个自由度。图 10-26（b）所示为车削、磨削中常用的 60° 顶尖定位工件的中心孔，它相当于三个支承点，限制 $\vec{X}$、$\vec{Y}$、$\vec{Z}$ 三个移动自由度。两顶尖定位是芯轴和较细长工件最常用的定位方法，共限制工件的五个自由度。

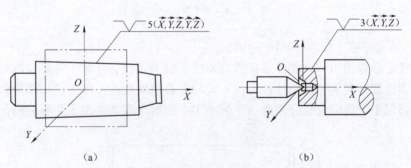

（a）　　　　　　　　　　　（b）

图 10-26 圆锥孔定位

（a）在锥度芯轴上定位；（b）在顶尖上定位

3. 外圆柱表面定位时的定位元件选择

工件以外圆柱表面定位时，工件的定位基准为中心要素，常选用的定位元件有 V

形块、半圆套、定位套等。对工件外圆柱表面实现定心定位主要选用定位套，对外圆柱表面实现支承定位主要选用支承，对外圆柱表面实现定心对中作用则选择 V 形块。

（1）用 V 形块限位工件的外圆柱面

V 形块是常用于外圆柱表面定位的元件，两斜面夹角可有 60°、90°、120°三种，其中最广泛使用的是 90°夹角 V 形块。

标准 V 形块分为固定 V 形块（JB/T 8018.1—1999、JB/T 8018.2—1999）、活动 V 形块（JB/T 8018.4—1999）和可调整 V 形块（JB/T 8018.3—1999）三种形式。

图 10-27 所示为固定 V 形块的结构形式，可用于粗、精基准，如轴类工件铣键槽。当 V 形块的定位面较长时，V 形块用两个销钉、两个螺钉固定在夹具体上，可限制工件四个自由度；当 V 形块的定位面较短时，则只能限制工件两个自由度。活动 V 形块可用于定位机构中，消除工件一个位移自由度，如图 10-28 所示。

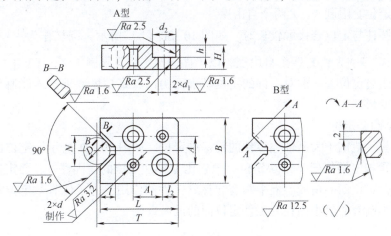

图 10-27　固定 V 形块的结构形式

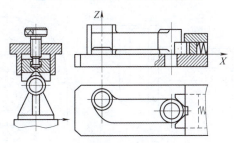

图 10-28　活动 V 形块的应用

根据需要可以设计非标准 V 形块结构，如图 10-29 所示，其中图 10-29（a）所示用于精基准；图 10-29（b）所示用于粗基准，接触面长度为 2 ~ 5 mm；图 10-29（c）所示为镶装支承钉或支承板结构的长 V 形块，限制工件的四个自由度。

使用 V 形块定位的优点是对中性好，

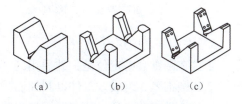

图 10-29　非标准 V 形块结构
（a）用于精基准定位的非标准 V 形块；
（b）用于粗基准定位的非标准 V 形块；
（c）长 V 形块

能使工件的定位基准处在 V 形块两斜面的对称面内，可用于粗、精基准，也可用于完整或局部圆柱面。此外，活动 V 形块还可以兼作夹紧元件。

（2）在圆孔中定位

工件以外圆柱面在定位套中定位，是把工件的精基准面插于定位套中。图 10-30 所示为定位套的两种类型。在圆孔中定位，使用的定位元件有定位套、半圆套和锥套等，内孔轴线是限位基准，内孔面是限位基面。为了限制工件沿轴向的自由度，常与端面联合定位。

1）定位套定位

当定位套与工件外圆接触部分较短时，如图 10-30（a）所示，限制工件 $\vec{X}$、$\vec{Y}$、$\vec{Z}$、$\hat{X}$、$\hat{Y}$ 五个自由度。其中工件端面为主要定位面，限制工件 $\vec{Z}$、$\hat{X}$、$\hat{Y}$ 三个自由度，短定位套限制 $\vec{X}$、$\vec{Y}$ 两个自由度。

当外圆柱与定位套接触较长时，如图 10-30（b）所示，圆柱作为主要定位面，限制工件 $\vec{X}$、$\vec{Y}$、$\hat{X}$、$\hat{Y}$ 四个自由度，以工件端面定位又限制了 $\vec{Z}$、$\hat{X}$、$\hat{Y}$ 三个自由度，会产生过定位，必须对工件的定位基准面提出较高精度要求，才能避免工件装夹时产生变形。

2）半圆套定位

半圆套一般用于大型轴类零件的精基准定位。如图 10-31 所示，定位由下半圆套的 A 面承担，类似于 V 形块定位，但它比 V 形块定位的稳固性好，而定位精度则取决于工件定位面的精度。上半圆套起夹紧工件的作用，为了能有效定位及夹紧工件，一般半圆套的最小内径为工件定位面的最大直径。

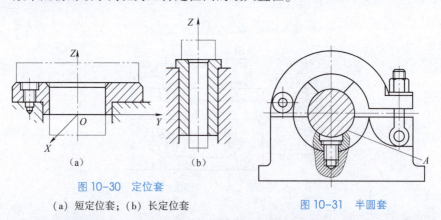

图 10-30 定位套
（a）短定位套；（b）长定位套

图 10-31 半圆套

3）在圆锥套中定位

工件在圆锥套中定位是一种通用的"反顶尖"，如图 10-32 所示，由顶尖体 1、螺钉 2 和圆锥套 3 组成。工件以圆柱面的端部在圆锥套 3 的带齿纹锥孔中定位，齿纹能带动工件旋转。顶尖体 1 以锥柄安装于机床主轴锥孔中，螺钉 2 用来传递转矩。为了防止工件倾斜，应增设后顶尖 4。

锥面定位套如图 10-33 所示，和锥面销对工件圆孔定位一样，限制三个自由度。

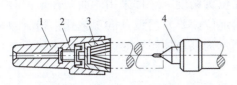

图 10-32　工件在圆锥套中定位

1—顶尖体；2—螺钉；3—圆锥套；4—后顶尖

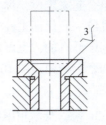

图 10-33　锥面定位套

各种类型定位套和定位销一样，可根据被加工工件批量和工序加工精度要求，设计成固定式和可换式的。同样，固定式定位套在夹具中可获得较高的位置定位精度。

4. 组合表面定位时的定位元件选择

通常工件多是以两个或者多个表面组合起来作为定位基准使用，这就是组合定位方式，如三个相互垂直的平面组合、一个孔与其垂直端面组合、一个平面与两个垂直于平面的孔组合、两个垂直面与一个孔组合等。工件往往需要利用平面、外圆、内孔等表面进行组合定位来确保工件在夹具中的正确加工位置。在组合定位中，要区分各基准面的主次关系。一般情况下，限制自由度数多的定位表面为主要定位基准面。

（1）圆孔面与端面组合定位的方式

当圆孔面与端面组合定位的时候，有两种情况：

1）端面为第一定位基准，限制工件的 $\vec{X}$、$\vec{Y}$、$\vec{Z}$ 三个自由度；孔中心线为第二定位基准，限制工件的 $\vec{Y}$、$\vec{Z}$ 两个自由度；定位元件是平面支承（大支承板或三个支承钉）和短圆柱销，实现五点定位，如图 10-34 所示。

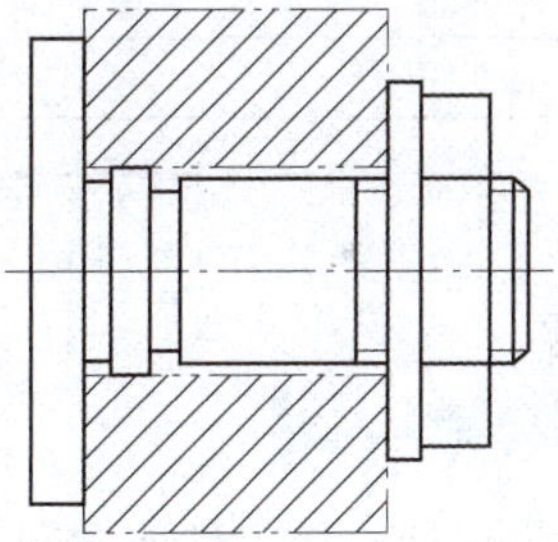

图 10-34　端面为第一定位基准

2）孔中心线为第一定位基准，限制工件的 $\vec{Y}$、$\vec{Z}$、$\widehat{Y}$、$\widehat{Z}$ 四个自由度；平面为第二定位基准，限制工件的 $\vec{X}$ 一个自由度；定位元件是平面支承（小支承板或浮动支承，如球面多点浮动）和长圆柱销或芯轴，实现五点定位，如图 10-35 所示。

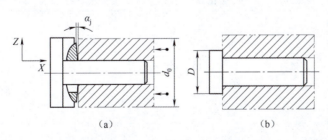

（a）　　　　　　　（b）

图 10-35　孔中心线为第一定位基准

（a）浮动支承定位元件；（b）圆柱销定位元件

（2）一面两孔组合定位方式

在加工箱体、盖板、连杆和机体类工件时，常以平面和垂直于此平面的两个孔为定位基准组合起来定位，称为一面两孔定位。采用一面两孔定位，易于做到工艺过程中的基准统一，保证工件的相互位置精度。工件采用一面两孔定位时，两孔可以是工件结构上原有的，也可以是为定位需要专门设计的工艺孔，相应的定位元件是支承板和两个定位销。图 10-36 所示为某箱体镗孔时以一个平面和两个孔构成的组合表面定位。

在图 10-36 中，支承板限制工件 $\vec{Z}$、$\widehat{X}$、$\widehat{Y}$ 三个自由度；短圆柱销 1 限制工件的 $\vec{X}$、$\vec{Y}$ 两个自由度；短圆柱销 2 限制工件的 $\vec{X}$、$\vec{Z}$ 两个自由度。可见在两销连心线方向、N 方向自由度被两个圆柱销重复限制，产生过定位现象。严重时可产生图 10-37 所示的干涉现象而使工件不能安装。

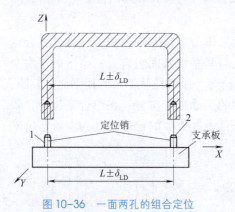

图 10-36　一面两孔的组合定位

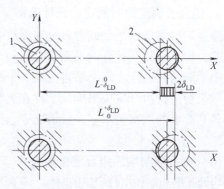

图 10-37　一面两孔定位时的干涉现象

多学一点

为保证一批工件能顺利定位，可采用一些方法进行消除过定位，请扫二维码学习过定位消除方法。

过定位消除方法

5. 常用定位元件及其限制的自由度

常用定位元件及其限制的自由度如表 10-3 所示。

表 10-3　常用定位元件及其限制的自由度

工件定位基准面	定位元件	定位方式简图	定位元件特点	限制的自由度
工件以平面定位	支承钉		—	1、2、3——$\vec{Z}$、$\widehat{X}$、$\widehat{Y}$ 4、5——$\vec{X}$、$\widehat{Z}$ 6——$\vec{Y}$
	支承板		每个支承板也可设计为两个或两个以上小支承板	1、2——$\vec{Z}$、$\widehat{X}$、$\widehat{Y}$ 3——$\vec{X}$、$\widehat{Z}$

工件定位基准面	定位元件	定位方式简图	定位元件特点	限制的自由度
工件以圆孔定位	定位销		短销（短芯轴）	$\vec{X}$、$\vec{Y}$
			长销（长芯轴）	$\vec{X}$、$\vec{Y}$ $\hat{X}$、$\hat{Y}$
	短圆锥销		—	$\vec{X}$、$\vec{Y}$、$\vec{Z}$
			1——固定销 2——活动销	1——$\vec{X}$、$\vec{Y}$、$\vec{Z}$ 2——$\hat{X}$、$\hat{Y}$
工件以外圆柱面定位	支承钉或支承板		—	$\vec{Z}$
			支承板或两个支承钉	$\vec{Z}$、$\hat{Y}$
	V 形块		窄 V 形块	$\vec{Z}$、$\vec{X}$
			宽 V 形块	$\vec{X}$、$\vec{Z}$ $\hat{X}$、$\hat{Z}$
	定位套		短套	$\vec{Z}$、$\vec{Y}$

工件定位基准面	定位元件	定位方式简图	定位元件特点	限制的自由度
工件以外圆柱面定位	定位套		长套	$\vec{Y}$、$\vec{Z}$ $\widehat{Y}$、$\widehat{Z}$
	半圆套		短半圆套	$\vec{X}$、$\vec{Z}$
			长半圆套	$\vec{X}$、$\vec{Z}$ $\widehat{X}$、$\widehat{Z}$
	锥套		—	$\vec{X}$、$\vec{Y}$、$\vec{Z}$
			1——固定锥套 2——活动锥套	1——$\vec{X}$、$\vec{Y}$、$\vec{Z}$ 2——$\widehat{Y}$、$\widehat{Z}$
工件以组合表面定位	平面和定位销		1——大支承板 2——短圆柱销 3——削边销	1——$\vec{Z}$、$\widehat{X}$、$\widehat{Y}$ 2——$\vec{X}$、$\vec{Y}$ 3——$\widehat{Z}$

10.4 定位误差的分析

为保证工件的加工精度，工件加工前必须正确定位。所谓正确定位，除应限制必要的自由度、正确选择定位基准和定位元件外，还应使选择的定位方式所产生的误差在工件允许的误差范围以内。

工件的定位
误差分析

1. 定位误差的定义

一批工件逐个在夹具上定位时，由于工件及定位元件存在公差，使各个工件所占据的位置不完全一致，即定位不准确，加工后形成加工尺寸不一致，从而形成加工误差。这种只与工件定位有关的加工误差，称为定位误差，用 Δ_D 表示。

造成工件加工误差的因素包括如下三个方面：

①与工件在夹具上定位有关的误差，称为定位误差 Δ_D。

②与夹具在机床上安装有关的误差及与刀具同夹具定位元件有关的误差，称为安装、调整误差 Δ_{A-T}。

③与加工过程有关的误差，称为过程误差 Δ_G，其中包括机床和刀具误差、变形误差和测量误差等。

为了保证工件的加工要求，上述误差合成后不应超出工件的加工公差 δ_K，即

$$\Delta_D + \Delta_{A-T} + \Delta_G \leq \delta_K$$

当定位误差 $\Delta_D \leq \delta_K/3$ 时，一般认为选定的定位方式可行。此式也可作为验算加工工件合格与否的公式。

2. 定位误差产生的原因

在采用调整法加工时，工件的定位误差实质上是一批工件在夹具上定位时，工序基准在加工尺寸方向上的最大变动量。造成定位误差的原因有两个：一是定位基准与工序基准不重合带来的基准不重合误差 Δ_B；二是定位副制造误差而引起的基准位移误差 Δ_W。

（1）基准不重合误差

采用夹具定位时，如果工件的定位基准与工序基准不重合，则形成基准不重合误差，以 Δ_B 符号表示。在最后一道工序中，工序基准即设计基准。图 10-38 所示为基准不重合误差实例，具体分析请扫二维码学习。

基准不重合
误差分析实例

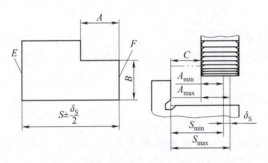

图 10-38　基准不重合误差实例

（2）基准位移误差

采用夹具定位时，由于工件定位基准面与定位元件不可避免地存在制造误差，或者配合间隙，致使工件定位基准在夹具中相对于定位元件工作表面的位置产生位移，从而形成基准位移误差，以符号 Δ_W 表示。基准位移误差是由于定位副的制造误差及配合间隙而使定位基准位置变动所引起的误差，包括三个方面共七项因素：

①工件制造误差（尺寸误差、形状误差、位置误差）。

②定位元件制造误差（尺寸误差、形状误差、位置误差）。

③配合间隙（工件处于支承状态时不存在配合间隙）。一般精度条件下，只计算工件尺寸误差和定位元件尺寸误差。不同的定位方式及不同的定位副构成，其定位基准位移误差的计算方法有所不同。

基准位移误差实例，如图 10-39 所示，具体分析请扫二维码学习。

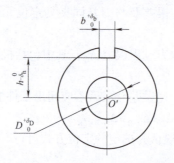

基准位移
误差计算实例

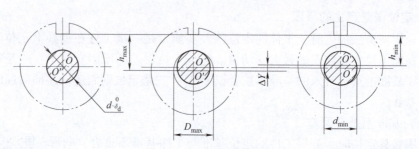

图 10-39　基准位移误差实例

10.5　定位误差的计算

工件的定位
误差计算

1. 定位误差的计算方法

定位误差是由基准不重合误差和基准位移误差两部分组合而成。计算时，先分别计算基准不重合误差 Δ_B 和基准位移误差 Δ_W，然后按一定规律将二者合成，表示为

$$\Delta_D = \Delta_B \pm \Delta_W \qquad (10-1)$$

式中，"+""-"号的确定可按如下原则判断：当由于基准不重合和基准位移分别引起的加工尺寸作相同方向的变化（即同时增大或同时减少）时，取"+"号；当引起的加工尺寸分别向相反方向变化时，取"-"号。

合成的方法如下。

（1）两种特殊情况

1）当 $\Delta_B = 0$，$\Delta_W \neq 0$ 时，$\Delta_D = \Delta_W$。

2）当 $\Delta_B \neq 0$，$\Delta_W = 0$ 时，$\Delta_D = \Delta_B$。

（2）一般情况

当 $\Delta_B \neq 0$、$\Delta_W \neq 0$ 时，这种情况两者的合成要看工序基准是否在定位基面上。

1）工序基准不在定位基面上，$\Delta_D = \Delta_B + \Delta_W$。

2）工序基准在定位基面上，$\Delta_D = \Delta_B \pm \Delta_W$。

在分析计算定位误差时应注意以下几个问题：

①某工序的定位方案可对本工序的几个不同加工精度参数产生不同的定位误差，因此，应该对这几个加工精度参数逐个分析计算其定位误差。

②分析计算定位误差的前提是采用夹具装夹加工一批工件，并采用调整法保证

加工要求，而不是采用试切法保证加工要求。

③分析计算得出的加工误差值是指加工一批工件时可能产生的最大定位误差范围，它是一个界限值，而不是指某一个工件定位误差的具体值。

2. 常见定位方式定位误差计算

（1）工件以平面定位

工件以平面定位时，可能产生的定位误差主要是基准不重合误差，分析计算的重点是找出工序基准与定位基准两者之间的联系尺寸，若该尺寸是单一尺寸，则这个尺寸的公差在加工尺寸方向上的最大变动量为基准不重合误差；若为一组尺寸，则各尺寸公差在加工尺寸方向上的最大变动量之和为基准不重合误差。至于基准位移误差，在工件以平面定位时，工件的定位基面与定位元件的工作表面是以平面接触，二者的位置一般不会发生相对变化。因此，一般认为基准位移误差等于零。

事实上工件的定位基面与定位元件的工作表面存在形状误差，工件的定位基面（定位基准）相对定位元件的工作表面还会发生相对位置的变化。当以加工过的平面定位，形状误差值较小，可忽略不计；当以毛面定位时，因采用粗基准平面定位，加工精度要求一般较低，故一般也可忽略不计。因此，工件以平面定位时，定位误差只需计算基准不重合误差。图 10-40 所示为铣通槽定位误差分析计算实例，具体的分析过程请扫二维码学习。

**定位误差
分析计算实例**

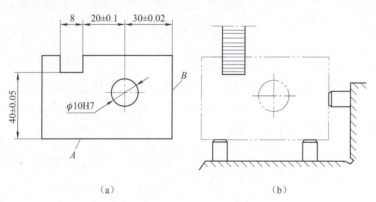

（a）　　　　　　　　　　（b）

图 10-40　铣通槽定位误差分析计算

（2）工件以圆柱孔定位

工件以圆柱孔在定位销、芯轴上定位，若定位副为过盈配合，不存在径向间隙，则定位基准孔的轴线不会产生移动，没有基准位移误差，则基准位移误差 $\Delta_W = 0$。如果在此种定位方式中，工序基准与定位基准不重合，定位误差等于基准不重合误差，则 $\Delta_D = \Delta_B$；如果工件以圆柱孔在定位销、芯轴上定位，且定位副采用间隙配合，则定位基准相对定位元件会发生位置变化，存在基准位移误差。根据工件的圆柱孔与定位销、芯轴的接触情况，基准位移误差的计算分两种。

1）圆柱孔与芯轴（或定位销）固定单边接触

工件定位时，若加一固定方向的作用力，如芯轴水平放置，在工件重力作用下，圆柱孔始终与芯轴保持固定处上母线接触，定位副间只存在单边间隙。图 10-41 所示为圆柱孔与芯轴（或定位销）固定单边接触，具体分析请扫二维码学习。

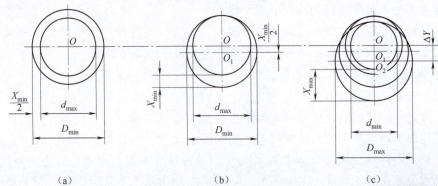

（a）　　　　　　　　（b）　　　　　　　　（c）

图 10-41　圆柱孔与芯轴（或定位销）固定单边接触

圆柱孔与芯轴
（或定位销）固定
单边接触定位分析

另外，对一批工件定位，两者之间的最小配合间隙 $X_{\min}$ 是一不变常量，即同批工件中的任何一件，其定位基准孔的轴线相对芯轴轴线至少要下移 $\frac{1}{2}X_{\min}$。因此，在调整刀具位置时，应预先考虑这一因素的影响，刀具相对定位元件随之调低 $\frac{1}{2}X_{\min}$ 来消除最小配合间隙对工序尺寸的影响。圆柱孔与定位销或芯轴固定单边接触的基准位移误差可按下式计算：

$$\Delta_{\mathrm{W}} = \frac{1}{2}\left(\delta_{\mathrm{D}}+\delta_{\mathrm{d}}\right) \tag{10-2}$$

2）圆柱孔与芯轴（或定位销）任意边接触

定位基准（孔的轴线）相对芯轴轴线可以在间隙范围内作任意方向、任意大小的位置变动。如图 10-42 所示，定位基准（孔的轴线）的最大变动量为定位副配合的最大间隙。基准位移误差可按下式计算

$$\Delta_{\mathrm{W}} = X_{\max} = D_{\max}-d_{\min} = \delta_{\mathrm{D}}+\delta_{\mathrm{d}}+X_{\min} \tag{10-3}$$

图 10-42　圆柱孔与芯轴任意边接触

图 10-43 所示为芯轴定位误差的分析计算实例，通过扫二维码查看具体计算过程。

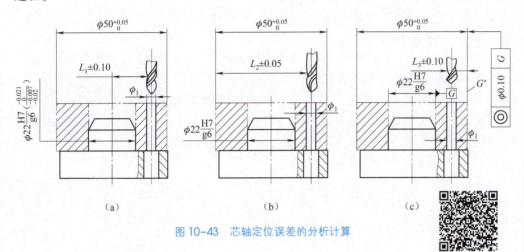

图 10-43　芯轴定位误差的分析计算

芯轴定位误差的
分析计算实例

（3）工件以外圆柱表面定位

1）工件以外圆在定位套上的定位

基准位移误差 Δ_{W} 的计算与工件以圆孔在圆柱销、圆柱芯轴上定位时 Δ_{W} 的计算类似。

当定位基准在任意方向偏移时，其最大偏移量即为定位副直径方向的最大间隙，基准位移误差为

$$\Delta_{\mathrm{W}} = X_{\max} = D_{\mathrm{omax}} - d_{\min} = \delta_{\mathrm{Do}} + \delta_{\mathrm{d}} + X_{\min} \tag{10-4}$$

式中　D_{omax}——定位套孔的最大直径，单位为 mm；

　　　$d_{\min}$——工件外圆的最大直径，单位为 mm；

　　　δ_{Do}——定位套孔的直径公差，单位为 mm；

　　　δ_{d}——工件外圆的直径公差，单位为 mm。

当基准偏移为单方向时，在其移动方向最大偏移量为半径方向的最大间隙，基准位移误差为

$$\Delta_{\mathrm{W}} = \frac{1}{2} X_{\max} = \frac{1}{2}\left(D_{\mathrm{omax}} - d_{\min}\right) = \frac{1}{2}\left(\delta_{\mathrm{Do}} + \delta_{\mathrm{d}} + X_{\min}\right) \tag{10-5}$$

2）工件以外圆在 V 形块上的定位

工件以外圆柱面在 V 形块上定位时，其定位基准为工件外圆柱面的轴线，定位基面为外圆柱面。若不计 V 形块的误差，而仅有工件基准面的形状和尺寸误差时，工件的定位基准会产生偏移，如图 10-44 所示。由图 10-44（b）可知，不计工件基准面的形状误差，仅由于工件的尺寸公差 δ_{d} 的影响，使工件中心沿 Z 向 O_1 变动到 O_2，即在 Z 向的基准位移量可通过下式计算

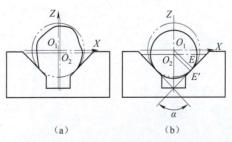

图 10-44　V 形块上定位误差的计算

$$\Delta_W = \overline{O_1 O_2} = \frac{\delta_d}{2\sin\ (\alpha/2)} \tag{10-6}$$

式中 δ_d——工件定位基面的直径公差，单位为 mm；

$\alpha/2$——V 形块的半角，单位为（°）。

当 $\alpha = 90°$ 时，$\Delta_W = 0.707\delta_d$；而加工方向与 Z 向存在 β 夹角时，$\Delta_W = 0.707\delta_d \cos\beta$。

基准位移量的大小与外圆柱面直径公差有关，故对于较精密的定位，需适当提高外圆的尺寸精度。标准 V 形块的对中性较好，因此沿其 X 方向的位移可计为 0。

图 10-45 所示为阶梯轴在 V 形块上定位时定位误差的计算实例，具体计算过程请扫二维码学习。

阶梯轴在 V 形块上定位时定位误差的计算实例

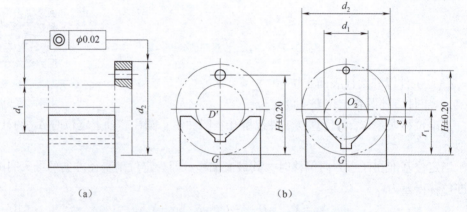

图 10-45　阶梯轴在 V 形块上定位时定位误差的计算实例

（4）工件以外圆柱表面定位

一面两孔定位时，定位误差的计算主要是基准位移误差的计算，这时定位基准是两孔中心的连线，限位基准是两销中心的连线。基准位移误差有移动和转动两种可能，如图 10-46 所示。

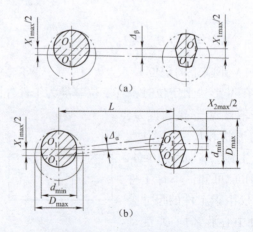

图 10-46　一面两孔定位误差

（a）两孔同侧偏转；（b）两孔异侧偏转

1）移动的基准位移误差

一般取决于第一定位副的最大配合间隙，可按定位销垂直放置时计算，计算公式为：

$$\Delta_W = X_{1max} = \delta_{D1} + \delta_{d1} + X_{1min} \tag{10-7}$$

式中　X_{1max}——圆柱销与定位孔的最大配合间隙，单位为 mm；

δ_{D1}——与圆柱销配合的定位孔的直径公差，单位为 mm；

δ_{d1}——圆柱销的直径公差，单位为 mm；

X_{1min}——圆柱销与定位孔的最小配合间隙，单位为 mm。

2）转动的基准位移误差（转角误差）

转角误差取决于两定位孔与定位销的最大配合间隙 X_{1max} 和 X_{2max}、中心距 L 及工件的偏转方向。当两孔同侧偏转时，如图 10-46（a）所示，单边转角误差为

$$\Delta_\beta = \arctan \frac{X_{2max} - X_{1max}}{2L} \tag{10-8}$$

当两孔异侧偏转时，如图 10-46（a）所示，单边转角误差为

$$\Delta_\alpha = \arctan \frac{X_{1max} + X_{2max}}{2L} \tag{10-9}$$

由于工件可能向另一侧偏转，因此真正的转角误差应是 $\pm\Delta_\beta$ 和 $\pm\Delta_\alpha$。

由以上两式可知，为了减小转角误差，两定位孔之间的距离应尽可能大些。

10.6　分度装置及应用

1. 认识分度装置

分度装置

在机械加工中经常有工件需多工位加工，这类工件一次装夹后，需要在加工过程中进行分度，即在完成一个表面的加工以后，依次使工件随同夹具的可动部分转过一定角度或移动一定距离，然后对下一个表面进行加工，直至完成全部加工内容。具有这种功能的装置称为分度装置，如图 10-47 所示。

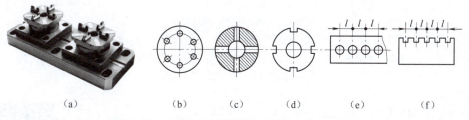

图 10-47　分度装置及常见的需分度加工的工件简图

（a）实物；（b），（c）圆周分度的孔；（d）圆周分度的槽；（e）直线分度的孔；（f）直线分度的槽

分度装置能使工件加工的工序集中，故广泛用于车削、钻削、铣削等加工中。

2. 分度装置的结构与类型

（1）分度装置的结构

分度装置由固定部分、转动部分、分度对定机构、控制机构、抬起锁紧机构以

及润滑系统组成。

1）固定部分

固定部分是分度装置的基体，其功能相当于夹具体，通常采用经过时效处理的灰铸铁制造，精密基体则可选用孕育铸铁。孕育铸铁有较好的耐磨性、吸振性和刚度。

2）转动部分

转动部分包括回转盘、衬套和转轴等。回转盘通常用 45 钢经淬火至 40~45 HRC 或 20 钢经渗碳淬火至 58~63 HRC 加工制成。转盘工作平面的平面度公差为 0.01 mm，端面的圆跳动公差为 0.01~0.015 mm，工作面对底面的平行度公差为 0.01~0.02 mm。轴承的间隙一般应在 0.005~0.008 mm，以减小分度误差。

3）分度对定机构

分度对定机构由分度盘和对定销组成，作用是在转盘转位后，使其相对于固定部分定位。分度对定机构的误差会直接影响分度精度，因此是分度装置的关键部分。设计时应根据工件的加工要求，合理选择分度对定机构的类型，结构形式较多，如图 10-48 所示，它们各有不同的特点，且适用于不同的场合。具体结构和应用请扫二维码学习。

分度对定机构
结构及应用

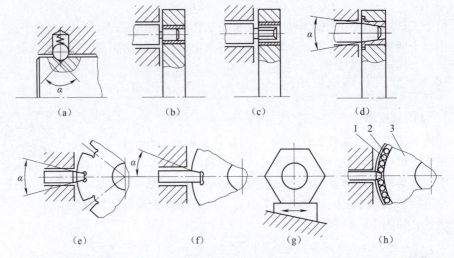

图 10-48 分度对定机构

（a）钢球对定；（b）圆柱销对定；（c）菱形销对定；（d）锥销对定
（e）双斜面楔形槽对定；（f）单斜面楔形槽对定；（g）正多面体对定；（h）滚柱对定
1—精密滚柱；2—套环；3—圆盘

4）控制机构

分度对定的控制机构有许多种类，有手拉式定位器（JB/T 8021.1—1999）、枪柱式定位器（JB/T 8021.2—1999）、齿轮齿条式操纵机构等，如图 10-49 所示，具体应用请扫二维码学习。

分度对定控制
机构的应用

5）抬起锁紧机构

分度对定后，应将转动部分锁紧，以增强分度装置工作时的刚度。大型分度装置还需设置抬起机构，如图 10-50 所示。

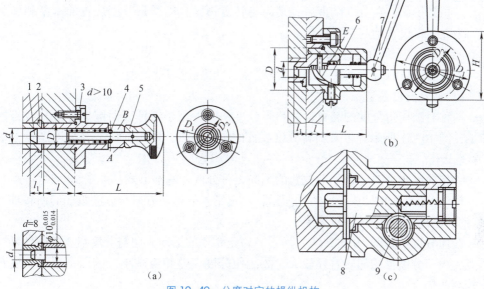

图 10-49　分度对定的操纵机构

（a）手拉式定位器；（b）枪柱式定位器；（c）齿轮齿条式操纵机构

1，6，8—对定销；2—衬套；3—导套；4—横销；5—捏手；7—手柄；8—小齿轮

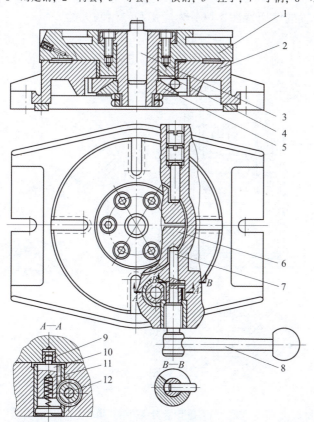

图 10-50　抬起锁紧机构

1—转盘；2—转台体；3—销；4—转轴；5—维形圈；6—锁紧圈；

7—螺杆轴；8—手柄；9—分度衬套；10—对定销；11—弹簧；12—齿轮套

在分度转位之前，为了使转盘转动灵活，特别对于较大规格的立式转台，需将回转盘稍微抬起；在分度结束后，则应将转盘锁紧，以增强分度装置的刚度和稳定性。为此，可设置抬起锁紧机构。

（2）分度装置的类型

分度装置可以分为回转分度装置和直线分度装置两种类型。

1）回转分度装置

一种对圆周角分度的装置，又称圆分度装置，用于工件表面圆周分度孔或槽的加工，图 10-51 所示为带有回转分度装置的车床夹具，可车削柱塞泵分度圆盘上的 7 个等分孔。

①按分度盘和对定销相对位置的不同，可分两种基本形式，如图 10-52 所示：

轴向分度：如图 10-52（a）所示，对定销 4 的运动方向与分度盘 3 的回转轴线平行，其分度装置的结构较紧凑。

径向分度：如图 10-52（b）所示，对定销 4 的运动方向与分度盘 3 的回转轴线垂直，由于分度盘的回转直径较大，故能使分度误差相应减小，因而常用于分度精度较高的场合。

②按分度盘回转轴线分布位置的不同，可分为立轴式、卧轴式和斜轴式三种。

③按分度装置工作原理的不同，可分为机械分度、光学分度等类型。

④按分度装置的使用特性，可分为通用和专用两大类。

2）直线分度装置

指对直线方向上的尺寸进行分度的装置，其分度原理与回转分度装置相同。

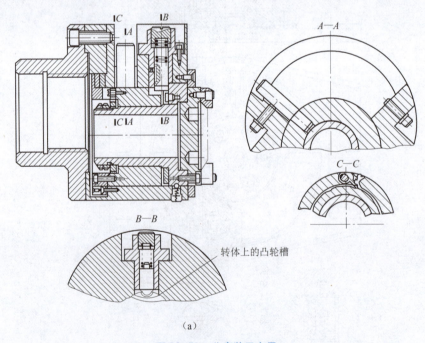

（a）

图 10-51　分度装置应用

（a）带有回转分度装置的车床夹具

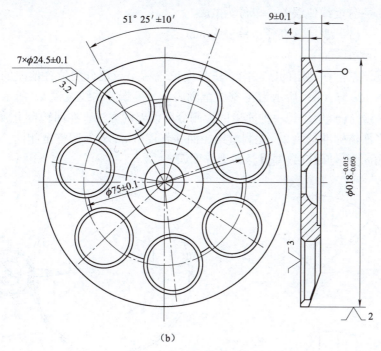

(b)

图 10-51 分度装置应用（续）

（b）柱塞泵分度圆盘

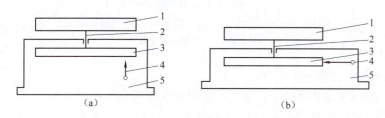

（a）　　　　　　　　　　（b）

图 10-52 回转分度装置的基本形式

（a）轴向分度；（b）径向分度

1—回转工作台；2—转轴；3—分度盘；4—对定销；5—夹具体

3. 分度精度分析

（1）分度精度的评定

分度精度是指分度误差的大小。圆分度精度一般用单个分度误差和总分度误差来评定，如图 10-53 所示。

1）单个分度误差

单个分度误差指两个分度的实际数值与理论数值之间的代数差。如图 10-53（a）所示，第Ⅰ分度间距的单个分度误差为 $ab-a'b'$。这里的一个分度为一个分度间距，即是指两条相邻格线之间的量值。间距值应换算成相应的角度值。

$$\Delta_\alpha = \frac{412.6\Delta}{d}$$

式中　Δ_α——分度角度误差，单位为（″）；

Δ——分度线值误差，单位为 μm；

d——分度盘计算直径，单位为 mm。

2）总分度误差

总分度误差指在规定的区间内，正分度位置偏差与负分度位置偏差的最大绝对值之和。图 10-53（b）所示为在 360°范围内总分度误差曲线波幅 RS 所示的数值。

图 10-53（c）所示为一种简单的检测分度误差的方法。在回转台上放置与分度数相应的多面体标准量块 2，先测量第一面并将读数 a、b 处调整至相同，然后依次测出其余面 a、b 处的读数差值，即为分度误差。

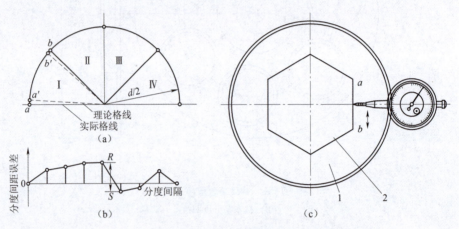

图 10-53　分度精度

（a）单个分度误差；（b）总分度误差；（c）分度误差的检测

1—转盘；2—多面体标准量块

（2）分度精度的等级

分度精度的等级尚无统一标准，一般可分为以下几种：

①超精密级：分度误差 ≤（±0.1″～±0.5″）。

②精密级：分度误差为 ±0.5″～±1″。

③普通级：分度误差为 ±1″～±10″。

（3）影响分度精度的因素

影响分度精度的主要因素有分度盘本身的误差、分度盘相对于回转轴线的径向圆跳动所造成的附加误差、对定误差和有关元件的误差等。

分析图 10-54 所示的圆柱销分度精度。

圆柱销分度误差的计算可按照下式计算

$$\Delta_a = \Delta_{a1} + \frac{412.6\,(x_a + x_b + x_c + e)}{d}$$

式中　　Δ_a——分度误差，单位为（″）；

Δ_{a1}——分度盘的分度误差，单位为（″）；

d——分度盘计算直径，单位为 mm；

x_a、x_b、x_c、e——上述各项线值误差，单位为 μm。

影响分度精度的因素有 x_a——对定销与分度孔的配合间隙；x_b——对定销与导

向孔的配合间隙；x_c——分度盘与轴承的配合间隙；Δ_{a1}——分度盘分度孔的分度误差；e——分度盘分度孔衬套的同轴度误差。

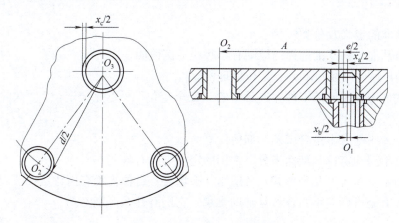

图 10-54 圆柱销分度精度分析

（4）提高分度精度的措施

一般的分度精度是很有限的，在常规设计中，可以采用下列措施来提高分度装置的分度精度。

①增大分度盘的计算直径。

②减小对定销与分度孔、导向孔间的配合间隙。

③提高分度对定元件的制造精度。

④采用消除配合间隙的结构措施。

⑤采用高精度分度对定结构。

问题提示

机床、夹具、刀具和工件组成了一个工艺系统。工件加工面的相互位置精度是由工艺系统间的正确位置关系来保证的。因此加工前，应首先确定工件在工艺系统中的正确位置，即工件的定位。而工件是由许多点、线、面组成的一个复杂的空间几何体。在实际加工中，进行工件定位时，只要考虑作为设计基准的点、线、面是否在工艺系统中占有正确的位置。因此工件定位的本质，是使加工面的设计基准在工艺系统中占据一个正确位置。工件定位时，由于工艺系统在静态下的误差，会使工件加工面的设计基准在工艺系统中的位置发生变化，影响工件加工面与其设计基准的相互位置精度，但只要这个变动值在允许的误差范围以内，即可认定工件在工艺系统中已占据了一个正确的位置，即工件已正确定位。

任务实施

根据任务要求完成任务 10 工件的定位（任务工单）的任务 10.1、任务 10.2、任务 10.3 的填写。

问题探究

1. 基准的定义及分类？

2. 粗基准、精基准选择的原则有哪些？举例说明。

3. 简单阐述自由度和六点定位原理？

4. 试举例说明何谓工件在夹具中的"完全定位""不完全定位""欠定位"和"过定位"。

5. 什么叫基准不重合误差？如何计算？

6. 按不同的定位基准面来分，常用的定位方式有哪些？

7. 固定支承有哪几种形式？各适用什么场合？自位支承有何特点？

8. 什么是可调支承？什么是辅助支承？它们有什么区别？

任务11 工件的装夹

任务导入

工件在夹具中定位后，必须夹紧。夹紧与定位不能互相替代。有人认为工件被定位后，其位置不能移动，自由度都已被限制，这显然是一种误解。夹紧的任务是采用一定的机构把工件压紧、夹牢在定位件上，使工件在加工过程中不会由于切削力、重力或伴生力（如离心力、惯性力和热应力）等外力作用下而发生位置变化或振动，从而保证定位精度，同时防止刀具和机床的损坏，这种机构就是夹紧装置。

常用的夹紧装置是由螺栓、螺母、垫圈、压板组成的机械手动夹紧，也有使用液压、气压、电磁等作为动力装置力源的。以下主要介绍专用夹具中典型夹紧装置有关的基本问题。

任务目标

1. 掌握夹紧装置的夹紧原理和方法。

2. 能根据加工要求合理确定夹紧方案。

3. 能根据加工要求正确选用常见的夹紧装置。

4. 培养工作的规范性。

学习笔记

知识导图

知识链接

11.1 夹紧装置的基本知识

1. 夹紧装置的组成

夹紧装置的结构形式是多种多样的，一般由动力装置和夹紧机构两个基本部分组成。夹紧装置所用的力源不同，由原始作用力传递至夹紧装置所经过的中间环节也不同，可以把夹紧装置的组成部分的相互关系用图 11-1 表示出来。

夹紧装置相关知识

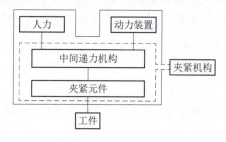

图 11-1　夹紧装置的组成

（1）动力装置

夹紧力来源于人力或者某种动力装置，用人力对工件进行夹紧称为手动夹紧，用各种动力装置产生夹紧作用力进行夹紧称为机动夹紧。常用的动力装置有液压、气动、电磁、电动和真空装置等。

（2）夹紧机构

一般把夹紧元件和中间传递机构合称为夹紧机构。

1）中间传递机构是在动力装置与夹紧元件之间传递夹紧力的机构，主要作用有改变作用力的方向和大小；夹紧工件后自锁，保证夹紧可靠，尤其在手动夹具中。

2）夹紧元件是执行元件，它直接与工件接触，最终完成夹紧任务。

图 11-2 所示为液压夹紧的铣床夹具，其中，液压缸 4、活塞 5、活塞杆 3 组成了液压动力装置，铰链臂 2 和压板 1 等组成了铰链压板夹紧机构，压板 1 是夹紧元件。

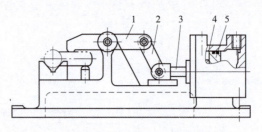

图11-2 液压夹紧的铣床夹具

1—压板；2—铰链臂；3—活塞杆；4—液压缸；5—活塞

2. 夹紧装置的基本要求

为了确保工件加工质量和提高生产率，对夹紧装置提出"正、牢、简、快"的基本要求：

"正"是在夹紧过程中应保持工件原有的正确定位。

"牢"是夹紧力要可靠、适当，既要把工件压紧夹牢，保证工件不位移不抖动，又不因夹紧力过大而使工件表面损伤或变形。

"简"是结构简单、工艺性好、容易制造。只有在生产批量较大的工件时，才考虑相应增加夹具夹紧装置的复杂程度和自动化程度。

"快"是夹紧机构的操作应安全、迅速、方便、省力。

设计夹紧装置时，首先要合理选择夹紧力的方向，再确定着力点和大小并确定夹紧力的传递方式和相应的机构，最后选用或设计夹紧装置的具体结构来保证实现上述基本要求。

11.2　夹紧力的确定

在设计夹具的夹紧机构时，所需夹紧力的确定包括夹紧力的作用点、方向、大小三要素。

1. 夹紧力方向选择

选择夹紧力方向时，应考虑下列问题。

（1）主要夹紧力应朝向主要限位面

图11-3所示为夹紧力的方向朝向主要定位面的示例。如图11-3（a）所示，工件以左端面与定位元件的 A 面接触，限制工件的三个自由度；底面与 B 面接触，限制工件的两个自由度；夹紧力朝向主要定位面 A，有利于保证孔与左端面的垂直度要求。如图11-3（b）所示，夹紧力朝向 V 形块的 V 形面，使工件装夹稳定可靠。

（2）夹紧力应尽可能与工件重力、切削力同向

图11-4所示的工件，孔 A 和孔 B 分别在两个工序中进行加工。若工件均在夹具体的限位基面上定位，当钻削孔 A 时夹紧力 W、垂直切削力 F_{CN} 和工件重力 G 方向均垂直于主要限位基面，这些同向力被支承反力 N 所平衡。钻削时的转矩 M 由这些同向力的作用而在限位基面上所产生的摩擦阻力矩平衡，故此时所需的夹紧力为最小。但在钻削孔 B 时水平切削力 F_D 与夹紧力 W、重力 G 相垂直，此时只依靠夹

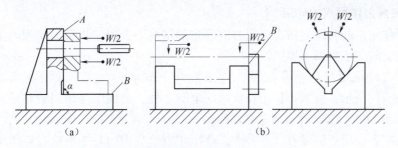

图 11-3　夹紧力的方向朝向主要定位面

紧力和重力在限位基面上产生的摩擦力来平衡切削力，可见所需夹紧力远比切削力 F_D 大得多。若夹具采用一面两销定位，如图 11-4（b）所示，此时由于钻削的转矩 M（或切削力）可由双支承销的反力矩来平衡，故使夹紧力大幅减小。

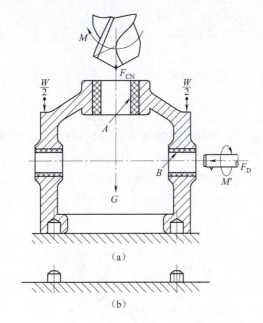

图 11-4　夹紧力与重力、切削力的关系

（3）夹紧力的作用方向应使工件变形最小

由于工件不同方向上的刚度是不一致的，不同的受力表面也因其接触面积不同而变形各异，尤其在夹紧薄壁工件时，更需注意。图 11-5 所示的套筒用自定心卡盘夹紧外圆（见图 11-5（a））显然比用特制螺母从轴向夹紧工件（见图 11-5（b））的变形大得多。

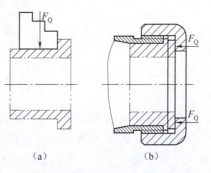

图 11-5　夹紧力方向与工件刚性的关系
（a）径向夹紧；（b）轴向夹紧

2. 夹紧力作用点的确定

选择作用点的问题是指在夹紧方向已定的情况下，确定夹紧力作用点的位置和数目。确定时应依据以下原则：

①夹紧力作用点应落在支承元件上或几个支承元件所形成的支承面内。如图 11-6（a）所示，夹紧力作用在支承面范围之外，会使工件倾斜或移动，是不合理的；而图 11-6（b）所示则是合理的。

②夹紧力作用点应落在工件刚性好的部位上。如图 11-7 所示，将作用在壳体中部的单点（见图 11-7（a）），改成在工件外缘处的两点（见图 11-7（b））夹紧，工件的变形大为改善，且夹紧也更可靠。本原则对刚度差的工件尤其重要。

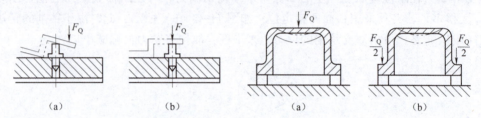

图 11-6 夹紧力作用点应在支承面内	图 11-7 夹紧力作用点应在刚性较好部位
（a）不合理；（b）合理	（a）不合理；（b）合理

③夹紧力作用点应尽可能靠近被加工表面，这样可以减小切削力对工件造成的翻转力矩。必要时应在工件刚性差的部位增加辅助支承并施加夹紧力，以免振动和变形。如图 11-8 所示，辅助支承 2 尽量靠近被加工表面，同时给予施加辅助夹紧力 F_{W1}。这样翻转力矩小且增加了工件的刚性，既保证了定位夹紧的可靠性，又减小了振动和变形。

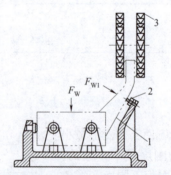

图 11-8 增设辅助支承和辅助夹紧力

1—工件；2—辅助支承；3—铣刀

3. 夹紧力大小的估算

理论上，夹紧力的大小应与作用在工件上的其他力（力矩）相平衡；而实际上，夹紧力的大小还与工艺系统的刚度、夹紧机构的传递效率等因素有关，计算是很复杂的。因此，实际设计中常采用估算法、类比法和试验法确定所需的夹紧力。

多学一点

当采用估算法确定夹紧力的大小时，为简化计算通常将夹具和工件看成一个刚体。根据工件所受切削力、夹紧力（大型工件应考虑重力、惯性力等）的作用情况，找出加工过程中对夹紧最不利的状态，按静力平衡原理计算出理论夹紧力，最后乘以安全系数作为实际所需夹紧力，即

$$F_{WK} = KF_W$$

式中　F_{WK}——实际所需夹紧力，单位为 N；

　　　F_W——在一定条件下，由静力平衡算出的理论夹紧力，单位为 N；

　　　K——安全系数。

安全系数 K 与加工性质（粗、精加工）、切削特点（连续、断续切削）、夹紧力来源（手动、机动夹紧）、刀具情况有关，一般取 $K=1.5\sim3$；粗加工时，$K=2.5\sim3$；精加工时，$K=1.5\sim2.5$。

生产中还经常用类比法或试验法确定夹紧力。

11.3　常用的夹紧装置

无论采用何种动力源形式，外加作用力要转化为夹紧力都必须通过夹紧装置。在夹紧装置中，起基本夹紧作用的多为斜楔、螺旋、偏心、杠杆、薄壁弹性件等夹紧件，常用的典型夹紧机构有斜楔夹紧机构、螺旋夹紧机构、偏心夹紧机构等。

1. 斜楔夹紧机构

（1）斜楔夹紧机构的工作原理

斜楔夹紧机构是最基本的夹紧机构，螺旋夹紧机构、偏心夹紧机构等均是斜楔夹紧机构的变形。

斜楔夹紧机构

斜楔夹紧机构的工作原理如图 11-9 所示。当外力 F_Q 将斜楔推入工件与夹具之间后，斜楔对工件产生推力 Q，对夹具产生推力 R。由于工件与斜楔间、夹具体与斜楔间都存在摩擦力，且一般钢与铸铁件接触面的摩擦因数 $f=0.1\sim0.15$，当斜楔的斜角 $\alpha=11°\sim17°$，则斜楔能自锁，因此即使撤去外力 F_Q，工件仍不会放松。由此可见，斜楔主要是利用其斜面移动时所产生的压力夹紧工件的。

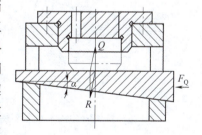

图 11-9　斜楔夹紧机构的工作原理

（2）斜楔夹紧机构的特点

1）斜楔夹紧机构结构简单，有增力作用，一般扩力比 $i=Q/F_Q\leqslant3$，故手动增力效果有限。

2）斜楔夹紧机构的行程小，且受斜楔斜角 α 的影响，增大斜角 α 可加大行程，但自锁性能差。

3）使用手动操作简单的斜楔夹紧机构时，工件的夹紧和松开都需敲击斜楔的大、小端。因此它单独应用较少，通常与其他夹紧机构联合使用，以改变夹紧力方向或作增力机构用。

4）手动操作斜楔夹紧机构时，为保证夹紧机构的自锁性能取斜角 $\alpha = 6° \sim 8°$，当斜楔夹紧结构的结构和气动、液动装置或螺旋机构联合使用时，由于作用在斜楔上的动力来自气缸、液压缸或螺旋机构，所以不必考虑自锁。这时，斜角可增大到 $\alpha = 15° \sim 30°$。

图 11-10 所示为几种常用的斜夹紧机构。图 11-10（a）所示是在工件上钻互相垂直的 $\phi 8$ mm、$\phi 5$ mm 两组孔；工件装入后，锤击斜楔大头，夹紧工件；加工完毕后，锤击斜楔小头，松开工件。由于用斜楔直接夹紧工件的夹紧力较小，且操作费时，所以实际生产中应用不多，多数情况下是将斜楔与其他机构联合起来使用。图 11-10（b）所示是将斜楔与滑柱合成一种夹紧机构，一般用气压或液压驱动。图 11-10（c）所示是由端面斜楔与压板组合而成的夹紧机构。

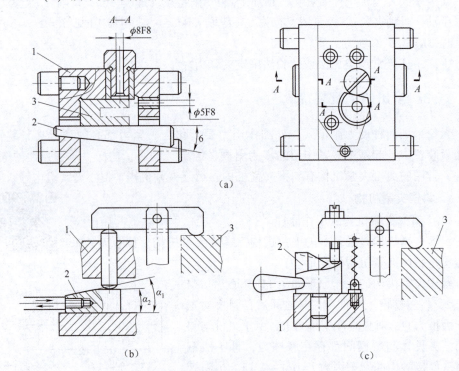

（a）

（b）   （c）

图 11-10　斜楔夹紧机构

（a）斜楔直接夹紧；（b）斜楔与滑柱的组合夹紧；（c）端面斜楔与压板组合夹紧

1—夹具体；2—斜楔；3—工件

（3）斜楔夹紧力的分析

斜楔夹紧时的受力分析，如图 11-11（a）所示，在原始力 Q 的作用下，斜楔受到以下力的作用：工件对它的反力 W 及由此产生的摩擦力 F_1，夹具体对它的反力 N 及由此产生的摩擦力 F_2。设 W 与 F_1 合成工件对斜楔的全反力 R_1，N 和 F_2 合成夹具体对斜楔的全反力 R_2，则 R_1 与 R_2 对法向的夹角分别为摩擦角 φ_1 和 φ_2。若将全反力 R_2 分解为水平分力 R_x 和垂直分力 W，根据静力平衡原理得

$$F_1 + R_x = Q$$

而 $$F_1 = W \tan \varphi_1 R_x = W \tan (\alpha + \phi_2)$$

代入上式得斜楔夹紧时所产生的夹紧力 W（单位：N）为

$$W = Q / \tan \varphi_1 + \tan (\alpha + \varphi_2) \tag{11-1}$$

式中　Q——原始作用力，单位为 N；

　φ_1、φ_2——分别为斜楔与工件、斜楔与夹具体的摩擦角；

　α——斜楔升角。

设所有摩擦面的 f 相等，即 $\varphi_1 = \varphi_2 = \varphi$，且当 α 和 φ 很小时，式（11-1）可用下式作近似计算

$$W \approx \frac{Q}{\tan (\alpha + 2\varphi)} \tag{11-2}$$

用式（11-2）计算时，当 $\alpha \leqslant 30°$，$f < 0.15$，则夹紧力误差不超过 10%。

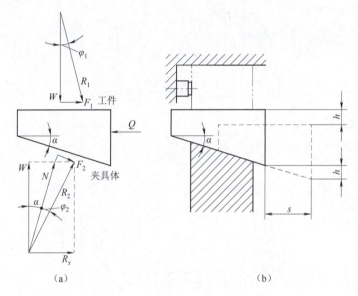

（a）　　　　　　　　　　　　（b）

图 11-11　斜楔夹紧受力分析

2. 螺旋夹紧装置

（1）螺旋夹紧装置的定义

由螺钉、螺母、垫圈、压板等元件组成的夹紧机构，称为螺旋夹紧装置。螺旋夹紧装置中所用的螺旋，实际上相当于把斜楔绕在圆柱体上，因此它的夹紧作用原理与斜楔是一样的。

螺旋夹紧装置

（2）螺旋夹紧装置的结构特点

1）螺旋夹紧装置结构简单、容易制造。

2）螺旋夹紧装置有很大的增力作用，夹紧力和夹紧行程都较大。

3）由于缠绕在螺钉表面的螺旋线很长，升角又小，所以自锁性能好。

4）螺旋夹紧不足之处是夹紧速度慢，工件装卸费时，增加辅助时间。

（3）单个螺旋夹紧装置

图 11-12 所示为单个螺旋夹紧装置，主要零件是直接用螺钉或螺母夹紧工件，

夹紧时靠转动两者之一来完成。在图 11-12（a）中，用螺钉端部直接压紧工件，容易损伤受压表面，或在旋紧螺钉时会带动工件一起转动，有可能破坏定位。克服这个缺点的办法是在螺钉端部装上可以浮动的压块，如图 11-13 所示，使螺钉只受轴向力的作用，不致发生弯曲变形。为了防止夹具体较快磨损并简化修理工作或当夹具体较单薄，为增加螺旋的拧入长度，使夹紧可靠，可在夹具体中设置一钢质螺母套，如图 11-12（a）所示。当要求螺钉不转动，仅靠螺母转动来压紧工件时可采用图 11-12（b）所示的双头螺柱结构。

标准的浮动压块结构有两种类型。图 11-13 中 A 型的端面是光滑的，用于夹紧已加工表面，压块与螺杆用 C 型弹管钢丝连接；如图 11-13（b）所示，B 型的端面是制有齿纹的，用于夹紧毛坯表面；图 11-13（c）为特殊设计的球面浮动压块。

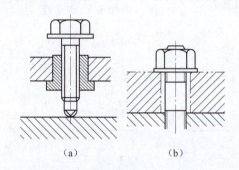

（a）　　　　　　　　　（b）

图 11-12　单个螺旋夹紧装置

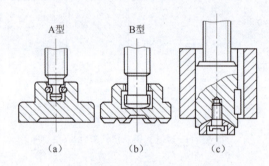

（a）　　　　　　（b）　　　　　　（c）

图 11-13　各种浮动压块

（a）A 型；（b）B 型；（c）球面浮动压块

为了克服螺旋夹紧费时的缺点，可以使用各种快速接近或快速撤离工件的螺旋夹紧装置，图 11-14（a）所示为铰链钩形压板，如图 11-14（b）中夹紧轴 1 的直槽连着螺旋槽 R，先推动手柄 2，使浮动压块 3 迅速接近工件，继而转动手柄夹紧工件并自锁。当直接用螺母夹紧工件时则可使用快动作螺母，如图 11-14（c）所示或钩形开口垫圈等图 11-14（d）所示的夹紧件。

（4）典型螺旋压板夹紧装置

这是普遍使用的夹紧装置，表 11-1 所示为三种螺旋压板施力方式的典型结构，表明在设计此类夹紧装置时，应注意根据杠杆平衡原理改变力臂的关系，以求操作省力方便。

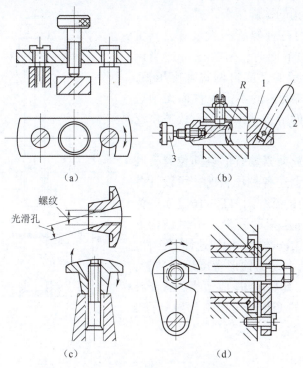

图 11-14　快速螺旋夹紧装置

1—夹紧轴；2—手柄；3—浮动压块

表 11-1　三种螺旋压板施力方式的典型结构

结构图	施力示意图	夹紧力	作用特点
		$W=\dfrac{W_0 l}{L}$，$W<W_0$ 当 $l=\dfrac{1}{2}L$，$W=\dfrac{1}{2}W_0$	1. 增大夹紧行程 2. 效率最低 3. 最费力
		$W=\dfrac{W_0 l}{L-l}$ 当 $l>\dfrac{1}{2}L$，$W>W_0$ 当 $l=\dfrac{1}{2}L$，$W=W_0$	1. 改变夹紧作用方向 2. 夹紧力大于或等于作用力
		$W=\dfrac{W_0 l}{L}$，$W<W_0$ 当 $l=\dfrac{1}{2}L$，$W=2W_0$	1. 增大夹紧力 2. 最省力 3. 应用受工件形状的限制

（5）特殊结构的螺旋压板装置

表11-1中的三种螺旋压板装置，当工件的高度 H 尺寸不同时，需要进行适当调节。图11-15所示的万能自调式螺旋压板，能适应100 mm高度内的不同工件而无须进行调节，使用方便节省辅助时间，故被广泛应用。

当夹具上安置夹紧装置的空间位置受到限制，不能采用上述各种压板时，可设计各种变形的特殊压板。图11-16（a）为表11-1中第一种压板的变形，不仅结构紧凑，而且螺杆为铰链连接，能快速卸下工件。图11-16（b）为手动的钩形螺旋压板装置，必须有导向孔2，其高度 H_1 应适当，且能补偿工件夹紧尺寸的变化。压板1与导向孔2保持H9/f9动配合。

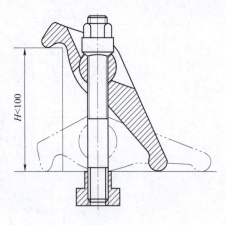
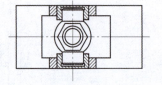

图11-15　万能自调式螺旋压板

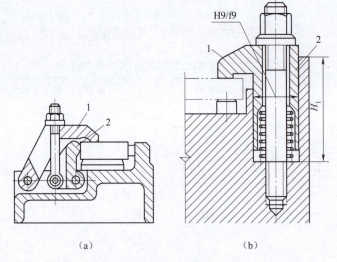

（a）　　　　　　　　（b）

图11-16　特殊结构的螺旋压板

1—压板；2—导向孔

螺旋夹紧装置中的各种零件，如螺钉、螺栓、螺母、垫圈、浮动压块和各种压板等都已标准化，其结构尺寸、制造材料及热处理要求等，设计时可按《机械零件手册》中有关规定执行。

3. 铰链夹紧装置

由铰链杠杆组合而成的一种增力机构，其结构简单，增力倍数较大，但无自锁性能，若要保证自锁，则需和其他具有自锁性能的机构组合使用，一般由气缸、推杆、铰链臂和压板组成。工作时，气缸通

铰链夹紧装置

过推杆使铰链臂运动，把运动传给压板，通过压板对工件进行夹紧，用于多点、多件夹紧，如图 11-17 所示。

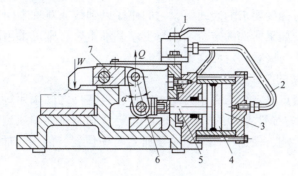

图 11-17　铰链杠杆增力夹具

1—配气阀；2—管道；3—气缸；4—活塞；5—活塞杆；6—铰链杠杆；7—压板

图 11-18 (a)、(b)、(c) 为常用铰链杠杆增力机构示意图。其中，图 11-18 (a) 为单臂铰链杠杆；图 11-18 (b) 为单作用双臂铰链杠杆；图 11-18 (c) 为双作用双臂铰链杠杆；图 11-18 (d) 为受力分析。由图 11-18 (d) 可知，在推力的作用下，作用于 A、B 两受力点的合力为 R，其水平分力为 R_x，垂直分力为 Q_1、Q_2，此时铰链杠杆的夹紧力 W_1、W_2 是随被夹工件的尺寸和杠杆力臂长 CA、CB 而变化的，倾角 α 越小，夹紧力几乎可无限增大，但此时杠杆末端 A、B 行程 S 也接近于 0。在实际应用中，当夹紧工件为最小尺寸时，α 不应小于 5°~8°，以保证夹紧可靠。

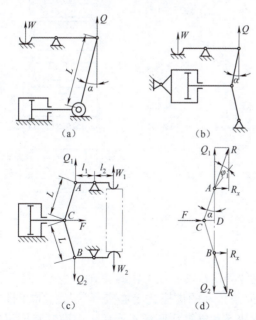

图 11-18　常用铰链杠杆增力机构示意图

(a) 单臂铰链杠杆；(b) 单作用双臂铰链杠杆；
(c) 双作用双臂铰链杠杆；(d) 受力分析

4．定心夹紧装置

在机械加工中，常遇到要求准确定心或对中的工件，如各种回转体零件，以及有对称度要求的表面等，它们往往以轴线或对称中间平面作为工序基准，如果所选的定位基准与工序基准重合，则可采用同时对工件实现定位与夹紧的定心夹紧装置。

定心夹紧装置

（1）定心夹紧的工作原理

定心夹紧的特点是定位与夹紧为同一组件，且各件之间采用等速移动（趋近或退离工件），或均匀弹性变形的方式，来消除定位副制造误差或定位尺寸误差对定心或对中的不利影响，使这些误差相对于所定对中位置，能均匀而对称地分配在工件的定位基面上。

（2）定心夹紧装置的分类

如图 11-19（a）、（b）所示的工件，适宜使用定心夹紧装置。而图 11-19（c）所示的工件，要求在中间铣通槽，有位置公差要求。若以左侧面及底面定位，由于定位基准与工序基准（对称中间平面）不重合会引起 $\Delta_B = \delta$，故必然影响槽的对中性。但若以图 11-19（d）的方式安装工件，则长度尺寸 $L \pm \Delta_\delta$ 的公差平均分配在工件两侧，这种定心夹紧装置能均分定位基准公差的特点很重要，利用这种"均分公差"特点而设计的定心夹紧装置可分为两类：

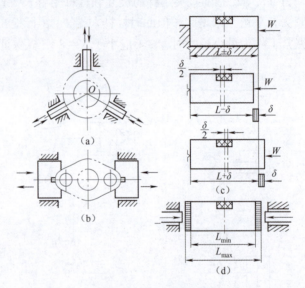

图 11-19　定心夹紧装置

1）按定心夹紧组件等速移动原理工作的装置

图 11-20 所示为齿条传动的虎钳式定心夹紧装置，常在打中心孔机床上使用。齿条 1、2 分别与 V 形块 5 和气缸活塞杆 4 连接，由空套在固定轴上的齿轮 3 传动，当活塞杆向左移动时双 V 形块 5、6 获得对称对向运动，从而将工件定心夹紧。这种装置也可用等螺距的左、右螺杆代替齿轮-齿条传动。

图 11-21 所示为圆锥-滑块定心夹紧装置。当拉动（气动或液动）拉杆 1 时滑块 2 沿圆锥面径向扩张，使工件 3 内孔得到定心夹紧，在车床或磨床上加工外圆。

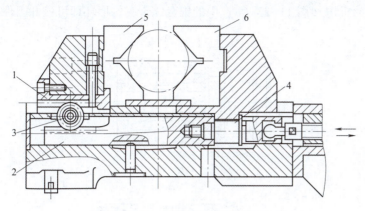

图 11-20　虎钳式定心夹紧装置

1, 2—齿条；3—齿轮；4—活塞杆；5, 6—V形块

图 11-22 所示为偏心式自动定心夹紧装置。它是利用带有偏心圆柱面的零件 1 在旋转时产生的离心力以及外圆车削时的切削力 F_c 使工件 2 被滚柱 3 自动定心和夹紧，F_c 越大则夹紧力越大。

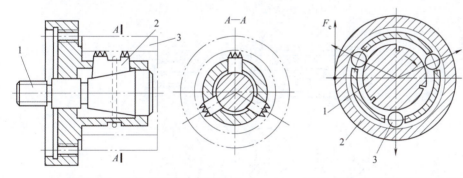

图 11-21　圆锥-滑块定心夹紧装置

1—拉杆；2—滑块；3—工件

图 11-22　偏心式自动定心夹紧装置

1—零件；2—工件；3—滚柱

2）按定心夹紧组件均匀弹性变形原理工作的装置

这类装置的共同特点是利用薄壁弹性零件受力后的均匀弹性变形来实现定心夹紧作用，其定心精度比前一类高，适用于精加工。常见的有以下几种：

①弹性筒夹定心夹紧装置

图 11-23（a）所示为用于外圆柱面工件定心夹紧的弹性夹头；图 11-23（b）为用于带孔工件的弹性胀胎。这类装置的主要零件为一个开有 3~4 条或更多条均布槽的锥面套筒 2，称为弹性筒夹，其弹性变形是因其锥面受压而产生。当锥套 3 在螺母 4 作用下左移时迫使弹性筒夹 2 向中心收缩（或向外扩张）变形，从而把工件外圆面（或内孔）定心夹紧。这种定心夹紧，实际只有几点接触。

弹性筒夹的锥度对定心夹紧的性能影响较大。一般弹性筒夹 2 的锥角取 30°，如图 11-24 所示，而与筒夹配合的锥套 1 的锥角取 29°或 31°（视其倾斜方向而定），以在夹紧时增大锥面的接触面积，更准确定心。对于弹性胀胎，为了增加夹紧刚性和夹紧力，其锥角可取 15°，该值已接近斜面的自锁升角，因此设计时必须考虑设置松开工件的机构（图 11-23（b）中的锥套 3 带有钩形环即可松开工件）。

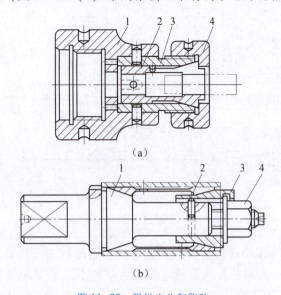

（a）

（b）

图 11-23　弹性夹头和胀胎

1—夹具体；2—弹性筒夹；3—锥套；4—螺母

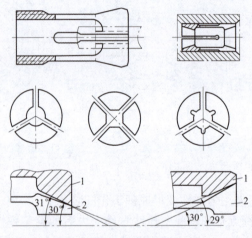

图 11-24　弹性筒夹

1—锥套；2—弹性筒夹

弹性筒夹的变形不宜过大，故夹紧力不大。但定心精度可稳定在 0.04 ~ 0.10 mm，适用于精、细加工工序。对工件定位基准的精度也有要求，误差应控制在 0.1~0.5 mm，否则会接触不良。

筒夹应选用强度高、弹性好、耐磨性好、热处理变形小的材料制造。常用 T7A、T8A、65Mn、9Mn2V、9SiCr 钢，热处理后锥面部分淬硬至 55~60HRC，尾部（薄壁部和导向部）淬硬至 40~45HRC，工作面应精磨。

②波纹套定心夹紧装置

这种装置的弹性零件是一个薄壁波纹套（或称蛇腹套）。图 11-25（a）为使用示例，波纹套受到纵向压缩后均匀地径向扩张，将工件定心夹紧，其特点是定心精度很高，可达 0.01 mm，一般可稳定在 0.02 mm 以内，且结构简单，使用寿命也较长。波纹套的材料为 65Mn，热处理后达到 45~48 HRC，其结构如图 11-25（b）所示，主要参数有内外径比 $d/D \approx 2/3$，d_1 比 d 大 2~3 mm；壁厚 s 为 0.3~1 mm，厚度的不均匀性小于 0.03 mm，当两个胀胎组合使用时，用于外端的胀胎应取较大值；斜角 α 为 4°~6°；弹性变形量 $\Delta_D < 0.003D$（D 为定心表面的直径，单位为 mm）。

这种高精度波纹套芯轴适用于直径大于 20 mm，标准公差等级不低于 IT8 孔的定位，缺点是容易损伤工件定位孔表面，此外由于变形量较小，故适用范围受到限制。

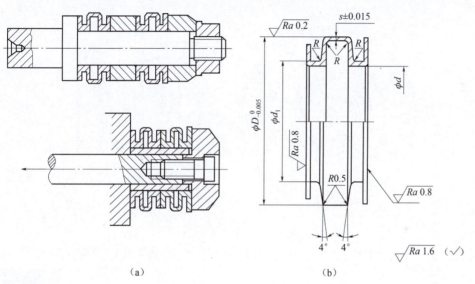

（a）　　　　　（b）

图 11-25　波纹套弹性芯轴

③膜片卡盘

这种卡盘的工作原理如图 11-26（a）所示，膜片 1 与夹具体相连，推杆 3 推动膜片 1 使其产生变形，从而使卡爪 2 张开，夹紧工件后如图 11-26（b）所示，退回顶杆 3，靠膜片的弹力使工件定心夹紧。

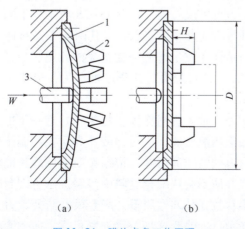

（a）　　　　　（b）

图 11-26　膜片卡盘工作原理

1—膜片；2—卡爪；3—推杆

图 11-27 所示为膜片卡盘结构，其主要零件为弹性膜片 2，卡爪 3 的数目一般为 6~16 个，在一定条件下，卡爪数应选取较大值，因卡爪数越多，对保证工件的圆度越有利，故如调整适当可保证定心精度达 0.005~0.01 mm。这些卡爪所形成的工作表面，其尺寸 D 应小于工件定位基面的尺寸。卡爪是可以更换的，以适应不同尺寸工件的需要，更换完毕后，应重磨卡爪工作面，磨削时使用预胀环 6，直径方向的预胀量一般为 0.4 mm 左右。齿轮工件 4 以其分度圆用滚柱保持器 5 在齿间定心夹紧后磨内孔。

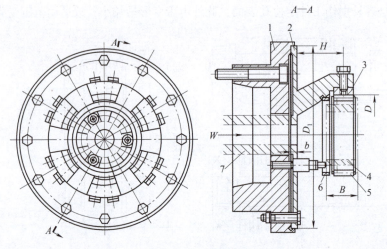

图 11-27　膜片卡盘结构

1—夹具体；2—弹性膜片；3—卡爪；4—工件（齿轮）；5—滚柱保持器；6—预胀环；7—顶杆

多学一点

学习膜片卡盘的主要参数，请扫二维码。

膜片卡盘的
主要参数

④液性介质弹性定心夹紧装置

这是一种高精度的薄壁弹性件定心夹紧装置，液性介质一般采用液性塑料或油液。它可以做成夹头，也可做成芯轴，如图 11-28 所示，不同介质的基本结构和工作原理是相同的。弹性零件为薄壁弹性套 5，其两端与夹具体 1 为过渡配合。两者之间所形成的环形槽与液性介质主通道和柱塞 3 的孔道相通，并灌满液性介质。拧紧加压螺钉 2，使柱塞 3 对密封腔内的介质施加压力，迫使薄壁套产生均匀的径向变形，将工件定心夹紧。

液性塑料在常温下是一种半透明冻胶状物质，具有一定的弹性和流动性，物理性能较稳定。油液一般选用液压油。这两种液性介质在高温下体积缩小甚微。因此在夹具的密封腔内采取有效的防漏措施。根据帕斯卡原理，能将所受的压力均匀地传递至薄壁套上，一般介质不会从配合缝隙中渗漏。由于密封环形槽的展开面积较柱塞 3 的断面积大得多，故在柱塞作用下，产生很大的夹紧力（液性塑料介质的单位压力可达 $p = 300 \times 10^5$ Pa）。因此这种装置夹紧可靠，薄壁套与工件定位基面相接触，可达工件长度的 80%。定心精度高，一般可保证同轴度误差在 ϕ（0.01~0.02 mm）

之内，最高可达 2~3 μm，是其他弹簧夹头或芯轴难以达到的，但夹持范围较小，故适用于车、磨齿轮、轴承等工件的精加工工序。

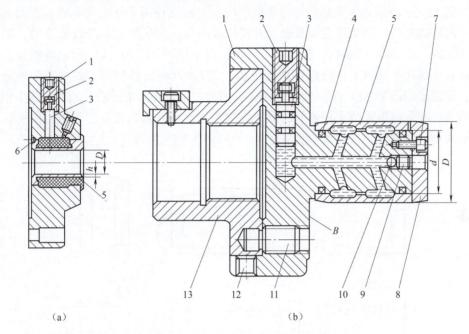

（a）　　　　　　　　　　　　　　（b）

图 11-28　液性介质弹性定心夹紧装置

（a）液性塑料夹头；（b）以油液作传力介质的弹性芯轴

1—夹具体；2—加压螺钉；3—柱塞；4—密封圈；5—薄壁弹性套；6—止动螺钉；7—螺；

8—端盖；9—螺塞；10—钢球；11，12—校准径向和轴向圆跳动的调整螺钉；13—过渡盘

多学一点

液性塑料早在 1946 年前就应用于夹具中。浇注在夹具中的液性塑料应满足下列要求：

①具有一定的度和韧度。

②可压缩量很小，且在高压下不会引起分解。

③具有一定的流动性。

④在 120~140 ℃会溶化为液体状态，以便于浇注。

⑤在工作条件下塑料仍保持其物理性能，不腐蚀金属。

满足上述条件的液性塑料由三种成分组成：①聚氯乙烯树脂是制造液性塑料的主要原料，它是白色粉末的高分子聚合物，通常含有 5 万~20 万个分子；②邻苯二甲酸二丁酯是无色或微带黄色透明的液体，它是增塑剂，能抵消聚氯乙烯树脂内的分子间的吸引力，从而获得弹性较好而又柔软的优质塑料；③硬脂酸钙是稳定剂，是不可缺少的成分，也是一种白色粉末，作用是防止塑料在加热时很快分解。

要获得不同性质的塑料，只要适当改变前两种原料的质量分数即可，若聚氯乙烯树脂含量越少，增塑剂越多其塑料性质越软，反之越硬。稳定剂一般加入 2% 就够了。

设计这类定心夹紧装置，主要是确定薄壁套的结构形式、尺寸、最大变形量以及恰当的布置通道问题，其次是液性塑料的配制。

图 11-29 所示是薄壁套的几种典型结构，上面三种用于外胀式夹具，下面三种用于内胀式夹具。当工件定位基面（外圆柱或内孔）的长度 L 小于直径 D 时，采用图 11-29（a）所示的结构；若切削力较大，则采用图 11-29（c）所示的结构，以便将它紧固在夹具体上，防止移动或转动；当 $L \gg D$ 时，特别当工件本身为薄壁件时，最好采用图 11-29（b）所示的结构，因为它带有环形加强筋，相当于两个相通的短套，变形后形成两个相连的鼓形，故能增加定心夹紧的稳定性和防止由于长套变形大而导致薄壁工件的变形。

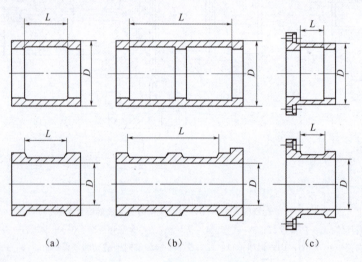

(a)   (b)   (c)

图 11-29　薄壁套的典型结构

薄壁套的结构尺寸如图 11-30 所示，其薄壁部分的长度 L 及壁厚 H 对工作性能有决定性影响：长度 L 可取等于工件定位基面的长度 l 或略小些（如 $0.8l$），当定位基面很短时，L 可取 $1.2l$；当定位基面很长时，则应采用图 11-29（b）的结构。

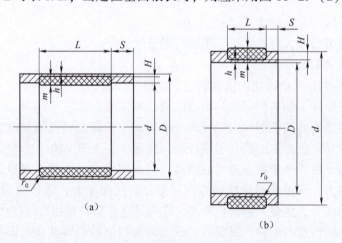

(a)   (b)

图 11-30　薄壁套的尺寸关系

薄壁套的壁厚可按表 11-2 的简化公式计算。

表 11-2　薄壁套的壁厚

薄壁部分长 L/mm	直径 $(D=10\sim50)$ /mm	直径 $(D=50\sim150)$ /mm
$L>\dfrac{D}{2}$	$H=0.015D+0.5$	$H=0.025D$
$\dfrac{D}{2}>L>\dfrac{D}{4}$	$H=0.01D+0.5$	$H=0.02D$
$\dfrac{D}{4}>L>\dfrac{D}{8}$	$H=0.01D+0.25$	$H=0.015D$

多学一点

薄壁套壁厚一般在 $1\sim2$ mm，其厚度的不均匀性会导致各处径向变形的不一致，将直接影响定心精度，故必须严格规定壁厚公差 Δ_h。当 $D<100$ mm 时，一般取 $\Delta_h\leqslant0.05$ mm；当 $D>100$ mm 时，$\Delta_h\leqslant0.06$ mm；当定心精度要求很高时，$\Delta_h<0.03$ mm。

薄壁套其他部分尺寸如图 11-30 所示，也会影响其强度、变形量及液性介质的流动性等，设计时尺寸 S、H 可根据表 11-3 的经验数据确定。环形槽的深度 m 可用经验公式 $m=2\sqrt[3]{D}$ 计算；其圆角半径取 $r_0=(0.03\sim0.05)D$。薄壁套两端与夹具体的配合，采用 H7/m6、H7/n6 或 H7/r6。当夹具受较大切削力而又无螺钉紧固时，配合的过盈量 $\delta=0.0012D$ mm。

表 11-3　薄壁套两端尺寸 S、H 尺寸

D/mm	S/mm	H/mm	D/mm	S/mm	H/mm
<30	6	5	>80~120	10	8
>30~50	7	6	>120~180	12	9
>50~80	8	7	>180~250	15	10

问题提示

通过对一些常用的夹紧装置的介绍，还有其他一些特殊情况下的装夹方法，我们要根据不同的加工要求和工件特性来选择合适的装夹方式。正确的工件装夹可以确保加工过程的安全性和精度，因此在选择装夹方法时应根据具体的加工任务和工件特性进行合理选择。

任务实施

根据任务要求完成任务 11 工件的装夹（任务工单）的填写。

问题探究

1. 夹紧装置一般由哪些部分组成？它们的作用是什么？
2. 斜楔夹紧装置必须解决哪三个问题？怎样解决这些问题？
3. 自动定心装置的工作原理是怎样的？典型的自动定心装置有哪几种？各应用在哪些场合？
4. 弹性筒夹的锥度与和它相配的锥体的锥度为什么不相等？

任务 12 数控机床夹具的选用

任务导入

零点快换夹具、随行工装、工序集成、机床夹具与机械手的复合，已经在多工序、大批量制造的领域得到大量应用。数控机床选用的夹具不合适，从而使数控机床的生产效率大幅降低。通过技术分析，数控机床利用率的提高与夹具的使用有很大的关系。国内企业数控机床选用夹具不合理的比例高达 50% 以上，也就是说有一半以上的数控机床由于夹具选择不合理或应用不当，而出现了"窝工"现象。

任务目标

1. 掌握常用通用夹具的类型和应用特点。
2. 掌握数控车、铣专用夹具的设计方法。
3. 熟知组合夹具、可调夹具、拼拆夹具、自动线夹具的应用特点。
4. 培养思维的灵活性。

知识导图

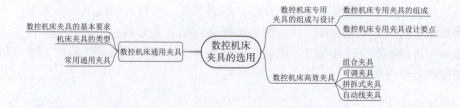

知识链接

12.1 数控机床通用夹具

1. 数控机床夹具的基本要求

（1）高精度

数控机床本身的精度很高，一般用于高精度加工。对数控机床夹具也提出较高的定位安装精度要求和较高的转位、对定精度要求。

通用夹具

（2）快速装夹工件

为适应高效、自动化加工的需要，夹具结构应适应快速装夹的需要，以减少工件装夹辅助时间，提高机床切削运转利用率。

（3）夹具应具有良好的敞开性

数控机床加工为刀具自动走刀加工。夹具及工件应为刀具的快速移动和换刀等快速动作提供较宽敞的运行空间。尤其对于多刀、多工序加工，夹具结构更应简单、开敞，使刀具容易进入，以防刀具运动中与夹具工件系统相碰撞。

（4）夹具本身的机动性要好。

（5）夹具在机床坐标系中坐标关系明确，数据简单，便于进行编程坐标的转换计算。

（6）部分数控机床夹具应为刀具提供明确的对刀点。

2. 机床夹具的类型

机床夹具类型有多种，按使用范围不同，可分为通用夹具、专用夹具、可调夹具、组合夹具和随行夹具；按机床不同，可分为车床夹具、铣床夹具、钻床夹具、加工中心机床夹具和其他机床夹具；按驱动动力源不同，可分为手动夹具、气动夹具、液动夹具、电磁夹具和真空夹具，本任务中按照使用范围类型划分学习夹具知识。

3. 常用通用夹具

通用夹具指已经标准化的夹具。它是通用机床的附件，可用于加工不同的工件，具有很大的通用性，如三爪自定心卡盘和四爪卡盘；顶尖、活顶尖、鸡心夹头；平口虎钳；分度头和回转工作台等。它们往往以与机床配套的方式供用户使用，以保证发挥机床的使用性能。

（1）数控车床通用夹具

数控车床常用通用夹具如表12-1所示。

表 12-1　数控车床常用通用夹具

夹具名称	结构图	使用特点
三爪自定心卡盘		三爪自定心卡盘常用于装夹中小型圆柱形，正三边形或正六边形工件。由于能自动定心，一般不需要校正。一般根据使用场合，在精车、磨削及使用万能分度头铣削精度较高零件等情况下，选用装夹精度较高的三爪卡盘，而在粗车和无形位精度要求的磨削、铣削等加工中，使用装夹精度较低的三爪卡盘
四爪卡盘		四爪卡盘可用于装夹四边形等非圆柱形工件或要求定位精度较高、夹紧力要求较大的工件。它的四个爪通过四个螺杆独立移动，由于其装夹后不能自动定心，所以装夹效率较低，装夹时必须用划线盘或百分表找正，使工件回转中心与车床主轴中心对齐，由于校正工件位置麻烦、费时，故只适用于单件小批量生产
顶尖		车床顶尖有前顶尖和后顶尖两种，在车削加工过程中，顶尖用于确定零件的中心，并承受工件的质量及切削力。车床前顶尖可直接安装在车床主轴锥孔中，前顶尖和工件一起旋转，无相对运动，因此可不必淬火，后顶尖有固定顶尖和回转顶尖两种
自定心中心架		中心架有手动和自动两种，在车削细长轴时，或是不能穿过车床主轴孔的粗长工件，以及孔与外圆同轴度要求较高的较长工件时，往往采用中心架来增强刚度、保证同轴度。使用时将中心架紧固于导轨，调整支承爪，使之与工件支承面接触，并调整至松紧适宜，增加刚性，便于切削
花盘		主要用来装夹用其他方法不便装夹的形状不规则的工件。形状不规则且被加工表面与定位基准面垂直的工件和形状不规则且被加工表面与定位基准面平行的工件，一般情况下，可用角铁、螺钉将工件夹持在花盘上

（2）数控铣床通用夹具

数控铣床常用通用夹具如表 12-2 所示。

表 12-2　数控铣床常用通用夹具

夹具名称	结构图	使用特点
平口虎钳		机用平口虎钳是一种机床通用附件，配合工作台使用，对加工过程中的工件起固定、夹紧、定位作用。数控铣床常用夹具是平口钳，先把平口钳固定在工作台上，找正钳口，再把工件装夹在平口钳上，常用于安装小型工件
压板		压板是对中型、大型和形状比较复杂的零件，一般采用压板将工件紧固在数控铣床工作台台面上，压板装夹工件时所用工具比较简单，主要是压板、垫铁、T形螺栓（或T形螺母和螺栓）及螺母
数控万能分度头		分度头能使工件实现绕自身的轴线周期地转动一定的角度（即进行分度）。在铣削加工中，铣四方、铣六方、齿轮、花键和刻线加工螺旋及球面等工作，就需要利用分度头分度。利用分度头主轴上的卡盘夹持工件，使被加工工件的轴线，相对于铣床工作台在向上 90° 和向下 10° 的范围内倾斜成需要的角度，以加工各种位置的沟槽、平面等（如铣圆锥齿轮）；通过配换挂轮，将工件的旋转运动与工作台的纵向进给运动配合，以加工螺旋沟槽、斜齿轮等

（3）加工中心通用夹具

数控回转工作台是各类数控铣床和加工中心的理想配套附件，有立式工作台、卧式工作台和立卧两用回转工作台等不同类型产品，如图 12-1 所示。立卧回转工作台在使用过程中可分别以立式和水平两种方式安装于主机工作台上。工作台工作时，利用主机的控制系统或专门配套的控制系统，完成与主机相协调的各种必需的分度回转运动。

（a）　　　　　　　　（b）　　　　　　　　（c）

图 12-1　数控回转工作台

（a）立式数控转台；（b）卧式数控转台；（c）立卧两用数控转台

12.2　数控机床专用夹具的组成与设计

学习数控机床专用夹具的组成与设计，请扫二维码。

夹具的组成与夹具体的设计　　　　　　　　专用夹具设计

1. 数控机床专用夹具的组成

各类机床夹具结构不同，但基本组成相同，一般由定位元件、夹紧装置、夹具体和其他装置或元件组成（如铣床夹具中对刀元件、定向元件等），如图 12-2 所示，下面以钻床上加工直径为 10 mm 的孔加工专用夹具为例进行说明。

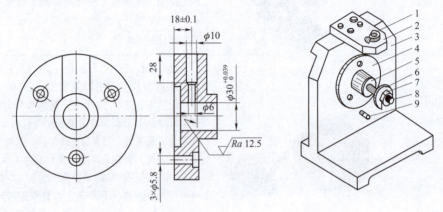

图 12-2　孔加工专用夹具

1—钻套；2—钻模板；3—夹具体；4—支承板；
5—圆柱销；6—开口垫圈；7—螺母；8—螺杆；9—菱形销

（1）定位原件

定位元件是保证工件在夹具中处于正确的位置。图 12-2 中夹具上的支承板 4、圆柱销 5 和菱形销 9 都是定位元件，通过它们使工件在夹具中占据正确的位置。其中常见的定位元件有 V 形块，芯轴、套筒和角铁等。

（2）夹紧装置

夹紧装置的作用是将工件压紧夹牢，保证工件在加工过程中受到外力（切削力等）作用时不离开已经占据的正确位置。图 12-2 中螺杆 8（与圆柱销 5 合成一个零件）、螺母 7 和开口垫圈 6 就起到了上述作用。

（3）夹具体

夹具体是机床夹具的基础件。图 12-2 中的夹具体 3，通过它将夹具的所有元件连接成一个整体。

（4）对刀装置

对刀或导向装置用于确定刀具相对于定位元件的正确位置。图 12-2 中钻套 1 和钻模板 2 组成导向装置，确定了钻头轴线相对定位元件的正确位置。铣床夹具上的对刀块和塞尺为对刀装置。

（5）连接元件

连接元件是确定夹具在机床上正确位置的元件。夹具体可兼作连接元件。车床夹具上的过渡盘、铣床夹具上的定位键都是连接元件。图12-2中夹具体3的底面为安装基面，保证了钻套1的轴线垂直于钻床工作台以及圆柱销5的轴线平行于钻床工作台。

（6）其他装置或元件。

其他装置或元件是指夹具中因特殊需要而设置的装置或元件。加工按一定分布的多个表面时，常设置分度装置；为了能方便、准确地定位，常设置预定位装置于大型夹具，或常设置吊装元件等。

2. 数控机床专用夹具设计要点

数控机床的夹具体一般根据夹具的设计有所不同，下面介绍常见夹具体的设计结构形式与要求。

（1）夹具体的设计

1）夹具体的作用与结构形式

夹具体的作用是其基面与机床连接，其他工作表面则装配各种元件和装置，以组成夹具的总体。在加工过程中，由于夹具体要承受工件重力、夹紧力、切削力、惯性力和振动力的作用，所以夹具体应具有足够的强度、刚度和抗振性，以保证工件的加工精度。对于大型精密夹具，由于刚度不足引起的变形和残余应力产生的变形，故应予以足够的重视。

夹具体的结构形式一般由机床的有关参数和加工方式而定，主要分两大类：车床夹具的旋转型夹具体；铣床、钻床、镗床夹具的固定型夹具体。旋转型夹具体与车床主轴连接，固定型夹具体则与机床工作台连接，常见的结构形式如图12-3和图12-4所示。

图12-3　旋转型夹具体

图12-4　固定型夹具体

2）夹具体设计的基本要求

夹具体有铸造结构型夹具体结构设计、锻造结构型夹具体设计以及焊接结构型夹具体设计和装配结构夹具体设计。前三种夹具体设计结构特点要求如图12-5所示，主要有①有一定的精度和良好的结构工艺性，夹具体上的装配表面，一般应铸出 3~5 mm 高的凸面，以减少加工面积；②铸造夹具体壁厚要均匀，转角处应有 R5~R10 mm 的圆角，必要的强度和刚度，铸造夹具体的壁厚一般取 15~30 mm；③焊接夹具体的壁厚为 8~15 mm，必要时可用肋来提高夹具体的刚度，肋的厚度取壁厚的 0.7~0.9 倍，在机床工作台上安装的夹具，应使其重心尽量低，夹具体的高度尺寸要小；④装配结构夹具体选用标准零部件装配成夹具体，可以缩短生产准备周期，降低生产成本，标准化的夹具体如图 12-6 所示，有 U 形结构、板形结构、T 形结构；⑤夹具体的结构应简单、紧凑、尺寸要稳定，残余变形要小，要有适当的容屑空间和良好的排屑性能，如图 12-7 所示；⑥要有较好的外观，夹具体适当部位用钢印打出夹具编号，以便于工装的管理。

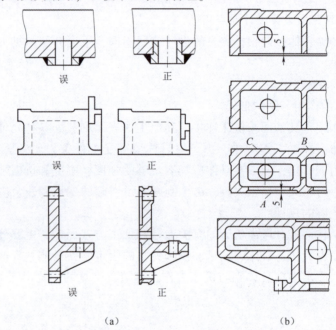

图 12-5 夹具体设计结构

（a）夹具体的结构工艺性对比；（b）夹具体结构对比

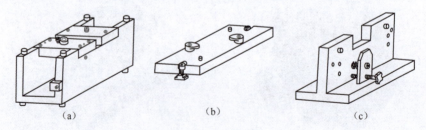

图 12-6 标准化的夹具体

（a）U 形结构；（b）板形结构；（c）T 形结构

（2）车床夹具设计要点

1）定位装置

在车床上加工回转表面时，要求工件加工面的轴线与车床主轴的旋转轴线重合，夹具上定位装置的结构和布置，必须保证这一点。图 12-8 所示为花盘角铁式车床夹具，符合定位装置设计要求。

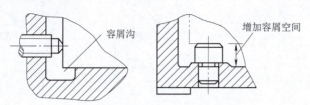

图 12-7　容屑空间

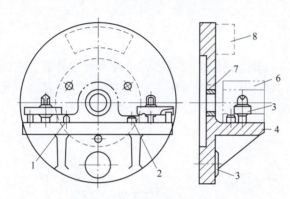

图 12-8　花盘角铁式车床夹具

1—削边定位销；2—圆柱定位销；3—轴向定程基面；
4—夹具体；5—压板；6—工件；7—导向套；8—平衡配重

2）夹紧机构

夹紧机构所产生的夹紧力必须足够，且自锁性要好。图 12-9 所示为弹簧芯轴车床夹具。

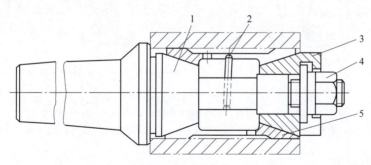

图 12-9　弹簧芯轴车床夹具

1—锥体；2—防转销；3—锥套；4—螺母；5—弹性筒夹

3）车床夹具与机床主轴的连接

车床夹具与机床主轴的连接精度对夹具的回转精度有决定性的影响。对于径向尺寸 $D<140$ mm，或 $D<(2\sim3)d$ 的小型夹具，其连接结构如图 12-10（a）所示；对于径向尺寸较大的夹具，用过渡盘连接，过渡盘的结构如图 12-10（b）、（c）所示。

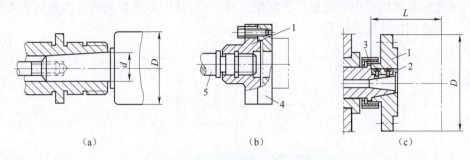

（a）　　　　　　　　　　（b）　　　　　　　　　（c）

图 12-10　车床夹具与机床主轴的连接

1—过渡盘；2—平键；3—螺母；4—夹具；5—主轴

4）找正孔或找正外圆

在车床夹具的夹具体上一般应设置有找正孔或找正外圆，它既是车床夹具在车床主轴上安装时，保证车床夹具与车床主轴同轴度的找正基准，也是车床夹具装配时的装配基准，还常常是夹具体本身加工过程中的工艺基准，如图 12-11 所示。

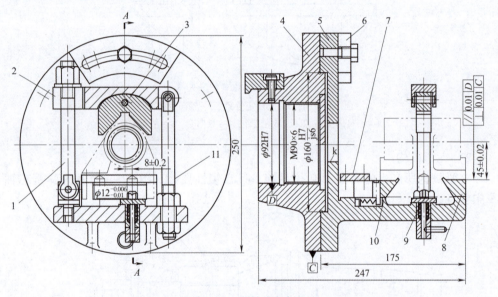

图 12-11　角铁式车床夹具

1, 11—螺栓；2—压板；3—摆动 V 形块；4—过渡盘；5—夹具体；
6—平衡块；7—盖板；8—固定支承板；9—活动菱形销；10—活动支承板

5）平衡措施

车床夹具应消除回转不平衡所引起的振动现象。平衡措施有两种：一种是在较轻的一侧加平衡块（配重块），其位置距离回转中心越远越好；另一种是在较重的一侧加工减重孔，其位置距离回转中心越近越好。平衡块的位置和质量最好可以调节。

（3）铣床夹具设计要点

1）定位装置

铣削时一般切削用量和切削力较大，又是多刃断续切削，因此铣削时极易产生振动。设计定位装置时，应特别注意工件定位的稳定性及定位刚性。尽量增大主要支承面积，导向支承的两个支承点要尽量相距远些。止推支承应尽量布置在与切削力相对的工件刚性较好的部位。若工件呈悬臂状态，应采用辅助支承提高工件的安装刚性，防止振动。

2）夹紧装置

设计夹紧装置应保持足够的夹紧力，且具有良好的自锁性能，以防止夹紧机构因振动而松夹。施力的方向和作用点要恰当，并尽量靠近加工表面，必要时设置辅助夹紧装置以提高夹紧刚度。对于切削用量较大的手动夹紧，应优先选用螺旋夹紧机构。

3）定位键

定位键是连接铣床夹具与铣床之间的元件。夹具体在底面纵向槽中用圆柱头螺钉固定定位键，一般为两个。通过定位键与铣床工作台上的 T 形槽的配合，确定夹具在机床中的正确位置，如图 12-12 所示。

常用的定位键已标准化，材料为 45 钢，热处理硬度为 40~45 HRC，分 A 型、B型两种，如图 12-13 所示，可选用 H7/h6 或 JS6/h6 与夹具体的安装槽配合。A 型定位键为单一工作尺寸型，即它靠同一个键宽的 B 型定位键同时与夹具体导向槽和工作台 T 形槽构成配合关系。当工作台 T 形槽质量不一时，将会影响夹具的导向精度。当定位精度要求高时，一般选用 B 型定位键。B 型定位键把上下两部分配合作用尺寸分开，中间设置 2 mm 退刀槽，上半部键宽与夹具导向槽配合，下半部与工作台 T 形槽的配合留有 0.5 mm 的配磨研量，将按 T 形槽的具体尺寸来配作。定位键具体结构尺寸见 JB/T 8016—1999。

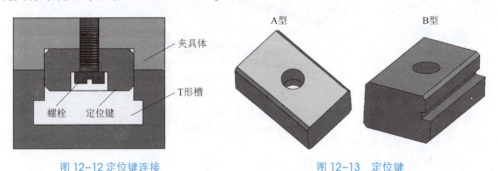

图 12-12 定位键连接　　　　　　　　图 12-13　定位键

4）对刀装置

夹具在机床上安装完毕，在进行加工之前，一般需要调整刀具相对夹具定位元件位置关系，以保证刀具相对于工件处于正确的位置，这个过程叫对刀。对刀装置由基座、对刀块和塞尺组成，如图 12-14（a）所示。通常，可根据情况直接采用标准对刀块，如图 12-14（b）所示，当然也可以另行设计。对刀块用销钉和螺钉紧固在夹具体上，其位置应在进给方向后方，以便于使用塞尺对刀，不妨碍工件的装夹。对刀块常用 T7A 制造，淬火硬度为 55~60 HRC。

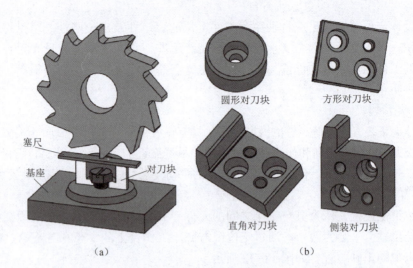

圆形对刀块　　方形对刀块

塞尺
基座　　　　对刀块

直角对刀块　　　侧装对刀块

(a)　　　　　　　　　　　　(b)

图 12-14　对刀装置及标准对刀块

(a) 对刀装置；(b) 标准对刀块

塞尺如图 12-15 所示，图 12-15 (a) 为平面塞尺，厚度常取 1 mm，2 mm，3 mm；图 12-15 (b) 为圆柱塞尺，直径常取 3 mm，5 mm。两种塞尺尺寸公差均按 h6 精度制造。塞尺常用 T7A 制造，淬火硬度为 60~64 HRC。

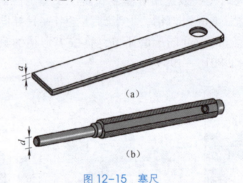

(a)

(b)

图 12-15　塞尺

(a) 平面塞尺；(b) 圆柱塞尺

5) 夹具的总体结构与夹具体

为了提高铣床夹具在机床上安装的稳定性和动态下的抗振性能，在进行夹具的总体结构设计时，各种装置应紧凑，加工面应尽可能靠近工作台面，以降低夹具重心，一般控制夹具体高度 H 与宽度 B 之比≤1~1.25。

铣床夹具的夹具体应具有足够的刚度和强度，必要时设置加强肋。此外，还应合理地设置耳座，以便与工作台连接。常用的耳座结构如图 12-16 所示，有关尺寸可查阅《机床夹具设计手册》。如果夹具体的宽度尺寸较大，可在同一侧设置两个耳座，两耳座之间的距离应和铣床工作台两 T 形槽之间的距离相一致。

铣削加工时会产生大量的切屑，夹具应具有足够的排屑空间，并注意切屑的流向，使清理切屑方便。对于重型铣床夹具，在夹具体上应设置吊环，以便于搬运。

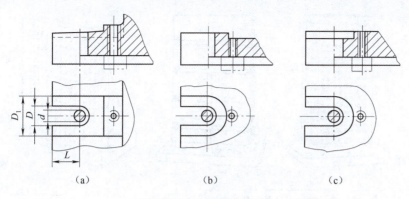

图 12-16　常用的耳座结构

（a）台阶式耳座；（b）凸出型耳座；（c）内凹式耳座

多学一点

除上述外，我国也针对夹具制定了国家标准，学习夹具标准请扫二维码。

学习数控铣床夹具设计样例，请扫二维码。

夹具的国家标准　　　　　　　数控铣床专用夹具设计

（4）数控夹具的柔性化设计要点

1）基础件的设计

如图 12-17 所示，基础件的设计主要有四种形式，各自特点如下：

图 12-17（a）所示为网格孔系四方立柱，立柱上有坐标孔系和螺孔，在其平面上可拼装各种元件和组合件。坐标孔系的定位孔可用作编程零点。网格孔系四方立柱可用于多工位数控加工中。

图 12-17（b）所示为 T 形槽四方立柱，其立柱上有精密 T 形槽，用以连接和紧固各种元件。T 形槽四方立柱可用以多工位数控加工。

图 12-17（c）所示为网格孔系角铁，它的结构设计与网格孔系四方立柱相同。在其底面上设计了定位孔，以便于夹具与数控机床工作台连接定位

图 12-17（d）所示为矩形平台。平台上有精密 T 形槽，用作连接和紧固各种元件。图 12-17（d）中 $B—B$ 剖视图所示是按坐标分布的定位孔系，用作元件连接的定位用；$C—C$ 剖视图所示的辅助连接孔，用于平台与机床工作台的连接紧固；$D—D$ 剖视图所示的定位孔用于夹具与数控机床工作台中心对定。平台底面有两个定位孔，用于夹具与工作台的连接定位。

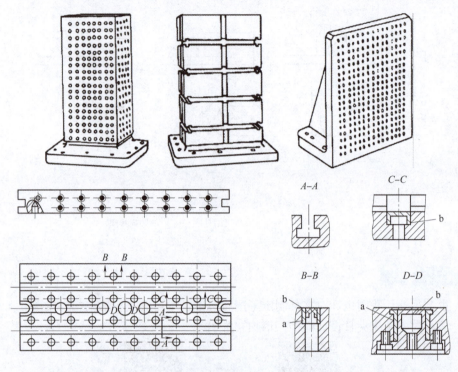

图 12-17　基础件

（a）四方立柱；（b）T形槽四方立柱；（c）网格孔系角铁；（d）矩形平台

2）定位原件的设计

典型的定位元件应有高柔性，以便调整更换重复使用。常见的结构有各种可调支承、可调支承板和可调V形块等，如图12-18所示，按成组工艺要求，也可采用典型零件族的专用定位元件。工件的定位应符合六点定位规则。

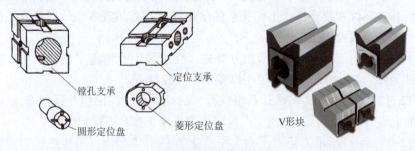

镗孔支承　定位支承

圆形定位盘　菱形定位盘　V形块

图 12-18　定位原件

3）托盘的设计

托盘在加工中心使用较多，托盘的设计柔性化较大。

4）夹紧装置的设计

夹紧装置的设计目标是自动化和柔性化。数控铣镗床的夹紧装置采用液压动力装置使压板在工件的下部夹紧，夹具为敞开式的，以满足在数控机床上在几个方向上对工件加工。

以上内容就是数控车削、数控铣削机床夹具的设计方法。

12.3　数控机床高效夹具

1. 组合夹具

高效夹具

组合夹具是一种标准化、系列化、通用化程度很高的工艺装备，从20世纪40年代开始，在世界上一些工业国家中采用并迅速得到了发展。我国从20世纪50年代开始使用，目前已形成了一套完整的组合夹具体系。它由一套预先制造好的具有不同几何形状、不同尺寸的高精度元件与合件组成，包括基础件、支承件、定位件、导向件、压紧件、紧固件、其他件、合件等。使用时按照工件的加工要求，采用组合的方式组装成所需的夹具。组合夹具有孔系组合夹具和槽系组合夹具。

（1）孔系组合夹具

孔系组合夹具主要元件表面为圆柱孔和螺纹孔组成的坐标孔系，通过定位销和螺栓来实现元件之间的组装和紧固。孔系组合夹具具有元件刚性好、定位精度和可靠性高、工艺性好等特点，适用于数控机床。图12-19所示为孔系组合夹具元件分解图，其定位孔径为$\phi16.01H6$，定位销直径为$\phi16k5$，用M16 mm的螺钉连接。

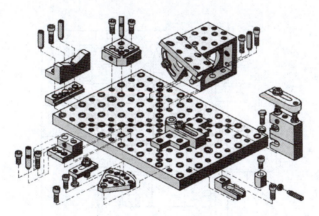

图12-19　孔系组合夹具元件分解图

（2）槽系组合夹具

槽系组合夹具以槽和键相配合的方式来实现元件间的定位。槽系组合夹具的连接基面为T形槽，元件由键和螺栓等元件定位紧固连接。元件的位置可沿槽的纵向任意调节，故组装十分灵活，适用范围广，是最早发展起来的组合夹具系统，如图12-20所示。

2. 可调夹具

通用可调夹具是通过调整或更换个别定位元件或夹紧元件，便可以加工相似形状的一组零件或加工某一零件的一道工序，从而变成加工该组零件和某一零件工序用的专用夹具。常见的通用可调夹具有通用可调虎钳、通用可调钻膜、通用可调三爪自定心卡盘，如图12-21所示。

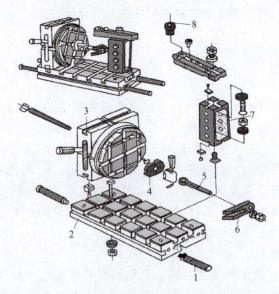

图 12-20　盘形零件钻径向分度孔的 T 形槽系组合夹具

1—手柄杆；2—长方形基础板；3—分度合件；4—菱形定位盘；
5—螺栓；6—叉形压板；7—方形支撑件；8—快换钻套

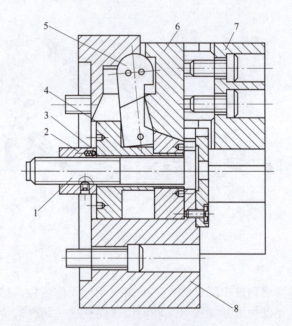

图 12-21　通用可调自定心卡盘

1—螺杆；2—螺母；3—弹簧制动销；4—套筒；5—杠杆；6—卡爪座；7—卡爪；8—卡盘

　　通用可调夹具由两部分组成：一部分是夹具体、夹紧用的动力传动装置和操纵机构等，可做成万能的部件，对所有加工对象是不变的；另一部分是夹具的可调部分，当加工不同零件时，其定位元件和某些夹紧元件则需要调整和更换，使这些定位元件或夹紧元件与零件的外形相适应。

3. 拼拆式夹具

拼拆式夹具是将标准化的、可互换的零部件装在基础件上或直接装在机床工作台上，利用调整件装配而成。调整件有标准的或专用的，它是根据被加工零件的结构设计的。这种夹具是通过调整其活动部分和更换定位元件的方式重新调整的，夹具的零部件有很高的通用性，当需要重新装配加工某种零件时，调整工作简单，如图 12-22 所示。

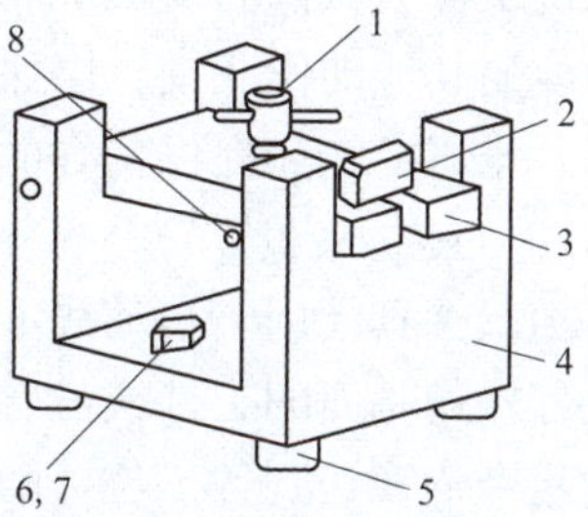

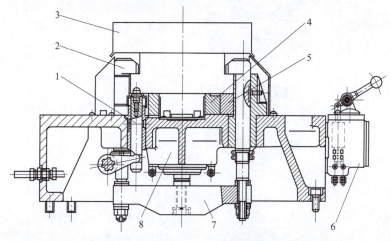

图 12-22 拼拆式夹具

1—压紧螺钉；2—菱形块；3—铰链压板；
4—U 形夹具体；5—支脚；
6，7—定位销；8—浮动压块

4. 自动线夹具

自动线是由多台自动化单机，借助工件自动传输系统、自动线夹具、控制系统等组成的一种加工系统。常见的自动线夹具有固定夹具和随行夹具。

（1）固定夹具

固定夹具是指固定在机床的相应位置上不随工件的输送而移动的夹具。此类夹具又可分为两种类型：一种是直接用于装夹工件的固定夹具，它适用于装夹如箱体等形状比较规则且具有良好的定位基面和输送基面的工件；另一种是用于装夹随行夹具的固定夹具，即将工件和随行夹具作为一个整体在其上定位和夹紧。二者虽然直接装夹的对象不同，但具有相同的结构特点。

图 12-23 所示为自动线上用的机床固定夹具及随行夹具结构示意图。随行夹具 3 由步伐式输送带依次运送到各机床的固定夹具上，通过一面两销实现完全定位，件 5 为定位支撑板，件 1 为液压操纵的两销定位机构，件 4 为输送支撑，件 6 为气动（亦可手动）润滑液压泵。由液压缸 8 通过杠杆 7 带动四个钩形压板 2 进行夹紧。

图 12-23 自动线上用的机床固定夹具及随行夹具

1—活动定位销；2—钩形压板；3—随行夹具；4—输送支撑；
5—定位支撑板；6—润滑液压泵；7—杠杆；8—液压缸

这类夹具在结构设计上应注意：在沿工件输送的方向上，其结构应是敞开的，以保证工件（或随行夹具）能顺利通过。其定位夹紧机构的动作应全部自动化并与自动线的其他动作联锁，以保证各动作过程的可靠性及安全性，同时应采取必要的防屑、排屑措施和提供良好的润滑条件，保证各运动部件动作灵敏，准确可靠。

（2）随行夹具

随行夹具是用于自动线上的一种移动式夹具。主要用于装夹和运送形状复杂且无良好输送基面的工件或虽有良好输送基面，但材质较软的工件。工件随夹具一起由输送带依次送到各工位。随行夹具还需在每台机床的固定夹具上定位和夹紧，如图 12-23 所示。

（3）常用自动化工件夹具

现代工机床夹具的发展方向为精密化、智能化、柔性化、标准化和通用化，精密化定心精度可达 5 μm 以内，高精度芯轴的同轴度误差可控制 1 μm 以内；智能化是高度自动化、信息化、高度自适应的生产模式；柔性化是灵活性进行简单的组装、调整，适应生产加工不同情况的需要，数控夹具是典型的具有柔性化特征夹具的代表；标准化和通用化对于机床夹具是不可分割的两个方面。常见的数控机床自动化工件夹具如表 12-3 所示。

表 12-3　常见的数控机床自动化工件夹具

夹具名称	结构图	使用性能与特点
电磁吸盘		为现代机床和加工中心专门设计，用于在单个装调期间进行的复杂机加工操作。因为工件可平放在电磁吸盘上，故方便触及工件的五面加工。整个工件上施加的永磁夹持力均匀，因此可有效将振动降低至最小
零点快换夹持系统		零点快换用于在现代加工中心上对工件、夹持装置或其他设备进行非常快速、非常精确的转换
气动夹具		气动夹具在其紧凑型设计中将高夹持力与长卡爪行程集成于一体，虎钳可确保在狭窄空间内稳定地夹持工件
工件直接夹持系统		用于模块化夹持柱，可以将工件提离机床工作台并在明确夹持情形下予以固定

续表

夹具名称	结构图	使用性能与特点
快换爪卡盘基爪		卡盘类型的最大基爪产品系列为固定式卡盘，整体更换由基爪和顶爪构成的夹持单元，可以节约装夹时间

多学一点

学习现代机床夹具的发展方向，请扫二维码。

现代机床夹具的发展方向

问题提示

　　专用夹具作为一种全新制造手段，有助于数控机床智能化升级转化，夹具的设计具有较高的实践性，不仅需要有扎实的基础理论知识，还要有较好的实际应用能力。在设计专用夹具时，除熟悉常规的夹具使用性能外，还以机床夹具设计中的各类标准件为夹具设计指导基础。

任务实施

　　根据任务要求完成任务 12 数控机床夹具的选用（任务工单）的填写。

问题探究

1. 查阅资料，数控夹具的发展方向是什么？
2. 安装在车床主轴上的夹具除通用车床夹具外，常见专用的车床夹具有哪些？
3. 铣床夹具与通用铣床工作台的链接方式有哪些？
4. 定位键起什么作用？有几种结构形式？
5. 决定铣床夹具 U 形耳座尺寸的原始依据是什么？
6. 对刀装置有何作用？有哪些结构形式？分别用于何种表面的加工？

项目四　数控加工检测器具的选用

学习导航

学习目标	知识目标： 1. 熟知常用工量具的种类。 2. 熟知常用工量具的选用。 3. 熟知三坐标测量机的种类及功能。 4. 熟知三坐标测量机的应用。 技能目标： 1. 会根据零件选用合适的量具。 2. 会使用三坐标测量机进行零件的测量。 素质目标： 1. 塑造学生爱国敬业的核心价值观。 2. 培养学生认识问题、分析问题和解决问题的能力。 3. 培养学生严谨细致、精益求精的工匠精神。 4. 培养学生实践应用、自主探究的创新精神。 5. 培养学生团队协作、安全质量的职业素养。
学习重点	常用量具的种类、常用量具的选用、三坐标测量机的种类功能和应用。
学习难点	量具的选用和三坐标测量机的使用。

量具的起源与发展

度量衡的发展大约始于原始社会末期。人类从利用工具到制造工具，包含着对事物轻重、多少、大小、长短、软硬等的思考过程，逐渐产生了形与量的概念。了解量具的起源发展过程请扫二维码。

量具的起源
与发展

项目导入

随着科学技术的不断发展，在制造业中，为保证产品质量，确保零部件的互换性，同时分析零件加工工艺，采取预防性措施，防止废品的产生，必须对零部件的尺寸、角度、几何形状、几何要素间的相对位置、表面粗糙度以及其他技术条件进行测量和检验。这就要求我们对数控加工装备的选用必须十分了解，才能做到"知己知彼，百战不殆"。

任务 13 工量具的选用

量具的技术指标决定了量具的计量性能，是衡量量具质量的标准。熟知各类量具的技术指标，是正确合理选择量具的关键步骤。

任务目标

1. 熟知常用工量具的种类。
2. 熟知常用工量具的选用。
3. 塑造学生爱国、敬业的核心价值观。

知识导图

知识链接

13.1 常用工量具的种类

常用工量具

1. 常用工量具的要求

为了获得正确可靠的测量结果，在测量过程中，要注意应用并遵守有关测量原则，其中比较重要的原则有基准统一原则、最短测量链原则、最小变形原则。

（1）基准统一原则

测量基准要与加工基准和使用基准统一，即工序测量应以工艺基准作为测量基准，终检测量应以设计基准作为测量基准。

（2）最短测量链原则

由测量信号从输入到输出量值通道的各个环节所构成的测量链，其环节越多，测量误差越大。因此，应尽可能减少测量链的环节数，以保证测量精度。间接测量比直接测量组成的环节要多、测量链要长、测量误差要大。因此，只有在不可能采用直接测量，或直接测量的精度不能保证时，才采用间接测量。

（3）最小变形原则

测量器具与被测零件都会因实际温度偏离标准温度和受力而发生变形，形成测量误差。因此，在测量时应减少此项误差的产生。

2．常用量具的种类

常用的测量器具类型有标准计量器具、通用计量器具、专用测量器具。

（1）标准计量器具是指测量时体现标准量的测量器具。通常用来校对和调整其他计量器具，或作为标准与被测几何量进行比较，如线尺、量块、多面棱体等。

（2）通用计量器具是指通用性大、可用来测量某一范围内各种尺寸，并能获得具体读数值的计量器具，如千分尺、指示表等。

（3）专用计量器具是指用于专门测量某种或某个特定几何量的计量器具，如量规，圆度仪等。

13.2　常用工量具的选用

1．游标类量具

（1）游标卡尺

游标卡尺是一种常用的量具，具有结构简单、使用方便、精度中等和测量尺寸范围大等特点，可以用它来测量零件的外径、内径、长度、宽度、厚度、深度和孔距等，应用范围很广。它分为普通式、带表式和电子数显式三大类，如表13-1所示。

表13-1　游标类量具

量具类别	示意图	功能	测量范围/mm
普通式游标卡尺		普通式游标卡尺，上端两爪可测量孔径、孔距和槽宽等；下端两爪可测量外圆、外径和外形长度等；卡尺的背面有一根细长的深度尺，用来测量孔和沟槽的深度	0~150 0~300
带表式游标卡尺		带表式游标卡尺是利用主尺的刻度和指示表，对两测量爪测量面相对移动分隔的距离进行读数的通用长度测量工具，它可以测量长度、内外径、深度	0~150 0~200 0~300
电子数显式游标卡尺		电子数显式游标卡尺简称数显卡尺。它是通过机械-电子装置，将两测量爪相对移动分隔的距离直接显示在电子显示器上的一种通用长度测量工具。它可以测量长度、内外径、深度	0~150 0~300 0~500

（2）游标卡尺的保养与维护

1）测量时，应注意测爪与被测量面（或线、点）之间的接触，既要紧密，又不会因所施加的压力过大而造成较大的测量误差，甚至损坏卡尺的测爪或被测工件的测量面（或线、点）。

2）由于卡尺和被测工件都有热胀冷缩的性能，所以在测量时，应尽可能使卡尺和被测工件的温度一致，以保证测量值的准确性。

3）数显卡尺应避开高温，油脂和水，也应避开强磁场使用和存放，这些物质不仅影响使用和测量精度，也会影响卡尺的使用寿命。

4）留意数值显示情况，是否有跳数，或在使用过程中自动归零等现象，及时更换电池，以免影响测量结果，严禁强光照射显示器，以防液晶显示器老化。

5）不准把卡尺当作卡板、扳手使用，或把测量爪当作划针、圆规等工具使用。

6）用完之后，应用干净的棉丝将其擦干净，放入专用盒内的固定位置盖好，然后存放在干燥、无酸、无振动、无强磁场的地方。没有装盒的卡尺严禁与其他工具放在一起，以防受压或磕碰而造成损失。

7）不准用砂纸、砂布等擦拭卡尺的任何部位。

8）非专业修理人员不得随意拆卸卡尺。

卡尺发展到现在，还出现了众多的异型卡尺，请扫二维码学习。

异型卡尺

2. 螺旋类量具

（1）千分尺

千分尺是应用广泛的精密长度量具，测量精确度比游标卡尺高。千分尺的形式和规格繁多，有外径千分尺、内径千分尺和深度千分尺等，如表13-2所示。

表 13-2　千分尺

量具类别	示意图	功能	测量范围/mm
外径千分尺		外径千分尺利用螺旋传动原理，将角位移变成直线位移来进行长度测量，外径千分尺的分度值是0.01 mm，主要用于测量工件的外径、长度、厚度等外尺寸	0~25、25~50 50~75、75~100 100~125、125~150 150~175、175~200
内径千分尺		内径千分尺又被称为孔径千分尺，用于测量光滑圆柱孔的直径	6~40、40~100
深度千分尺		深度千分尺是应用螺旋副转动原理将回转运动变为直线运动的一种量具。深度千分尺一般测量工件的深度，台阶等	25~50、50~75 75~100、100~125 125~150、150~175 175~200、200~225 225~250、250~275 275~300

（2）常用螺旋类器具的保养与维护

1）不能用千分尺测量零件的粗糙表面，也不能用千分尺测量正在旋转的零件。

2）千分尺要轻拿轻放，不要摔碰，若受撞击，应立即进行检查，必要时送计量部门检修。

3）千分尺应保持清洁。测量完毕，用软布或棉纱等擦拭干净，放入盒中。长期不用应涂防锈油。要注意勿使两个测量黏合，以免锈蚀。不允许用砂布或普通磨料擦拭测微螺杆上的污锈。

4）不能在千分尺的微分筒和固定套筒之间加酒精、煤油、凡士林、柴油、普通机油等；不允许把千分尺浸泡在上述油类及酒精中。如发现上述物质浸入千分尺，需用汽油洗净，再涂以特种轻质轮滑油。

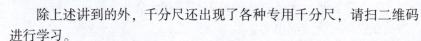

除上述讲到的外，千分尺还出现了各种专用千分尺，请扫二维码进行学习。

专用千分尺

3. 指示表类量具

（1）百分表和千分表

百分表和千分表是将测量杆的直线位移通过齿条和齿轮传动系统转变为指针的角位移进行读数的一种长度测量工具，广泛用于测量精密件的形状精度和相互位置精度，具有防振机构，精度可靠。如表13-3所示，百分表的分度值为0.01 mm，千分表的分度值为0.001 mm。

表13-3 指示表类量具

量具类别	示意图	功能	测量范围/mm
百分表		百分表是将测量杆的直线位移通过齿条和齿轮传动系统转变为指针的角位移进行读数的一种长度测量工具。它广泛用于测量精密件的形状精度和相互位置精度，具有防振机构，精度可靠。百分表的分度值为0.01 mm	0~3、0~5、0~10
千分表		千分表是将测量杆的直线位移通过齿条和齿轮传动系统转变为指针的角位移进行读数的一种长度测量工具。它广泛用于测量精密件的形状精度和相互位置精度，具有防振机构，精度可靠。千分表的分度值为0.001 mm	0~1、0~2 0~3、0~5

（2）常用表类量具的维护与保养

1）百分表是比较精密的测量工具，要轻拿轻放，不得摔碰或跌落。

2）应定期校验百分表精准度和灵敏度。

3）百分表使用完毕，用棉纱擦拭干净，放入百分表盒内盖好。

4）要严格避免水、油和灰尘渗入表内，测量杆上也不要涂油，以免粘有灰尘的油污进入表内，影响表的灵敏性。

5）百分表和千分表不使用时，应使测量杆处于自在形态，以免使表内的弹簧失效。例如，内径百分表上的百分表，不使用时，应拆下保护管。

 多学一点

指示表发展到现在，还出现了数显指示表，请扫二维码学习。

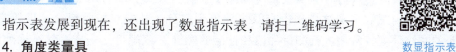

数显指示表

4. 角度类量具

（1）角度类量具如表 13-4 所示。

表 13-4　角度类量具

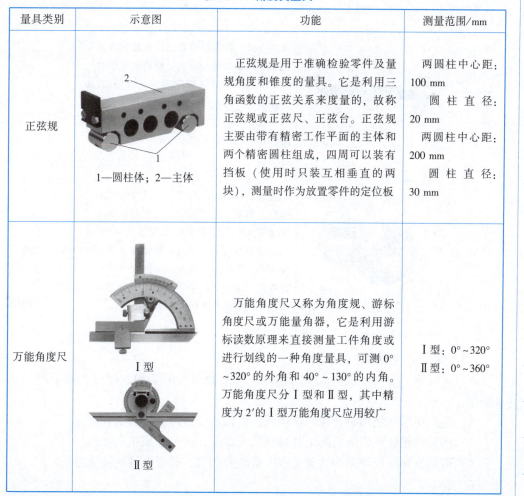

量具类别	示意图	功能	测量范围/mm
正弦规	1—圆柱体；2—主体	正弦规是用于准确检验零件及量规角度和锥度的量具。它是利用三角函数的正弦关系来度量的，故称正弦规或正弦尺、正弦台。正弦规主要由带有精密工作平面的主体和两个精密圆柱组成，四周可以装有挡板（使用时只装互相垂直的两块），测量时作为放置零件的定位板	两圆柱中心距：100 mm　圆柱直径：20 mm　两圆柱中心距：200 mm　圆柱直径：30 mm
万能角度尺	Ⅰ型　Ⅱ型	万能角度尺又称为角度规、游标角度尺或万能量角器，它是利用游标读数原理来直接测量工件角度或进行划线的一种角度量具，可测0°~320°的外角和40°~130°的内角。万能角度尺分Ⅰ型和Ⅱ型，其中精度为2′的Ⅰ型万能角度尺应用较广	Ⅰ型：0°~320°　Ⅱ型：0°~360°

（2）常用角度类量具的维护与保养

1）测量时，应使角度尺的两个测量面与被测工件的表面在全长上保持良好的接触，以免引起测量误差。

2）要防止对角度尺产生磕碰，注意保护各测量面，安装角尺和直尺时，应避免卡块螺钉压在测量面上。

3）使用完毕后，要松开各紧固零件，取下直尺和角尺，擦净后在各测量面上涂防锈油，然后将其装入专用的盒内保存。

5. 螺纹量规

（1）螺纹量规

检查螺纹的量规可分为螺纹塞规和螺纹环规两大类，前者用于检查外螺纹，后者用于检查内螺纹。螺纹量规也有双头和单头之分，其中双头的螺纹塞规较常用，单头的螺纹环规较常用，其测量部位和标准的螺栓（或螺母）一样，具有标准的全形螺纹牙，如表13-5所示。

表13-5　螺纹量规

量具类别	示意图	功能	测量范围/mm
螺纹塞规		检查时，若螺纹塞规的过端能够顺利地旋入和旋出被检螺孔，而使用止端时不能旋入，则说明被检螺纹是合格的；若通端不能旋入，则说明被检螺纹直径偏小了；若止端也能旋入，则说明被检螺纹直径偏大了	M0.6~M80
螺纹环规		检查时，若螺纹环规的过端能够顺利地旋入和旋出被检螺栓，而使用止端时不能旋入，则说明被检螺纹是合格的；若通端不能旋入，则说明被检螺纹直径偏大了；若止端也能旋入，则说明被检螺纹直径偏小了。可见判定不合格的情况刚好与用塞规检查内螺纹时相反	M0.8~M200

（2）螺纹量规的维护与保养

1）螺纹规使用完毕后，应及时清理干净测量部位附着物，存放在规定的量具盒内。

2）生产现场在使用时，应轻拿轻放，以防止磕碰而损坏测量表面。

3）严禁将螺纹规作为切削工具强制旋入螺纹，避免造成早期磨损。

4）可调节螺纹规严禁非计量工作人员随意调整，确保量具的准确性。

6. 量块

量块是一种无刻度的标准端面量具。其制造材料为特殊合金，形状为长方体结构，六个平面中有两个相互平行的、极为光滑平整的测量面，两测量面之间具有精确的工作尺寸。量块主要用作尺寸传递系统中的中间标准量具，或在相对法测量时作为标准件调整仪器的零位，也可以用它直接测量零件。作为长度标准，传递尺寸量值，用于检定测量器具的示值误差。作为标准件，用比较法测量工件尺寸，或用来校准、调整测量器具的零位。也可用于直接测量零件尺寸、精密机床的调整和机械加工中精密划线，如图 13-1 所示。量块的套装数目分为 32 块、38 块、47 块、83 块、87 块、103 块、112 块和 122 块等。

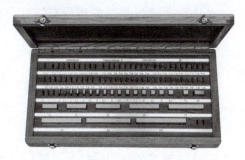

图 13-1　量块

（1）量块的选用

量块是一种无刻度的标准端面量具，一个量块只有一个尺寸。为了满足一定范围的不同要求，量块可以利用其测量面的高精度所具有黏合性，将多个量块黏合在一起，组合使用。量块测量层表面有一层极薄的油膜，在切向推合力的作用下，由于分子间吸引力，使两个量块黏合在一起，就可以把量块组合成一个尺寸，用于测量。为了减少量块的组合误差，应尽量减少量块的组合块数，一般不超过 4 块。选用量块时，应从所需组合尺寸的最后一位数开始，每选一块至少应减去所需尺寸的一位尾数。

（2）量块的维护与保养

1）测量前应将量具的测量面和工件被测量面擦拭干净以免脏物影响测量精度和加快量具磨损。

2）根据精度、测量范围、用途等选择量具，测量时不允许超出测量范围。

3）量具在使用过程中，不要和工具、刀具放在一起，以免碰坏。

4）机床开动时，不要用量具测量工件。

5）温度对量具精度的影响很大，因此，量具不应放在热源附近，以免受热变形。

6）量具用完后，应该及时擦拭干净，涂油，放在专用盒中，保持干燥，以免生锈。

7）精密量具应该计时定期鉴定、保养和检修。

问题提示

选择计量器具的主要依据是被测对象（被测工件），具体要求如下：

①根据被测工件要测量的项目，例如外长度尺寸、内长度尺寸、角度、锥度、

圆弧等。

②根据被测工件的批量，批量很小，甚至只有一两件时，应选用通用量具（或称万能量具）；批量较大时，应考虑使用专用量具或高效机械化或自动化的专用量具。

③根据被测工件的特点（如被测部位、材料、质量、刚性和表面粗糙度等）选择适当的量具。例如，测量较软的铝、铜等材料制成的工件时，就不能选用测量力较大的计量器具；被测量表面粗糙的工件，则不可使用测量面精度等级较高的量具。

④根据被测工件的尺寸长度来选择量具的测量范围，应注意考虑被测尺寸的公差。

⑤根据被测工件的尺寸公差大小来选择量具的精度。总的原则是公差较大的工件选用较低精度的量具；反之选用较高精度的量具。

任务实施

根据任务要求完成任务 13 工量具的选用（任务工单）的填写。

问题探究

1. 常用的测量器具类型都有哪些？
2. 游标卡尺一般分为哪几类？分别是什么？
3. 千分尺主要有哪几类？分别是什么？
4. 指示表一般分为哪几类？它们都是什么？
5. 量块的保养与维护的内容都有哪些？

任务 14　三坐标测量机

任务导入

众所周知，三坐标测量机的基本作用是通过一系列的模式，获取并返回各种被测量物体的尺寸形状数据，实现对基本的几何元素的高效率、高精度测量与评定，解决复杂形状表面轮廓尺寸的测量。作为高精度的测量装置，三坐标测量机适用于各行各业，尤其是在如今精密检测需求最多、趋向于全检的汽车行业中。精准测量的数据保证了尺寸和生产品质，这样就可以让产品在生产中不断地纠正精度误差，不断地改善品质，通过三坐标检测保持产品的高精度和高性能。因此我们必须对三坐标测量机有一定的了解。

1. 熟知三坐标测量机的种类及功能。
2. 熟知三坐标测量机的应用。
3. 塑造学生爱国敬业的核心价值观。

知识导图

知识链接

14.1 三坐标测量机的种类及功能

三坐标测量机

1. 三坐标测量机的功能

三坐标测量机是 20 世纪 60 年代后期发展起来的一种高效的精密测量仪器。

2. 三坐标测量机的种类

三坐标测量基本分为三大类：按结构形式分类、按测量精度高低分类和按测量范围分类。

（1）按结构形式分类

1）移动桥式结构

三坐标测量机的功能

移动桥式结构由工作台、桥架、滑架、Z 轴四部分组成，如图 14-1 所示。

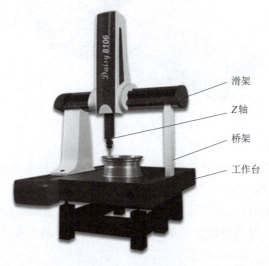

滑架

Z 轴

桥架

工作台

图 14-1 移动桥式结构

2）固定桥式结构

固定桥式结构（如图 14-2 所示）由基座（含桥架）、移动工作台、滑架、Z 轴四部分组成。

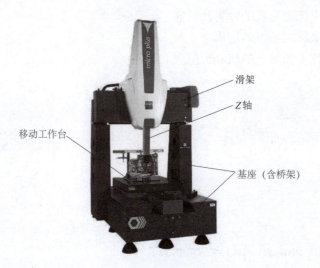

滑架

Z 轴

移动工作台

基座（含桥架）

图 14-2　固定桥式结构

3）水平悬臂式结构

水平悬臂式结构如图 14-3 所示，由工作台、立柱、水平悬臂三部分组成。

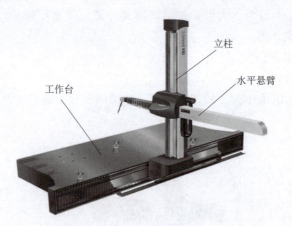

立柱

水平悬臂

工作台

图 14-3　水平悬臂式结构

4）龙门式结构

龙门式式结构如图 14-4 所示，由工作台、Z 轴、导轨和支撑立柱四部分组成。

5）关节臂测量机

关节臂测量机是由几根固定长度的臂通过绕互相垂直轴线转动的关节（分别称为肩、肘和腕关节）互相连接，在最后的转轴上装有探测系统的坐标测量装置，如图 14-5 所示。

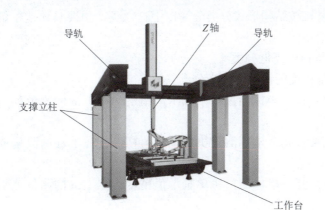

图 14-4 龙门式结构

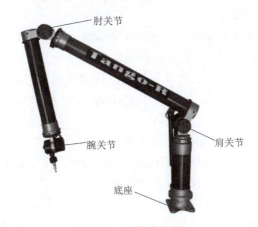

图 14-5 关节臂测量机

6）无臂便携式测量机

无臂便携式测量机如图 14-6 所示，是一台以双位影像跟踪装置配以手持测量光笔进行测量的仪器。

三坐标测量机结构

图 14-6 无臂便携式测量机

三坐标测量机按结构形式分类分为以上这六类，想要具体地了解各类结构，请扫二维码进行学习。

（2）按测量精度高低分类

按每米测量长度的误差大小来分成三类：

1）高精度：指三坐标测量机单轴示值精度，在 1 m 的测量范围内，误差值在 ±5 μm 以下。

2）中等精度：指三坐标测量机单轴示值精度，在 1 m 的测量范围内，误差值为 ±5～±15 μm。

3）低精度：指三坐标测量机单轴示值精度，在 1 m 的测量范围内，误差值在 ±15 μm 以上。

三坐标测量机的示值误差由测量的正确度和测量精密度组成，测量正确度由几何精度等系统误差所决定；精密度由三坐标测量机的重复性误差所决定。

（3）按测量范围分类

按照坐标测量机的测量范围，可将其分为小型、中型与大型三类。

1）小型坐标测量机主要用于测量小型精密的模具、工具、刀具与集成线路板等。这些零件的精度较高，因而要求测量机的精度也高。它的测量范围，一般是 X 轴方向（即最长的一个坐标方向）小于 500 mm。它可以是手动的，也可以是数控的。

2）中型坐标测量机的测量范围在 X 轴方向为 500～2 000 mm，主要用于对箱体、模具类零件的测量。操作控制有手动与机动两种，许多测量机还具有 CNC 自动控制系统，其精度等级多为中等，也有精密型的。

3）大型坐标测量机的测量范围在 X 轴方向应大于 2 000 mm，主要用于汽车与飞机外壳、发动机与推进器叶片等大型零件的检测。它的自动化程度较高，多位 CNC 型，但也有手动或机动的，精度等级一般为中等或低等。

14.2 三坐标测量机的应用

1. 三坐标测量机的操作

（1）三坐标测量机的参数

三坐标测量机的是一种多用途的几何量测量仪器（见图 14-7），它采用移动桥式结构，工作台及导轨全部使用优质泰山青花岗岩材料，具有精度稳定性高，受外部环境影响相对较小的优点，主要测量中小型机械零部件的形状和位置误差，适合于计量室和生产现场使用。

图 14-7　MQ686 三坐标测量机

MQ686 全自动三坐标测量机具体参数学习请扫二维码。

（2）三坐标测量机检测功能

主要检测功能：直线度、平面度、圆度、圆柱度、曲线轮廓度、曲面轮廓度等形状公差的检测评定；平行度、垂直度、倾斜度、对称度、同轴度（同心度）、位置度、径向跳动、端面跳动等公差的检测评定。

MQ686 全自动
三坐标测量机参数

（3）三坐标测量机开机操作

MQ686 全自动三坐标测量机开机操作如图 14-8 所示。

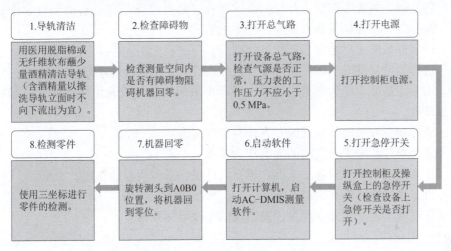

图 14-8　三坐标测量机开机操作流程

（4）测头的校正

三坐标测头校正的目的是要校正出测杆（测尖）的红宝石球的直径，进行测量点测头修正并得出不同测头位置的位置关系。在测头校正时产生的误差将全部加入到测量中。因此在这个环节中要保证正确和准确。

三坐标测头校正过程中要注意以下几点：

①保持标准球和测杆的清洁。

②保证测座、测头、测杆、标准球固定牢靠。

③输入正确的测杆长度和标准球直径。

④根据形状误差和校正出的宝石球直径及重复性判断校正的准确性（加长杆长度不同校正后的宝石球直径会不同）。

⑤使用不同测头位置时，在校正完所有测头位置后，要通过测量标准球球心点坐标的方法检查校验精度。

注意：三坐标测头校验后保存的测头文件，在测头、测杆没有动的前提下可以调出使用。但测量精度比较高的情况下，建议重新校正测头。

（5）三坐标测量机的坐标系

根据坐标系与测量机的关系，软件将坐标系分为三种：机器坐标系、工件坐标系、当前坐标系。

机器坐标系：机器坐标系是软件在运行后，通过对原始坐标系做出一些修正，从而达到近似理想的坐标系。

工件坐标系：因为被测件在坐标测量机的测量范围内可任意摆放，所以每一个零件被测量元素的空间位置都是不确定的。

当前坐标系：在测量过程中，因测量的需要可能要用到机器坐标系，也可能要用到工件坐标系，且有时工件坐标系有好几个，在测量过程中坐标系可能会相互切换，那么切换到此时的坐标系即为这一时刻的当前坐标系。

由于机器坐标系是一台测量机所固有的坐标系，控制坐标系只是参与测量机运动轨迹的控制，前者不需要进行任何特殊操作，后者也仅是在已有的坐标系中进行选择，则需要根据测量需要来建立工件坐标系。

工件坐标系的建立必须遵守以下原则。

①选择测量基准时应按使用基准、设计基准、加工基准的顺序来考虑。

②当上述基准不能为测量所用时，可考虑采用等效的或效果接近的过渡基准作为测量基准。

③选择面积或长度足够大的元素作为定向基准。

④选择设计及加工精度高的元素作为基准。

⑤注意基准的顺序及各个基准在建立工件坐标系时所起的作用。

⑥可采用基准目标或模拟基准。

⑦注意减小因基准元素测量误差造成的工件坐标系偏差。

（6）测量的几何元素

测量时的几何元素，分为点性元素、矢量元素和组合元素。

①点性元素包括点、线、圆弧、圆、椭圆、球、方槽、圆槽，只表达元素的尺寸和空间位置。

②矢量元素包括直线、平面、圆柱和圆锥，既要表达元素的空间方向同时也可能表达元素的尺寸和空间位置。

③组合元素组合元素是由两个或两个以上的已知要素计算得出。即用此前测得元素或经相关计算而得出的几何元素组合生成新的几何元素结果，包括组合点、组合直线、组合圆、组合椭圆、组合平面、组合圆柱、组合球、组合圆锥。

各测量元素的采点要求如表 14-1 所示。

表 14-1　测量元素的采点要求

元素	采点要求	元素	采点要求
点	$N \geqslant 1$	方槽	$N = 5$
线	$N \geqslant 2$	圆槽	$N \geqslant 6$
圆弧	$N \geqslant 3$	平面	$N \geqslant 3$
圆	$N \geqslant 3$	圆柱	$N \geqslant 6$
椭圆	$N = 5$	圆锥	$N \geqslant 8$
球	$N \geqslant 4$		

矢量方向规定为向实体外的平面法线方向；圆锥矢量方向从锥底指向锥顶；圆柱矢量方向从第一层截面圆指向最后一层截面圆；直线的矢量方向从起始点指向终止点。

（7）检测报告的生成

当测量零件结束后，将测量结果传递给一些输出接口非常重要。AC-DMIS 会默认地将测量数据传输给叫作检测报告的一种标准的特征的文本报告。报告中包含零件程序中测量的每个特征的综合数据。检测报告格式如图 14-9 所示。

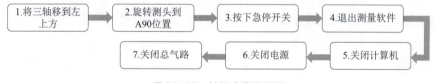

项目	实测值	理论值	偏差	正公差	负公差	评定
平面-0/X	350.8571	350.8571	0.0000	3.0000	-0.0000	
Y	-584.2196	-584.2196	-0.0000	1.0000	0.0000	
Z	-527.3854	-527.3854	-0.0000	1.0000	-1.0000	
F	0.0037	0.0000	0.0037	0.1000	0.0000	
平面-1/X	-0.6050	-0.6050	0.0000	3.0000	-0.0000	
Y	1.9956	1.9956	0.0000	1.0000	0.0000	
Z	-25.0283	-25.0283	-0.0000	1.0000	-1.0000	
F	0.0041	0.0000	0.0041	0.1000	0.0000	
平面-2/X	-19.9776	-19.9776	-0.0000	3.0000	-0.0000	
Y	-101.5498	-101.5498	-0.0000	1.0000	0.0000	
Z	-41.8354	-41.8354	-0.0000	1.0000	-1.0000	
F	0.0962	0.0000	0.0962	0.1000	0.0000	
直线-0/X	272.6593	272.6593	0.0000	0.1000	-0.1000	
Y	-586.4121	-586.4121	0.0000	0.0000	-0.0000	
Z	-560.2475	-560.2475	-0.0000	0.0000	-0.0000	
圆-0/X	349.1153	349.1153	-0.0000	0.1000	-0.1000	
Y	-583.2966	-583.2966	-0.0000	0.1000	-0.1000	
Z	-534.2098	-534.2098	-0.0000	0.0000	-0.0000	
D	520.0451	520.0451	0.0000	0.0180	-0.0000	
平面度-0/F	0.0037	0.0000	0.0037	0.0500	0.0000	

图 14-9　检测报告格式

（8）三坐标测量机关机操作

关机步骤如图 14-10 所示。

1.将三轴移到左上方 → 2.旋转测头到 A90 位置 → 3.按下急停开关 → 4.退出测量软件 → 5.关闭计算机 → 6.关闭电源 → 7.关闭总气路

图 14-10　关机步骤流程图

2. 三坐标测量机的使用注意事项

三坐标测量机操作人员应严格按照厂家提供的三坐标测量机操作步骤使用设备，并按照日常保养规定对设备进行日常检查、保养，只有这样才能保证三坐标测量机能够正常运转，可能减少设备损坏，才能保证测量工作正常进行。

三坐标测量机操作人员应严格遵循三坐标测量机的注意事项：

①三坐标测量人员工作人员应着装整洁，佩戴细棉布手套，更换工作服时要在隔离间进行，进入室内要换鞋；不准直接用手触摸仪器的工作表面如导轨、传感器等以免锈蚀。

②了解在紧急情况下如何关机之后，才能尝试运行机器。

③花岗岩表面作为测量区域，轨道不可作测量区域只能作机器运行（轨道不能碰伤，划伤）。

④不可使用压缩空气来清理机器，未经良好处理的压缩空气会导致污垢，影响空气轴承的正常工作，可使用吸尘器来清理机器。

⑤保持工作台面的整洁和被测工件表面清洁。

⑥测量工件时，如果中间休息，请把 Z 轴移到被测工件的上方（安全平面），然后按下操纵盒上的急停按钮。

⑦不让机器急速转向或反向。

⑧手动操控机器探测时应使用较低的速度并保持速度均匀。在自动回退完成之前，不能拧操纵杆。

⑨测量小孔或狭槽之前请确认回退距离设置适当。

⑩运行一段测量程序之前请检查当前坐标系是否与该段程序要求的坐标系一致。

⑪室温应保持在（20±5）℃，相对湿度≤60%，以防三坐标测量机发霉生锈而造成质量下降，仪器在不使用时应用防尘布罩上，将裸露的金属表面涂上防锈油脂。

 多学一点

要了解三坐标测量机的发展过程，请扫二维码学习。

三坐标测量机
的发展过程

问题提示

三坐标测量机使用时，在工件吊装前，要将探针退回坐标原点，为吊装位置预留较大的空间，工件吊装要平稳，不可撞击三坐标测量机任何构件；正确安装零件，安装前确保符合零件与测量机的等温要求，恒温条件下，提前 4 个小时以上放入被测工件；建立正确的坐标系，保证所建立的坐标系符合图纸的要求，才能确保所测数据准确。当编好程序自动运行时，要防止探针与工件的干涉，对于一些大型较重的模具、检具，测量结束后应及时吊下工作台，以避免工作台长时间处于承载状态。

任务实施

根据任务要求完成任务 14 三坐标测量机（任务工单）的填写。

问题探究

1. 三坐标测量机的功能是什么？

2. 三坐标测量机按结构形式分类都有哪些？每种结构的测量特点是什么？汽车行业中最常用的是哪一类？

3. 三坐标测量机按测量精度高低分类分为哪三类？

4. 三坐标测量机按测量范围分为哪几类？

5. MQ686 三坐标测量机具体参数包括什么？

项目五　数控加工工艺装备设计与选择案例

学习目标	知识目标： 　1. 熟知车、铣综合零件的数控加工工艺特征。 　2. 掌握综合车削零件的数控加工工艺装备选择方法。 　3. 掌握综合铣削零件的数控加工工艺装备选择方法。 技能目标： 　1. 通过学习案例，会熟练选择中等复杂车削类零件的数控加工工艺装备。 　2. 通过学习案例，会熟练选择中等复杂铣削类零件的数控加工工艺装备。 素质目标： 　1. 塑造学生爱国敬业、使命奉献的核心价值观。 　2. 培养学生认识问题、分析问题和解决问题的能力。 　3. 培养学生严谨细致、精益求精的工匠精神。 　4. 培养学生实践应用、自主探究的创新精神。 　5. 培养学生团队协作、安全质量的职业素养。
学习重点	可转位车削刀具、铣削刀具的合理选用。
学习难点	车削、铣削零件加工装备的选择技巧。

牛刀小试

　　数控加工工艺装备的技术技能应用是大国工匠的奠基石，在航天和防务装备领域生产制造中广泛应用，其新技术新工艺的学习请扫二维码。

数控加工工艺
装备的技术
技能应用

项目导入

　　应用数控机床加工可大幅提高生产率。随着机床数控系统行业的发展，市场秩序越来越规范，用户对产品服务的内容和质量等要求也越来越高。同时，数控机床具有生产效率和加工自动化程度高，精密机械加工的精度和产品的质量稳定性好，能完成许多普通机床难以加工或根本无法加工的复杂型面加工。熟练掌握车、铣零件的数控加工工艺装备选择方法是数控加工的奠基石。

任务 15　综合车削零件的加工工艺装备选择

任务导入

综合车削加工是当今高科技制造技术应用最广泛的一类加工。本任务零件毛坯为 50 mm×85 mm，材料为 45 钢，通过分析学习综合车削零件的加工工艺装备的选择方法，进一步提升旋转类数控车削零件的数控加工工艺装备选择技能。

任务目标

1. 熟知综合铣削零件的加工工艺装备工艺分析。
2. 熟知综合铣削零件加工装备选用。
3. 塑造学生爱国、敬业的核心价值观。

知识导图

知识链接

齿轮轴零件加工工艺装备设计与选择　　　法兰盘零件加工工艺装备设计与选择

15.1　加工装备选择工艺分析

1. 综合车削零件图

图 15-1 所示为综合车削零件。

2. 综合车削零件工艺分析

（1）结构分析：如图 15-1 所示，零件是由圆柱面、圆弧面、槽、螺纹面等构成的轴类零件，加工部位有内轮廓和外轮廓的加工。

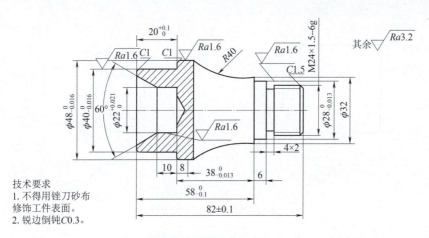

图 15-1　综合车削零件

（2）尺寸精度分析：如图 15-1 所示，径向尺寸 $\phi 48_{-0.016}^{0}$ mm，$\phi 40_{-0.016}^{0}$ mm，$\phi 28_{-0.013}^{0}$ mm，$\phi 22_{0}^{+0.021}$ mm，有尺寸偏差，加工精度高，需要精加工才能达到加工要求，轴向带圆弧的尺寸 $38_{-0.013}^{0}$ mm，有尺寸要求。其余加工面的表面粗糙度要求为3.2，加工采用先粗后精的原则进行。

15.2　加工方案的制定

1. 加工设备的选择

该零件是典型的轴类零件，零件总长为 $\phi 82_{-0.1}^{+0.1}$ mm，最大直径为 $\phi 48_{-0.016}^{0}$ mm，根据零件的结构和工艺分析及其数控车床的选择原则，该零件的数控加工选择卧式数控车床 CKA6136，机床结构及其机床主要参数请在任务 1.4 中查看。

2. 加工方法的选择

该零件的外轮廓分两端加工，需要二次装夹，需要合理制定加工工艺，尺寸精度主要通过准确对刀、正确设置刀补及磨耗，以及制定合理的加工工艺等措施来保证。表面粗糙度要求主要通过选用合适的刀具及其几何参数，正确的粗、精加工路线，合理的切削用量等措施来保证。

3. 夹具的选择

如图 15-1 所示，外轮廓分两次装夹加工，左端内孔和外圆在一次装夹中完成，右侧外轮廓、外沟槽、外螺纹在掉头装夹中完成。即夹住毛坯，手动钻内孔，粗、精加工内孔，粗、精车外轮廓；再掉头装夹，粗、精车外轮廓，切槽，车螺纹，夹具选用三爪卡盘即可，如图 15-2 所示，图 15-2（a）所示为加工左侧装夹示意图，图 15-2（b）所示为右侧装夹示意图。

4. 加工顺序的安排

夹住毛坯车端面，保证毛坯伸出长度大于 40 mm，加工完左端后，掉头夹紧 $\phi 40$ mm 外圆，校正，加工右侧，车端面控制总长 $82_{-0.1}^{+0.1}$ mm。具体加工顺序工序卡如表 15-1 和表 15-2 所示。

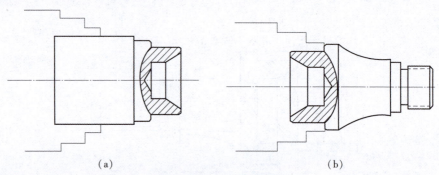

（a）　　　　　　　　　　　　　（b）

图 15-2　加工装夹示意图

（a）左侧装夹；（b）右侧装夹

表 15-1　零件左侧数控加工工序卡

工步号	工步内容	刀具号	切削用量		
			背吃刀量/mm	进给量/（mm·r^{-1}）	主轴转速/（r·min^{-1}）
1	手动车端面	T0101	0.2	0.1	1 200
2	手动钻孔（ϕ18 mm 麻花钻）	—	—	—	300
3	内孔粗加工留 0.4 mm 余量	T0202	1	0.1	800
4	内孔精加工至尺寸	T0202	0.2	0.05	1 200
5	外圆粗加工留 0.6 mm 余量	T0101	1.5	0.15	1 200
6	外圆精加工至各尺寸	T0101	0.3	0.05	1 500

表 15-2　零件右侧数控加工工序卡

工步号	工步内容	刀具号	切削用量		
			背吃刀量/mm	进给量/（mm·r^{-1}）	主轴转速/（r·min^{-1}）
1	手动车端面保证总长 $82^{+0.1}_{-0.1}$ mm	T0101	0.2	0.1	1 200
2	粗车外轮廓留 0.6 mm 余量	T0101	1.5	0.15	1 200
3	精车外轮廓至尺寸	T0101	0.3	0.05	1 500
4	切槽	T0505	—	0.1	1 000
5	车外螺纹	T0303	根据螺纹深度依次递减	由导程决定	500

15.3 加工装备的选择

1. 刀具的选择

根据零件工艺分析和加工方案，数控加工刀具选择如表 15-3 所示。

表 15-3 刀柄和刀片的型号

刀具名称	刀具号	刀杆型号	刀片型号	刀具
外圆刀	T0101	MVJNR2020K16C	VNMG160404NN	
镗刀	T0202	S12M-SDUCR07D	DCMT070202-PS	
外螺纹刀	T0303	SER 2020K16	16ERAG60GR520	
内螺纹刀	T0404	SNR0013M16D	16IRAG60GR520	
切断刀	T0505	MGEHR2020-3	MGMN300-M	

2. 量具的选择

根据零件加工尺寸精度和技术要求，量具选择如表 15-4 所示。

表 15-4 量具规格与型号

序号	名称	规格	精度	数量
1	外径千分尺/mm	0~25、25~50	0.01	各1
2	游标卡尺/mm	0~150	0.02	1
3	深度游标卡尺/mm	0~150	0.02	1
4	万能角度尺/（°）	0~320	2	1
5	螺纹塞规和环规	M30×1.5-6g/7H、M24×1.5-6g/7H	—	各1
6	钟式百分表/mm	0~10	0.01	1套
7	螺纹样板/（°）	30、60、40	—	1块
8	R 规/mm	$R1 \sim R25$	—	1
9	内径百分表/mm	0~33	0.01	1

问题提示

数控车床工艺装备的选择应遵循一般的工艺原则并结合数控车床的特点，根据图纸分析零件的加工要求及其合理性，确定工件在数控车床上的装夹方式，各表面的加工顺序，刀具的进给路线以及刀具、夹具和切削用量的选择等。

任务实施

根据任务要求完成任务 15 综合车削零件的加工工艺装备选择（任务工单）的填写。

问题探究

1. 如图 15-3 所示，毛坯为 ϕ75 mm×160 mm 的 45 钢，要求分析加工工艺并对零件的数控加工工艺装备进行选择。

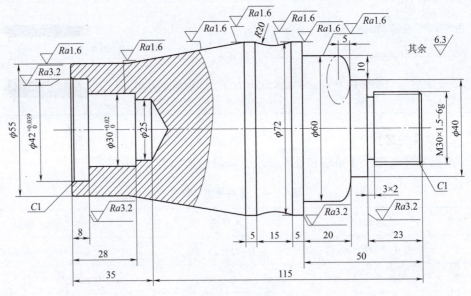

图 15-3　不通孔类零件

2. 如图 15-4 所示，毛坯尺寸为 ϕ75 mm×120 mm 的 45 钢，对零件的数控加工工艺装备进行选择。

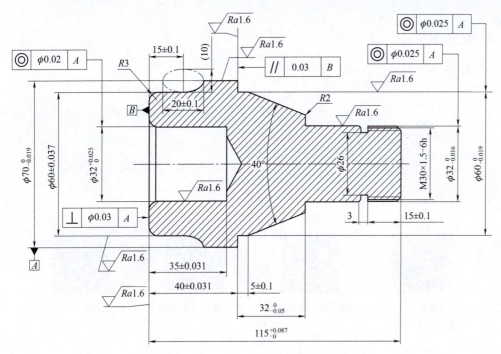

图 15-4 内、外轮廓综合加工零件

任务 16 综合铣削零件的加工工艺装备选择

任务导入

综合铣削零件的加工工艺装备选择：通过对零件图的分析，毛坯的选择，装夹方案的确定，合理进行了加工工艺分析，并制定了工艺文件，正确选用了刀具，最后用数控机床加工出了产品。

任务目标

1. 熟知综合铣削零件的加工工艺装备工艺分析。
2. 熟知综合铣削零件加工装备选用。
3. 塑造学生爱国、敬业的核心价值观。

知识导图

知识链接

支撑块零件加工工艺
装备设计与选择

槽板零件加工工艺
装备设计与选择

支撑套零件加工工艺
装备设计与选择

箱体零件加工工艺
装备设计与选择

16.1 加工装备选择工艺分析

1. 综合铣削零件图

图 16-1 所示为综合铣削零件。

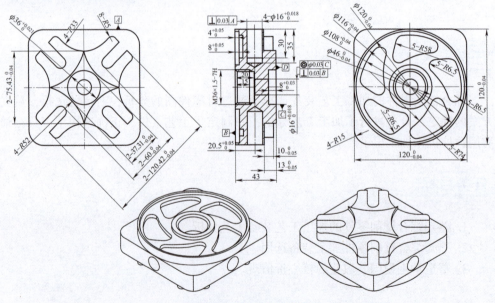

图 16-1 综合铣削零件图

2. 综合铣削零件工艺分析

（1）结构分析

工件的工部位由轮廓、腔槽、凸起、圆角 R 及孔组成，其几何形状以二维平面为主，有少量的圆弧面。该工件的毛坯材料为 45 钢，性能比较稳定，适宜加工。毛坯成品为厚板类零件，尺寸为 122 mm×122 mm×45 mm 的六面体，六个面相互平行。

（2）尺寸精度分析

工件的主体可由四种基本形状构成，具体尺寸对应分析如下：

1）右视图为类似拨槽形状，拨槽尺寸要求比较严格，为 $120.42_{-0.04}^{0}$ mm；拨槽的槽宽尺寸要求最为严格，为 $60_{-0.04}^{0}$ mm；拨槽的槽宽尺寸要求最为严格，为 $12.2_{0}^{+0.03}$ mm。

2）中间的四方结构，其边长和宽尺寸要求比较严，为 $120_{-0.04}^{0}$ mm 四方形状。

3）左视图为轮盘形状（包括 5 个腔槽），外圆、内圆直径尺寸公差要求比较严格，为 $120_{-0.04}^{0}$ mm，$\phi116_{0}^{+0.04}$ mm，$8_{0}^{+0.05}$ mm，$4_{0}^{+0.05}$ mm。

4）工件几何对称中心部分，由螺纹孔和五个方向孔系组成，螺纹孔为 M36×1.5-7H，孔系为 $5×\phi16_{0}^{+0.018}$ mm，是该工件最严格尺寸公差，与 B 面的垂直度公差为 $\phi0.03$ mm，与 $\phi360+0.021$ mm 孔的同轴度公差为 $\phi0.03$ mm。

5）B 基准与 $\phi16_{0}^{+0.018}$ mm 垂直度公差为 $\phi0.03$ mm；$\phi16_{0}^{+0.018}$ mm 与 B、C 基准的位置度公差为 $\phi0.03$ mm，$\phi16_{0}^{+0.018}$ mm 孔轴线与 B 基准平行度公差为 0.03 mm，则 B 基准的平面度必须小于 0.02 mm。

16.2 加工方案的制定

1. 加工设备的选择

零件在数控机床上加工时，考虑的因素主要有毛坯的材料和种类、零件轮廓形状复杂程度、尺寸大小、加工精度、零件数量、热处理要求等，概括起来有三点：

①要保证加工零件的技术要求，加工出合格的产品。

②有利于提高生产率。

③尽可能降低生产成本。

因此选用 CNV-1100 加工中心进行该零件的加工。它带有自动换刀装置，从而实现了工件一次装夹后即可进行铣削、钻削、镗削、铰削和攻丝等多种工序的集中加工，机床结构如图 16-2 所示。

了解 CNV-1100 加工中心主要技术参数，请扫二维码学习。

2. 夹具的选择

经分析，该零件采用精密平口钳装夹。精密机用平口钳的夹紧力较小，每次装夹工件前，尽可能选择合适的垫铁，既要将工件的加工部位露出钳口外，又要保证工件的有效加紧高度。有时需要垫铁的不同组合方式才能达到满意的高度尺寸，根据零件加工结构特征，装夹示意如下。

CNV-1100 加工中心主要参数

图 16-2　CNV-1100 加工中心

　　第一次装夹，应用精密平口钳装夹，通过垫铁组合，保证工件夹持量大于或等于 7 mm，并找正 X、Y 向工件原点设置在工件对称中心，Z 向工件原点设置在工件顶面，如图 16-3 所示。

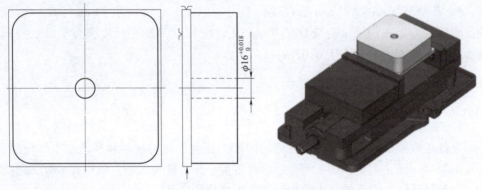

图 16-3　第一次装夹示意图

　　第二次装夹，应用精密平口钳装夹，通过 D 面和已加工一个侧面为定位基准，并找正 X 向工件原点设置在工件对称中心，Y 向工件原点设置在 D 面上，Z 向工件原点设置在已加工的一个侧面上，如图 16-4 所示。

　　第三次装夹，应用精密平口钳装夹，通过 D 面和已加工一个侧面为定位基准，并找正 X 向工件原点设置在工件对称中心，Y 向工件原点设置在 D 面上，Z 向工件原点设置在已加工的一个侧面上，如图 16-5 所示。

　　第四次装夹，应用精密平口钳装夹，通过 D 面和已加工一个侧面为定位基准，并找正 X 向工件原点设置在工件对称中心，Y 向工件原点设置在 D 面上，Z 向工件原点设置在已加工的一个侧面上，如图 16-6 所示。

　　第五次装夹，应用精密平口钳装夹，通过 D 面和已加工一个侧面为定位基准，并找正 X 向工件原点设置在工件对称中心，Y 向工件原点设置在 D 面上，Z 向工件原点设置在已加工的一个侧面上，如图 16-7 所示。

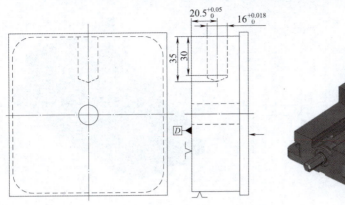
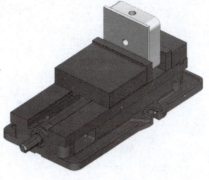

图 16-4　第二次装夹示意图

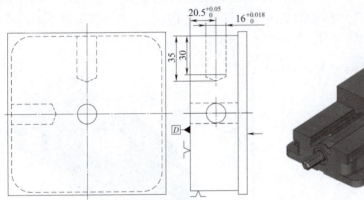

图 16-5　第三次装夹示意图

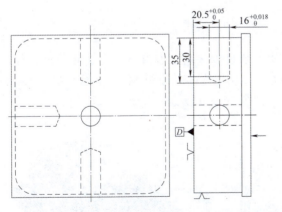
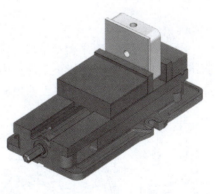

图 16-6　第四次装夹示意图

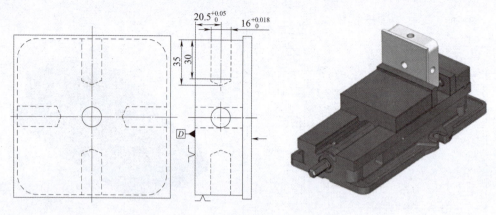

图 16-7　第五次装夹示意图

　　第六次装夹，应用精密平口钳装夹，通过垫铁组合，保证工件夹持量大于或等于 7 mm，打表找正工件正中心的 $\phi16^{+0.018}_{0}$ mm 孔的中心，作为工件坐标系的原点，Z 向工件原点设置在工件顶面，如图 16-8 所示。

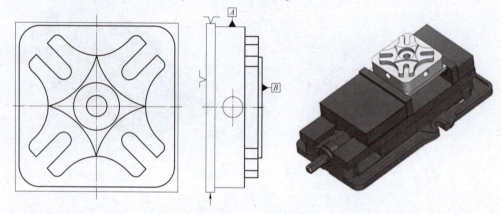

图 16-8　第六次装夹示意图

　　第七次装夹，应用精密平口钳装夹，通过工件底面 D 和 A 面作为定位面，保证露出钳口 12 mm，打表找正工件正中心的 $\phi16^{+0.018}_{0}$ mm 孔的中心，作为工件坐标系的原点，Z 向工件原点设置在工件顶面，如图 16-9 所示。

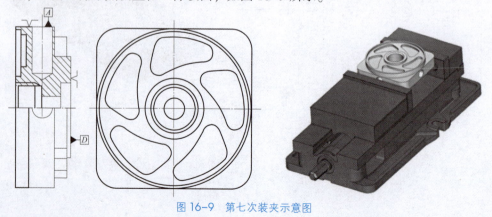

图 16-9　第七次装夹示意图

3. 加工顺序的安排

零件在工艺分析的基础上，从实际出发，制定工艺方案，是按时完成工件加工的前提。确定加工思路，要遵循工序集中原则，工序越少越好。从工件的几何形状分析，六道工序可完成工件的全部加工内容，加工顺序如表 16-1 所示。

表 16-1　加工顺序安排表

工序号	工步号	工步内容	工序简图
05	05	铣顶面，见光即可	
	10	铣四侧面，见光即可	
	15	铣中心孔	
	20	钻 $\phi16^{+0.018}_{0}$ mm 至中 $\phi12$ mm	
	25	钻 $\phi16^{+0.018}_{0}$ mm 至中 $\phi15$ mm	
	30	铣 $\phi16^{+0.018}_{0}$ mm 至 $\phi15.9$ mm	
	35	镗 $\phi16^{+0.018}_{0}$ mm 孔	
	40	去毛刺	
10	05	铣中心孔	
	10	钻 $\phi16^{+0.018}_{0}$ mm 至中 $\phi12$ mm	
	15	钻 $\phi16^{+0.018}_{0}$ mm 至中 $\phi15$ mm	
	20	铣 $\phi16^{+0.018}_{0}$ mm 至 $\phi15.9$ mm	
	25	镗 $\phi16^{+0.018}_{0}$ mm 孔	
	30	去毛刺	
15	05	铣中心孔	
	10	钻 $\phi16^{+0.018}_{0}$ mm 至中 $\phi12$ mm	
	15	钻 $\phi16^{+0.018}_{0}$ mm 至中 $\phi15$ mm	
	20	铣 $\phi16^{+0.018}_{0}$ mm 至 $\phi15.9$ mm	
	25	镗 $\phi16^{+0.018}_{0}$ mm 孔	
	30	去毛刺	

工序号	工步号	工步内容	工序简图
20	05	铣中心孔	
	10	钻 $\phi 16^{+0.018}_{0}$ mm 至中 $\phi 12$ mm	
	15	钻 $\phi 16^{+0.018}_{0}$ mm 至中 $\phi 15$ mm	
	20	铣 $\phi 16^{+0.018}_{0}$ mm 至 $\phi 15.9$ mm	
	25	镗 $\phi 16^{+0.018}_{0}$ mm 孔	
	30	去毛刺	
25	05	铣中心孔	
	10	钻 $\phi 16^{+0.018}_{0}$ mm 至中 $\phi 12$ mm	
	15	钻 $\phi 16^{+0.018}_{0}$ mm 至中 $\phi 15$ mm	
	20	铣 $\phi 16^{+0.018}_{0}$ mm 至 $\phi 15.9$ mm	
	25	镗 $\phi 16^{+0.018}_{0}$ mm 孔	
	30	去毛刺	
30	05	半精加工 120.42 mm，$4 \times R33$ mm，75.42 mm，$8 \times R5$ mm，单边 0.1 mm 余量，深度 $13^{0}_{-0.05}$ mm	
	10	半精加工 37.31 mm，$4 \times R52$ mm，$3^{0}_{-0.02}$ mm（13-10）	
	15	粗加工 4×12.2 mm，$60^{0}_{-0.04}$ mm，45°，留 0.1 mm 余量	
	20	精加工 $37.71^{0}_{-0.04}$ mm，$4 \times R52$ mm，$3^{0}_{-0.02}$ mm（13-10）	
	25	精加工 $120.42^{0}_{-0.04}$ mm，$4 \times R33$ mm，$8 \times R5$ mm，$75.42^{0}_{-0.04}$ mm	
	30	去毛刺	

工序号	工步号	工步内容	工序简图
35	05	半精加工 $\phi120_{-0.04}^{0}$ mm，单边留 0.1 mm 余量，深度 $10_{-0.05}^{0}$ mm	
	10	半精加工 $\phi46_{-0.04}^{0}$ mm，$\phi116_{0}^{+0.04}$ mm，单边留 0.1 mm 余量，深度保证 $4_{0}^{+0.05}$ mm	
	15	半精加工 $5\times R58$ mm，$5\times R74$ mm，$\phi108_{0}^{+0.04}$ mm，留 0.1 mm 余量，深度保证 $8_{0}^{+0.05}$ mm	
	20	精加工 $\phi46_{-0.04}^{0}$ mm，$\phi116_{0}^{+0.04}$ mm，	
	25	精加工 $\phi120_{-0.04}^{0}$ mm，深度 $10_{-0.05}^{0}$ mm	
	30	精加工 $5\times R58$ mm，$5\times R74$ mm，$\phi108_{0}^{+0.04}$ mm，$8_{0}^{+0.05}$ mm	
	35	加工螺纹底孔 $\phi34.5$ mm，20_{0}^{+1} mm	
	40	加工螺纹 M36×1.5，15_{0}^{+1} mm	
	45	去毛刺	

16.3　加工装备的选择

1. 刀柄的选择

CNV-1100 加工中心上使用的 BT 刀柄，锥度为 7∶24，大小为 40。面铣刀选用 BT40-FMB22-60 型号的面铣刀刀柄和 400R-50-22-4T 型号的面铣刀刀盘；立铣刀选用 BT40-ER32-100L 型号的弹簧夹头刀柄；中心钻和钻头应选用 BT40-APU16-110 型号钻夹头刀柄，如表 16-2 所示。

学习笔记

表 16-2 刀柄的选用

序号	名称	刀柄示意图	备注
1	面铣刀刀柄		刀柄：BT40-FMB22-60 刀盘：400R-50-22-4T
2	弹簧夹头刀柄		刀柄：BT40-ER32-100L
3	钻夹头刀柄		刀柄：BT40-APU16-110
4	精镗刀刀柄		刀柄：BT40-H50-50 M：102
5	单刃螺纹铣刀刀柄		刀柄：BT40-ER32-100L

2. 刀具的选择

根据该零件工艺分析和加工方案，刀具的选择如表 16-3 所示。

表 16-3 刀具的选择

序号	名称	刀具规格 /mm	长度/mm	齿数	材质	数量/把	备注
1	面铣刀	ϕ50		4	硬质合金	1	刀片： APMT160408PDER/YBG205
2	立铣刀	ϕ12	75	2	硬质合金	1	成量品牌
3	立铣刀	ϕ16	100	4	硬质合金	1	成量品牌
4	中心钻	ϕ3	45	2	高速钢	1	成量品牌
5	钻头	ϕ12	110	2	高速钢	1	成量品牌
6	精镗刀	ϕ16	98	1	硬质合金	1	刀杆：BR1614-50 刀片：TPGH0902

204 ■ 数控加工工艺装备（含任务工单）

续表

序号	名称	刀具规格/mm	长度/mm	齿数	材质	数量/把	备注
7	单刃螺纹铣刀	φ20	125	1	硬质合金	1	刀杆：SMT20-20K16 刀片：16IR AG60

3. 量具的选择

根据零件加工尺寸精度和技术要求，量具的选择如表 16-4 所示。

表 16-4　量具的规格和型号

序号	名称	规格/mm	精度/mm	数量
1	百分表及表座	0～10	0.01	1 套
2	游标卡尺	0～150	0.02	1 把
3	内径百分表	10～18	0.01	1 把
4	深度千分尺	0～25	0.01	1 把
5	螺纹塞规	M36×1.5-6g/7H	—	1 个

问题提示

铣削已经进化成为一种可加工工序范围非常广泛的方法。除所有传统应用外，对于以往通过车削、钻削或攻丝加工的孔、螺纹、型腔和表面而言，铣削也是一项强大的替代方案。

任务实施

根据任务要求完成任务 16 综合铣削零件的加工工艺装备选择（任务工单）的真写。

问题探究

1. 如图 16-10 所示，材料为 LY12，对零件的数控加工工艺装备进行选择。
2. 如图 16-11 所示，材料为 LY12，对零件的数控加工工艺装备进行选择。

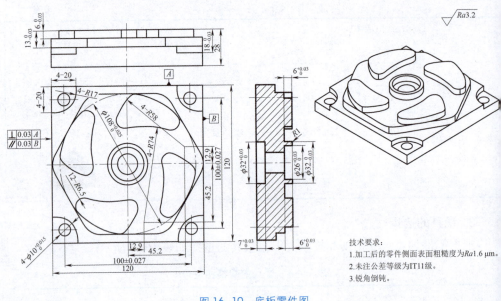

技术要求:
1.加工后的零件侧面表面粗糙度为Ra1.6 μm。
2.未注公差等级为IT11级。
3.锐角倒钝。

图 16-10　底板零件图

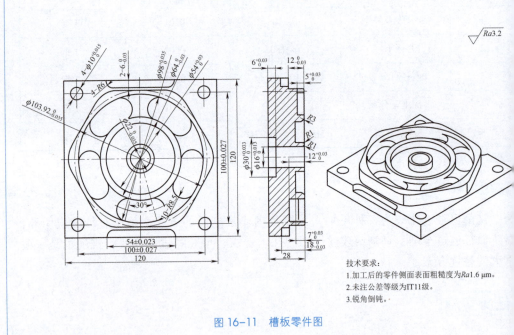

技术要求:
1.加工后的零件侧面表面粗糙度为Ra1.6 μm。
2.未注公差等级为IT11级。
3.锐角倒钝。

图 16-11　槽板零件图

参 考 文 献

［1］浦艳敏，牛海山，衣娟. 数控机床刀具及应用［M］. 北京：化学工业出版社，2022.

［2］数控刀具选用指南/金属加工杂志社，哈尔滨理工大学［M］. 北京：机械工业出版社，2014.

［3］薛源顺. 机床夹具图册［M］. 北京：化学工业出版社，2015.

［4］才家刚. 常用量具的使用方法和测量实例［M］. 北京：机械工业出版社，2016.

［5］杨丙乾. 机械制造工艺及装备设计案例［M］. 北京：化学工业出版社，2020.

［6］邬建忠. 机械测量技术［M］. 北京：北京理工大学出版社，2015.

［7］宗国成，沈为清. 数控设备选型实用技术［M］. 北京：机械工业出版社，2010.

［8］钟翔山. 车削手册［M］. 北京：化学工业出版社，2021.

［9］葛乐清，代金凤. 金属车削加工［M］. 北京：化学工业出版社，2021.

［10］谢尧，陆齐炜. 数控机床机械部件装配与调整［M］. 北京：机械工业出版社，2017.

［11］孙英达. 机械制造工艺与装备［M］. 北京：机械工业出版社，2018.

［12］赵世友，李跃中. 机械制造技术基础［M］. 北京：机械工业出版社，2021.

［13］卢秉恒. 机械制造技术基础 第4版［M］. 北京：机械工业出版社，2018.

［14］柳青松. 机床夹具设计与应用 第3版［M］. 北京：化学工业出版社，2021.

［15］柳青松. 机床夹具设计与应用实例 第3版［M］. 北京：化学工业出版社，2018.

［16］成云平. 机械装备设计 第1版［M］. 北京：化学工业出版社，2019.

［17］苏宏志. 数控刀具及其选用技术 第1版［M］. 北京：机械工业出版社，2014.

数控加工工艺装备

任务工单

主　　编　　雒钰花　　赵小刚

副 主 编　　张飞鹏　　周德民　　赵彦邦

参　　编　　付斌利　　曾　霞　　周宏菊　　张晨亮

主　　审　　张永军　　李俊涛

北京理工大学出版社
BEIJING INSTITUTE OF TECHNOLOGY PRESS

目 录

项目一　数控机床的选择

任务1　认识数控机床（任务工单）

任务描述

如图 1-1 所示，描述数控机床的类别、结构组成与各部分的功能作用，以及数控机床的加工特点与发展趋势。

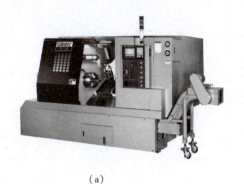

（a）

（b）

图 1-1　数控机床

任务分组

根据任务要求填写分组信息表（见表 1-1）。

表 1-1　分组信息表

班　　级		日　　期	
小组名称		组　　长	
小组成员及任务分工			
组员	任务分工		

问题引导

1. 数控机床可以按照哪些原则进行分类？按照相应的分类原则，图 1-1 中的数控机床分别是什么类型的数控机床？请分别进行描述。

_____

_____

_____

_____

2. 数控机床由哪几部分组成？各部分的功能作用分别是什么？请按照图 1-1 中的数控机床进行说明。

_____

_____

_____

_____

_____

3. 数控机床的发展趋势是什么？结合认知，可举例说明。

_____

_____

_____

_____

_____

任务实施

按照任务要求，填写任务实施表（见表 1-2）。

表 1-2　任务实施表

序号	(a) 机床类型:		(b) 机床类型:	
	组成结构	功能和作用	组成结构	功能和作用
1				
2				
3				
4				
5				
6				
7				

任务评价

按分组信息表中的任务分工和评价要素进行任务评价（见表 1-3）。

表 1-3　活动过程小组评分表

序号	考核评价指标		评价要素	分值	评价分数		
					自评	互评	师评
1	过程考核 80%	专业能力	数控机床分类原则描述是否正确，组员是否认同	50			
			图 1-1 中所示的数控机床的类型描述是否正确				
			数控机床结构组成描述是否正确				
			数控机床各组成部分的功能和用途描述是否正确				
			数控机床的发展趋势描述是否恰当				
			在任务实施中，数控机床的新技术、新工艺、新方法是否有体现				
2		方法能力	自主学习，文献查询能力，分析解决问题，归纳总结及创新能力	20			
3		社会能力	团队协作、沟通协调、语言表达能力及安全文明、质量保障意识	10			
4	常规考核 20%		自学笔记	10			
5			课堂纪律	5			
6			回答问题	5			
总分							
总评：		综合等级		教师（签名）：			
注：总评=自评（60%）+互评（30%）+师评（10%）							

总结反思

（1）对比国内外数控机床的发展情况，简述我国数控机床的发展史。

_____

_____

_____

_____

_____

（2）总结本任务的重点内容及收获。

_____

_____

_____

_____

_____

（3）你对自己在本任务中的表现是否满意？写出课后反思。

_____

_____

_____

_____

_____

任务2 数控车床的选择（任务工单）

任务描述

如图 2-1 所示，螺纹轴为典型的内外轮廓加工零件，请对零件图进行工艺分析，然后确定机械加工工艺过程及进行数控加工设备的选取。

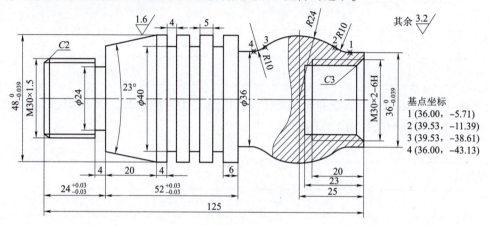

图 2-1　螺纹轴

基点坐标
1 (36.00，−5.71)
2 (39.53，−11.39)
3 (39.53，−38.61)
4 (36.00，−43.13)

任务分组

根据任务要求填写分组信息表（见表 2-1）。

表 2-1　分组信息表

班　　级		日　　期	
小组名称		组　　长	
小组成员及任务分工			
组　　员	任务分工		

问题引导

1. 数控机床的选型依据和原则有哪些？按照相应的选型原则，图 2-1 所示螺纹轴应该选用什么类型的数控机床？

_____

_____

_____

_____

_____

2. 数控车床的选型依据和原则是什么？以图 2-1 为例，确定所选用的数控车床型号，并说明选用此数控车床的原因。

_____

_____

_____

_____

_____

_____

3. 如何确定图 2-1 中所示零件图的机械加工工艺过程，如何进行数控加工设备的选取？

_____

_____

_____

_____

_____

任务实施

按照任务要求，填写任务实施表（见表 2-2）。

表2-2 任务实施表

序号	工序内容	加工设备
1		
2		
3		
4		

任务评价

按分组信息表中的任务分工和评价要素进行任务评价（见表2-3）。

表2-3 活动过程小组评分表

序号	考核评价指标		评价要素	分值	评价分数		
					自评	互评	师评
1	过程考核80%	专业能力	数控机床选型依据和原则描述是否正确，组员是否认同	50			
			数控车床选型原则描述是否正确，组员是否认同				
			按照图2-1所示的零件图，对数控机床选型描述是否正确				
			对图2-1所示零件的工艺装备的选取描述是否正确				
			对图2-1所示零件的机械加工工艺过程的安排描述是否合理				
			设备的选取描述中新技术、新工艺、新方法是否有体现				
2		方法能力	自主学习，文献查询能力，分析解决问题，归纳总结及创新能力	20			
3		社会能力	团队协作、沟通协调、语言表达能力及安全文明、质量保障意识	10			
4	常规考核20%		自学笔记	10			
5			课堂纪律	5			
6			回答问题	5			
			总分				
总评：		综合等级		教师（签名）：			
注：总评＝自评（60%）+互评（30%）+师评（10%）							

总结反思

1. 选用数控车床的依据和原因是什么？

_____

_____

_____

2. 总结本任务的重点内容及收获。

_____

_____

_____

3. 你对自己在本任务中的表现是否满意？写出课后反思。

_____

_____

_____

_____

_____

_____

任务3 数控铣床的选择（任务工单）

任务描述

图 3-1 所示为板件零件图，请对零件图进行工艺分析，然后确定机械加工工艺过程及进行数控加工设备的选取。

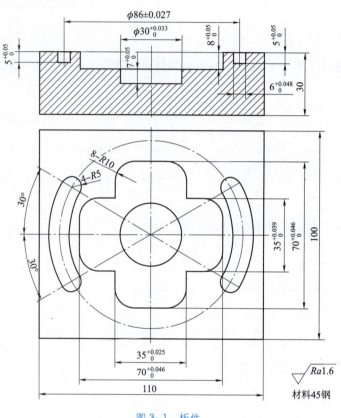

图 3-1 板件

任务分组

根据任务要求填写分组信息表（见表 3-1）。

表 3-1 分组信息表

班　级		日　期	
小组名称		组　长	

小组成员及任务分工	
组　员	任务分工

问题引导

1. 板件零件上有哪些结构待加工？如何根据数控铣床的选型原则进行加工设备的选取？

_____

_____

_____

_____

2. 板件零件可以采用哪些加工方法进行加工？

_____

_____

_____

_____

3. 数控铣床的功能有哪些？

_____

_____

_____

_____

任务实施

按照任务要求，填写任务实施表（见表3-2）。

表 3-2　任务实施表

序号	工序内容	加工设备
1		
2		
3		
4		
5		
6		
7		

任务评价

按分组信息表中的任务分工和评价要素进行任务评价（见表 3-3）。

表 3-3　活动过程小组评分表

序号	考核评价指标		评价要素	分值	评价分数		
					自评	互评	师评
1	过程考核 80%	专业能力	加工内容是否合理	40			
			加工设备选择是否合适				
			是否满足加工效率需求				
2		方法能力	自主学习，文献查询能力，分析解决问题，归纳总结及创新能力	30			
3		社会能力	团队协作、沟通协调、语言表达能力及安全文明、质量保障意识	10			
4	常规考核 20%		自学笔记	10			
5			课堂纪律	5			
6			回答问题	5			
总分							
总评：		综合等级		教师（签名）：			
注：总分=自评（60%）+互评（30%）+师评（10%）							

总结反思

1. 数控铣床可以加工哪些类型的零件，以及加工零件上的哪些结构？

_____

_____

_____

_____

2. 数控铣床的加工效率如何？

_____

_____

_____

_____

3. 你对自己在本任务中的表现是否满意？写出课后反思。

_____

_____

_____

_____

_____

任务4 加工中心的选择（任务工单）

任务描述

图 4-1 所示为凸轮槽零件图，请对零件图进行工艺分析，然后确定机械加工工艺过程及进行数控加工设备的选取。

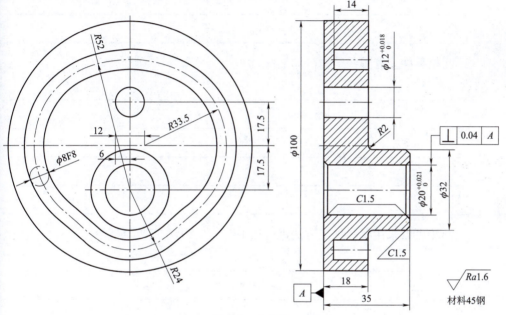

图 4-1 凸轮槽

任务分组

根据任务要求填写分组信息表（见表 4-1）。

表 4-1 分组信息表

班　级		日　期	
小组名称		组　长	
小组成员及任务分工			
组　员	任务分工		

问题引导

1. 凸轮及凸轮机构的作用是什么？凸轮可以用于哪些场合？

_____

_____

_____

_____

2. 凸轮零件上有哪些结构待加工？

_____

_____

_____

_____

3. 凸轮可以采用哪些加工方法进行加工？

_____

_____

_____

_____

_____

任务实施

按照任务要求，填写任务实施表（见表4-2）。

表4-2　任务实施表

序号	工序内容	加工设备
1		
2		
3		
4		

序号	工序内容	加工设备
5		
6		
7		

任务评价

按分组信息表中的任务分工和评价要素进行任务评价（见表4-3）。

表4-3　活动过程小组评分表

序号	考核评价指标		评价要素	分值	评价分数		
					自评	互评	师评
1	过程考核80%	专业能力	加工内容是否合理	40			
			加工设备选择是否合适				
			是否满足加工效率需求				
2		方法能力	自主学习，文献查询能力，分析解决问题，归纳总结及创新能力	30			
3		社会能力	团队协作、沟通协调、语言表达能力及安全文明、质量保障意识	10			
4	常规考核20%		自学笔记	10			
5			课堂纪律	5			
6			回答问题	5			
总分							
总评：		综合等级		教师（签名）：			

注：总评=自评（60%）+互评（30%）+师评（10%）

总结反思

1. 简述凸轮的用途。

_____

_____

_____

_____

_____

2. 比较数控铣床和加工中心，在较复杂零件的加工中，哪种加工效率高，为什么？

_____

_____

_____

_____

_____

3. 你对自己在本任务中的表现是否满意？写出课后反思。

_____

_____

_____

_____

_____

项目二　数控加工刀具的选择

任务 5　认识数控刀具（任务工单）

任务描述

如图 5-1 所示，描述刀具的类型和使用范围，针对类型说明刀具的特征，并说明可转位刀具牌号的表示方法。

（a）　　　　　　　　　　　　（b）

图 5-1　数控刀具

任务分组

根据任务要求填写分组信息表（见表 5-1）。

表 5-1　分组信息表

班　级		日　期	
小组名称		组　长	
小组成员及任务分工			
组　员	任务分工		

问题引导

1. 数控刀具应具备哪些特点？

_____

_____

_____

_____

2. 数控刀具按照结构可分为哪几类？

_____

_____

_____

_____

_____

任务实施

按照任务要求，填写任务实施表（见表5-2）。

表5-2 任务实施表

序号	（a）		（b）	
	刀具名称	结构特征、功能和用途	刀具名称	结构特征、功能和用途
1				
2				
3				
4				
5				
6				
7				

任务评价

按分组信息表中的任务分工和评价要素进行任务评价（见表5-3）。

表5-3 活动过程小组评分表

序号	考核评价指标		评价要素	分值	评价分数		
					自评	互评	师评
1	过程考核80%	专业能力	数控刀具分类原则描述是否正确，组员是否认同	50			
			图5-1中所示的数控刀具的类型描述是否正确				
			数控刀具结构特征描述是否正确				
			数控刀具结构部分的功能和用途描述是否正确				
			是否有可转位数控刀具				
			数控刀具新技术、新工艺、新方法是否有体现				
2		方法能力	自主学习，文献查询能力，分析解决问题，归纳总结及创新能力	20			
3		社会能力	团队协作、沟通协调、语言表达能力及安全文明、质量保障意识	10			
4	常规考核20%		自学笔记	10			
5			课堂纪律	5			
6			回答问题	5			
总分							
总评：		综合等级		教师（签名）：			
注：总评=自评（60%）+互评（30%）+师评（10%）							

总结反思

1. 访问国内外著名刀具生产公司和有关专业网站，了解最新数控刀具的产品及应用资料，如瑞典山特维克可乐满刀具公司、正河源机械配件有限公司、成都成量集团数控刀具厂等。

2. 总结本任务的重点内容及收获。

3. 你对自己在本任务中的表现是否满意？写出课后反思。

_____

_____

_____

_____

_____

任务6 数控车削刀具的选择（任务工单）

任务描述

在任务2中，在对螺纹轴零件图分析和选择加工设备的基础上，根据加工内容，选取合理的数控加工刀具。

任务分组

根据任务要求填写分组信息表（见表6-1）。

表6-1 分组信息表

班　　级		日　　期	
小组名称		组　　长	
小组成员及任务分工			
组　　员	任务分工		

问题引导

1. 数控车削刀片的选择原则有哪些？按照刀具的选择原则，图2-1中所示的零件所选的内、外轮廓加工刀具有什么区别？

_____

_____

_____

2. 数控车刀的几何角度有几个？以图2-1选取刀具为例，试说明数控车刀几何角度对切削加工的影响。

_____

_____

_____

3. 以图 2-1 选取的内外轮廓加工刀具为例，试说明机夹可转位外圆车刀和机夹可转位内孔车刀的代码表示方法。

_____

_____

_____

_____

任务实施

按照任务要求，填写任务实施表（见表 6-2）。

表 6-2　任务实施表

序号	加工内容	加工刀具
1		
2		
3		
4		
5		
6		
7		

任务评价

按分组信息表中的任务分工和评价要素进行任务评价（见表 6-3）。

表 6-3　活动过程小组评分表

序号	考核评价指标		评价要素	分值	评价分数		
					自评	互评	师评
1	过程考核 80%	专业能力	外圆车刀选择是否正确	50			
			内孔车刀选择是否正确				
			刀具选取的原则是否合理				
			刀具材料的选取是否合理				
			选取刀片的代码是否正确				
			选取的刀具中是否有新技术、新工艺、新方法的体现				
2		方法能力	自主学习，文献查询能力，分析解决问题，归纳总结及创新能力	20			
3		社会能力	团队协作、沟通协调、语言表达能力及安全文明、质量保障意识	10			

序号	考核评价指标	评价要素	分值	评价分数		
				自评	互评	师评
4	常规考核 20%	自学笔记	10			
5		课堂纪律	5			
6		回答问题	5			
		总分				

总评：	综合等级		教师（签名）：

注：总评＝自评（60%）＋互评（30%）＋师评（10%）

总结反思

1. 螺纹车刀代码如何表示？螺纹车刀几何角度如何影响切削加工？

_____

_____

_____

_____

2. 总结本任务的重点内容及收获。

_____

_____

_____

_____

3. 你对自己在本任务中的表现是否满意？写出课后反思。

_____

_____

_____

_____

学习笔记

任务 7 数控铣削刀具的选择（任务工单）

任务描述

在任务 4 中，在对凸轮槽零件图分析和选择加工设备的基础上，根据加工内容，选取合理的数控加工刀具。

任务分组

根据任务要求填写分组信息表（见表 7-1）。

表 7-1 分组信息表

班　　级		日　　期	
小组名称		组　　长	
小组成员及任务分工			
组　　员	任务分工		

问题引导

1. 数控铣削刀具的几何角度如何定义？凸轮槽加工刀具直径如何选取？

_____

_____

2. 凸轮槽零件中的孔粗、精加工刀具如何选取？

_____

_____

_____

_____

任务实施

按照任务要求，填写任务实施表（见表7-2）。

表7-2 任务实施表

序号	加工内容	加工刀具
1		
2		
3		
4		
5		
6		
7		

任务评价

按分组信息表中的任务分工和评价要素进行任务评价（见表7-3）。

表7-3 活动过程小组评分表

序号	考核评价指标		评价要素	分值	评价分数		
					自评	互评	师评
1	过程考核80%	专业能力	台体加工刀具选择是否正确	50			
			孔加工刀具选择是否正确				
			刀具选取的原则是否合理				
			刀具材料的选取是否合理				
			选取刀片的代码是否正确				
			选取的刀具中是否有新技术、新工艺、新方法的体现				
2		方法能力	自主学习，文献查询能力，分析解决问题，归纳总结及创新能力	20			
3		社会能力	团队协作、沟通协调、语言表达能力及安全文明、质量保障意识	10			
4	常规考核20%		自学笔记	10			
5			课堂纪律	5			
6			回答问题	5			
			总分				
总评：		综合等级		教师（签名）：			
注：总评=自评（60%）+互评（30%）+师评（10%）							

总结反思

1. 数控铣削刀具有哪些类型？各加工刀具的用途是什么？举例说明。

_____

_____

_____

2. 深孔加工刀具有哪些？深孔加工刀具在加工过程中如何体现新技术新工艺？

_____

_____

_____

3. 你对自己在本任务中的表现是否满意？写出课后反思。

_____

_____

_____

_____

任务8 孔加工刀具的选择（任务工单）

任务描述

如图 8-1 所示的底板零件图为典型的孔系加工零件，分析零件图在选择加工设备的基础上，选择零件的加工刀具。

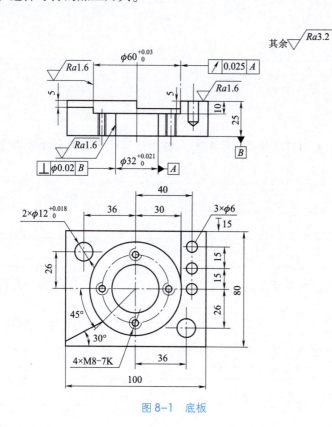

图 8-1 底板

任务分组

根据任务要求填写分组信息表（见表 8-1）。

表 8-1 分组信息表

班　　级		日　　期	
小组名称		组　　长	

小组成员及任务分工	
组　　员	任务分工

问题引导

1. 数控孔加工刀具的种类有哪些？主要用途是什么，适合什么场合？

2. 查阅资料，列举常用的深孔加工刀具，并说明各类深孔加工刀具的特点。

3. 镗刀和铰刀的加工特点是什么，如何选取？

任务实施

按照任务要求，填写任务实施表（见表8-2）。

表8-2　任务实施表

序号	工序内容	加工刀具
1		
2		
3		
4		
5		

任务评价

按分组信息表中的任务分工和评价要素进行任务评价（见表8-3）。

表8-3　活动小组评价表

序号	考核评价指标		评价要素	分值	评价分数		
					自评	互评	师评
1	过程考核80%	专业能力	底板零件尺寸精度分析是否完整	50			
			底板刀具选择是否正确				
			刀具选取的原则是否合理				
			刀具材料的选取是否合理				
			选取刀片的代码是否正确				
			选取的刀具中是否有新技术、新工艺、新方法的体现				
2		方法能力	自主学习，文献查询能力，分析解决问题，归纳总结及创新能力	20			
3		社会能力	团队协作、沟通协调、语言表达能力及安全文明、质量保障意识	10			
4	常规考核20%		自学笔记	10			
5			课堂纪律	5			
6			回答问题	5			
			总分				
总评：		综合等级		教师（签名）：			
注：总评=自评（60%）+互评（30%）+师评（10%）							

总结反思

1. 铰刀的切削参数如何确定？镗刀的切削参数如何确定？

_____

_____

_____

2. 总结本次学习任务的重点内容及收获。

_____

_____

_____

3. 你对自己在本次任务中的表现是否满意？写出课后反思。

_____

_____

_____

_____

任务 9　数控工具系统（任务工单）

任务描述

如图 9-1 所示，描述图中数控工具系统的种类和特点，针对类型说明工具系统的应用场合和特点。

图 9-1　各类数控工具系统

任务分组

根据任务要求填写分组信息表（见表 9-1）。

表 9-1　分组信息表

班　　级		日　　期	
小组名称		组　　长	
小组成员及任务分工			
组　　员	任务分工		

问题引导

1. 什么是工具系统？工具系统如何分类？

_____

_____

_____

2. 数控机床的工具系统有哪些基本要求？

_____

_____

_____

3. 查阅资料，列举常用的镗铣类数控机床与工具系统的接口及其标准。

_____

_____

_____

_____

任务实施

按照任务要求，填写任务实施表（见表9-2）。

表9-2　任务实施表

序号	工具系统种类	应用场合和特点
1		
2		
3		
4		

任务评价

按分组信息表中的任务分工和评价要素进行任务评价（见表9-3）。

学习笔记

表 9-3 活动小组评价表

序号	考核评价指标		评价要素	分值	评价分数		
					自评	互评	师评
1	过程考核 80%	专业能力	工具系统的种类判别依据是否正确	50			
			工具系统应用场合是否明确				
			工具系统特点描述是否合理				
			工具系统的描述中是否有新技术、新工艺、新方法的体现				
2		方法能力	自主学习，文献查询能力，分析解决问题，归纳总结及创新能力	20			
3		社会能力	团队协作、沟通协调、语言表达能力及安全文明、质量保障意识	10			
4	常规考核 20%		自学笔记	10			
5			课堂纪律	5			
6			回答问题	5			
总分							
总评：		综合等级		教师（签名）：			
注：总评=自评（60%）+互评（30%）+师评（10%）							

总结反思

1. 试比较说明车削类数控工具系统和镗铣类数控工具系统有什么区别？整体式和模块式工具系统有什么区别？

_____

_____

_____

_____

2. 总结本次学习任务的重点内容及收获。

_____

_____

_____

_____

3. 你对自己在本次任务中的表现是否满意？写出课后反思。

_____

_____

_____

_____

项目三　数控机床的夹具与选用

任务 10　工件的定位（任务工单）

任务 10.1　工件的基准（任务工单）

任务描述

图 10-1 所示为轴承座零件，毛坯为铸件，其机械加工工艺过程如下：在铣床上铣底面；在车床上粗精车端面，钻、车 $\phi25H7$ 孔；倒角；调头粗精车另一端面，钻 $3\times\phi9$ mm、锪 $\phi14$ mm 孔；去毛刺。试详细划分工艺过程的组成并确定定位基准。

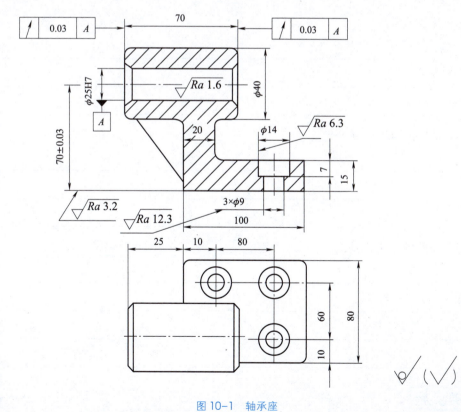

图 10-1　轴承座

任务分组

根据任务要求填写分组信息表（见表 10-1）。

表 10-1　分组信息表

班　　级		日　　期	
小组名称		组　　长	
小组成员及任务分工			
组　　员	任务分工		

问题引导

1. 什么是基准？

2. 基准的分类有哪些？

3. 如何确定定位基准？

任务实施

按照任务要求，填写任务实施表（见表 10-2）。

表 10-2　任务实施表

工序号	工序内容	设备	定位基准	简述原因
10	铣底面	铣床		
20	车端面，钻、车 ϕ25H7 孔	车床		
30	车另一端面	车床		
40	钻 3×ϕ9 mm、锪 ϕ14 mm 孔	钻床		

任务评价

按分组信息表中的任务分工和评价要素进行任务评价（见表 10-3）。

表 10-3　活动过程小组评分表

序号	考核评价指标		评价要素	分值	评价分数		
					自评	互评	师评
1	过程考核 80%	专业能力	基准的概念及分类描述是否正确	40			
			基准的选择原则描述是否正确				
			基准选择应用是否合理				
2		方法能力	自主学习，分析解决问题，归纳总结及创新能力	30			
3		社会能力	团队协作、沟通协调、语言表达能力及安全文明、质量保障意识	10			
4	常规考核 20%		自学笔记	10			
5			课堂纪律	5			
6			回答问题	5			
			总分				

总评：		综合等级		教师（签名）：	

注：总评＝自评（60%）+互评（30%）+师评（10%）

总结反思

1. 学到的新知识点有哪些?

_____

_____

_____

_____

_____

2. 掌握的新技能点有哪些？

_____

_____

_____

_____

3. 你对自己在本任务中的表现是否满意？写出课后反思。

_____

_____

_____

_____

_____

任务 10.2　定位元件的选择及限制自由度的确定（任务工单）

任务描述

根据图 10-1 中轴承座工序加工要求，确定限制工件自由度及选择定位元件。

任务分组

根据任务要求填写分组信息表（见表 10-4）。

表 10-4　分组信息表

班　　级		日　　期	
小组名称		组　　长	
小组成员及任务分工			
组　　员	任务分工		

问题引导

1. 简单阐述自由度和六点定位原理？

_____

_____

_____

_____

2. 常用的定位方式有哪些？

_____

_____

_____

_____

3. 在夹具设计中常用的平面定位元件有哪些？举例说明。

_____

_____

_____

_____

任务实施

按照任务要求，填写任务实施表（见表10-5）。

表 10-5　任务实施表

工序简图	加工要求	设备	必须限制的自由度	选用的定位元件	元件限制的自由度
	1. 尺寸 A、B、L 2. 槽侧面与 N 面的平行度 3. 槽底面与 M 面的平行度	立式铣床、立铣刀（定径 b）	___、___、___、___、___、___	M 面 _____	___、___、___
				M 面	___、___、___
				P 面 _____	_____

学习笔记

续表

工序简图	加工要求	设备		必须限制的自由度	选用的定位元件	元件限制的自由度
加工面 "宽b槽" P z y x D H	1. 尺寸 H、L 2. 槽与圆柱轴线平行且对称	立式铣床、立铣刀（定径 b）		___ __、__、__ __、__ __、__	___ ___	__、__ __
加工面 "圆孔" N B z x y P M	1. 尺寸 B、L 2. 孔轴线垂直于 M 面 3. 不通孔要求保证孔深	立式钻床、钻头（定径）	通孔	__、__、__ __、__	M 面	__、__
				__	N 面	
			不通孔	__、__ __、__	P 面	__
加工面 "圆孔" φD z x y	1. 尺寸 L 2. 加工孔轴线与 D 的轴线垂直并相交 3. 不通孔保持孔深	立式钻床、钻头（定径）	通孔	___ ___		
			不通孔	__、__ __、__ __	___	___
加工面 "圆孔" φd z x y φD B M z轴为基准(φD)的中心线	1. 尺寸 B 2. 孔 d 轴线与底面 M 垂直 3. 两孔 d 轴线与 φD 轴线对称	立式钻床、钻头（定径 d）	通孔	__、__、__ __、__		
			不通孔	__、__ __、__ __	___	___
加工面 "外圆柱及凸肩" φD z x y y轴为基准(φD)的中心线 φd	1. 加工面 φd 对基准面 φD 需同轴 2. 尺寸 L	车床		__、__、__ __、__、__		
6×φ4.5 EQS φ60 φ42H7 M60×2-6g N 5 23 z y x	1. φ4.5 六孔均布 2. 六孔轴线与 N 面平行且与 φ42H7 轴线垂直相交	立式钻床、φ4.5 钻头		___ __、__、__ __、__、__ __	___ ___	___ __、__

任务评价

按分组信息表中的任务分工和评价要素进行任务评价（见表10-6）。

表10-6 活动过程小组评分表

序号	考核评价指标		评价要素	分值	评价分数		
					自评	互评	师评
1	过程考核80%	专业能力	限制的自由度是否正确	40			
			定位元件的选择是否合理				
			定位元件限制的自由度是否正确				
2		方法能力	自主学习，分析解决问题，归纳总结及创新能力	30			
3		社会能力	团队协作、沟通协调、语言表达能力及安全文明、质量保障意识	10			
4	常规考核20%		自学笔记	10			
5			课堂纪律	5			
6			回答问题	5			
总分							
总评：		综合等级		教师（签名）：			
注：总评＝自评（60%）＋互评（30%）＋师评（10%）							

总结反思

1. 学到的新知识点有哪些？

_____

_____

_____

2. 掌握的新技能点有哪些？

_____

_____

_____

3. 你对自己在本任务中的表现是否满意？写出课后反思。

_____

_____

任务 10.3　定位误差的分析与计算（任务工单）

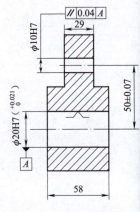

图 10-2　定位误差计算

任务描述

1. 计算图 10-2 所示工序的定位误差。

如图 10-2 所示，钻、铰零件上 $\phi 10H7$ 的孔，工件以孔 $\phi 20H7$（$^{+0.021}_{0}$）定位，定位销直径 $\phi 20^{-0.007}_{-0.016}$ mm。求工序尺寸 50 ± 0.07 mm 及平行度的定位误差。

2. 计算图 10-3 所示加工尺寸 H 的定位误差。

如图 10-3 所示，工件以 d_1 外圆定位，加工 $\phi 10H8$ 孔。已知 $d_1 = 35^{0}_{-0.02}$ mm，$d_2 = 55^{-0.010}_{-0.056}$ mm，$H = 40 + 0.15$ mm，$t = 0.03$ mm，求加工尺寸 H 的定位误差。

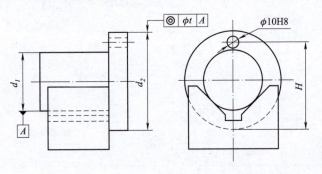

图 10-3　加工尺寸 H 的定位误差计算

3. 计算图 10-4 所示阶梯轴在 V 形块上定位铣键槽的定位误差，并分析定位质量。

已知 $d_1 = \phi 30^{0}_{-0.022}$ mm；$d_2 = \phi 45^{0}_{-0.024}$ mm，两外圆柱面的同轴度为 $\phi 0.02$ mm，V 形块的夹角 $\alpha = 90°$，键槽深度尺寸为 $A = 32.8^{0}_{-0.15}$ mm，试计算定位误差，并分析定位质量。

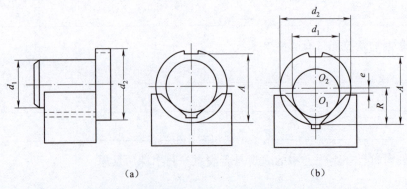

（a）　　　　　　　　　　　　（b）

图 10-4　阶梯轴在 V 形块上定位误差分析与计算

任务分组

根据任务要求填写分组信息表（见表10-7）。

表 10-7　分组信息表

班　　级		日　　期	
小组名称		组　　长	
小组成员及任务分工			
组　　员	任务分工		

问题引导

1. 什么是定位误差？定位误差产生的原因是什么？

_____

_____

_____

2. 定位误差的计算方法有哪些？

_____

_____

_____

3. 常见的定位方式定位误差计算公式有哪些？

_____

_____

_____

任务实施

按照任务要求，填写任务实施表（见表10-8）。

表 10-8　任务实施表

图 10-2　定位误差计算	图 10-3　加工尺寸 H 的定位误差计算
图 10-4　阶梯轴在 V 形块上定位误差分析与计算	

任务评价

按分组信息表中的任务分工和评价要素进行任务评价（见表 10-9）。

表 10-9　活动过程小组评分表

序号	考核评价指标		评价要素	分值	评价分数		
					自评	互评	师评
1	过程考核 80%	专业能力	工序的定位误差计算是否正确	40			
			定位误差计算方法是否正确				
			定位误差的分析是否合理				
2		方法能力	自主学习，分析解决问题，归纳总结及创新能力	30			
3		社会能力	团队协作、沟通协调、语言表达能力及安全文明、质量保障意识	10			
4	常规考核 20%		自学笔记	10			
5			课堂纪律	5			
6			回答问题	5			
总分							
总评：		综合等级			教师（签名）：		
注：总评＝自评（60%）＋互评（30%）＋师评（10%）							

总结反思

1. 学到的新知识点有哪些？

_____

_____

_____

_____

_____

2. 掌握的新技能点有哪些？

_____

_____

_____

_____

_____

3. 你对自己在本任务中的表现是否满意？写出课后反思。

_____

_____

_____

_____

_____

任务 11　工件的装夹（任务工单）

任务描述

1. 完成夹紧装置组成的思维导图，并描述对夹紧装置的要求。

2. 完成设计夹具的夹紧机构时，所需夹紧力的确定包括要素的思维导图，并详细阐述。

3. 识别典型夹紧装置，完成典型夹紧装置表的内容。

任务分组

根据任务要求填写分组信息表（见表 11-1）。

表 11-1　分组信息表

班　　级		日　　期	
小组名称		组　　长	
小组成员及任务分工			
组　　员	任务分工		

问题引导

1. 夹紧装置的组成及要求有哪些？

_____

_____

_____

_____

2. 设计夹具的夹紧机构时，所需夹紧力的确定包括哪些要素？举例阐述。

_____

_____

_____

_____

3. 典型的夹紧机构有哪些？工作原理是什么？

_____

_____

_____

_____

_____

任务实施

1. 完成夹紧装置的组成的思维导图，并描述对夹紧装置的要求。

夹紧装置的组成的思维导图
对夹紧装置的要求：

2. 完成设计夹具的夹紧机构时，所需夹紧力的确定，包括要素的思维导图，并详细阐述。

夹紧装置的组成的思维导图
对夹紧装置的要求：

3. 典型夹紧装置的识别

典型夹紧装置见表 11-2。

表 11-2 典型夹紧装置

典型夹紧装置	工作原理	机构
(图)		(a)
		(b)
		(c)
(图)	(a)	
	(b)	
(图)	(a)	
	(b)	
	(c)	
	(d)	

学习笔记

续表

典型夹紧装置	工作原理	机构
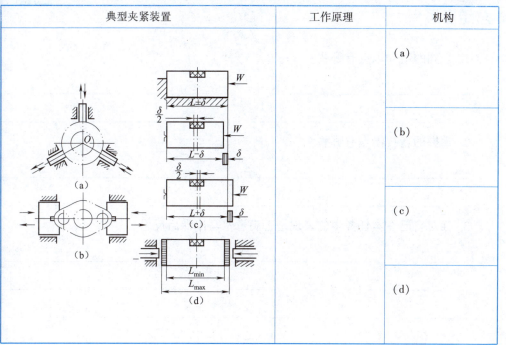		(a)
		(b)
		(c)
		(d)

任务评价

按分组信息表中的任务分工和评价要素进行任务评价（见表11-3）。

表11-3　活动过程小组评分表

序号	考核评价指标		评价要素	分值	评价分数		
					自评	互评	师评
1	过程考核80%	专业能力	夹紧装置的组成描述是否正确	40			
			所需夹紧力的确定要素是否正确				
			夹紧装置识别是否正确				
2		方法能力	自主学习，分析解决问题，归纳总结及创新能力	30			
3		社会能力	团队协作、沟通协调、语言表达能力及安全文明、质量保障意识	10			
4	常规考核20%		自学笔记	10			
5			课堂纪律	5			
6			回答问题	5			
			总分				
总评：		综合等级			教师（签名）：		
注：总评=自评（60%）+互评（30%）+师评（10%）							

总结反思

1. 学到的新知识点有哪些？

_____

_____

2. 掌握的新技能点有哪些？

_____

_____

3. 你对自己在本任务中的表现是否满意？写出课后反思。

_____

_____

_____

_____

数控机床夹具的选用（任务工单）

任务描述

图 12-1 所示为轴承盖零件图，材料为 A3，批量生产，毛坯为棒料 φ115 mm× 110 mm，已完成外圆、内孔及端面加工，现需完成铣圆弧槽工序，要求采用数控铣床加工，设计一铣键槽专用夹具。

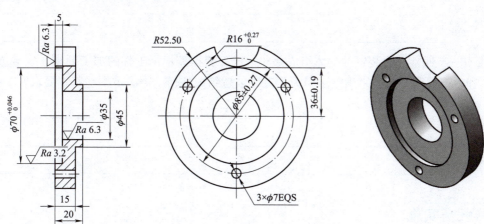

技术要求：未注公差尺寸按GB/T 1804—m

图 12-1 轴承端盖

任务分组

根据任务要求填写分组信息表（见表 12-1）。

表 12-1 分组信息表

班　级		日　期	
小组名称		组　长	
小组成员及任务分工			
组　员	任务分工		

问题引导

1. 在机床夹具设计过程中，需要掌握哪些设计资料？

_____

_____

2. 列出轴承座专用夹具的设计步骤。

_____

_____

_____

3. 通常夹紧装置的具体组成并非一成不变，需根据工件的加工要求、安装方法和生产规模等条件来确定。但无论夹紧装置组成如何，需满足哪些基本要求？

_____

_____

_____

任务实施

按照任务要求，填写任务实施表（见表 12-2）。

表 12-2　任务实施表

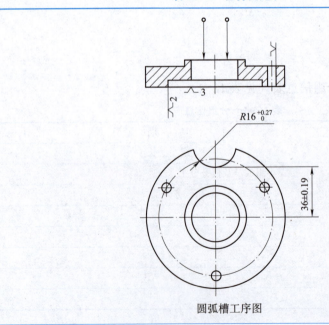

圆弧槽工序图

续表

设计要点	结果（可附图）
铣床专用夹具设计任务分析	
定位方案与定位装置	
夹紧方案与夹紧装置	
选择对刀方式	
设计夹具与铣床连接装置	

任务评价

按分组信息表中的任务分工和评价要素进行任务评价（见表12-3）。

表12-3　活动过程小组评分表

序号	考核评价指标		评价要素	分值	评价分数		
					自评	互评	师评
1	过程考核 80%	专业能力	任务分析是否明确	50			
			定位元件选用是否合理				
			夹紧装置是否合理				
			夹具体的设计是否合理				
			夹具与铣床连接装置是否合理				
			选取的刀具中是否有新技术、新工艺、新方法的体现				
2		方法能力	自主学习，分析解决问题，归纳总结及创新能力	20			
3		社会能力	团队协作、沟通协调、语言表达能力及安全文明、质量保障意识	10			
4	常规考核 20%		自学笔记	10			
5			课堂纪律	5			
6			回答问题	5			
总分							
总评：		综合等级		教师（签名）：			
注：总评＝自评（60%）＋互评（30%）＋师评（10%）							

总结反思

1. 图 12-1 轴承座圆弧槽工序的加工，是否能选用其他夹具？为什么？

_____

_____

_____

2. 专用夹具的设计核心是什么？

_____

_____

_____

3. 在夹具设计过程中，夹具的总装图绘制是否能熟练掌握？写出任务设计反思。

_____

_____

_____

项目四　数控加工检测器具的选用

任务 13　工量具的选用（任务工单）

任务描述

1. 在任务 2、任务 6 中，对螺纹轴零件图分析和选择加工设备及加工刀具的基础上，根据螺纹轴加工被测尺寸，选取合理的测量器具。

2. 在任务 4、任务 7 中，对凸轮槽零件图分析和选择加工设备及加工刀具的基础上，根据凸轮槽加工被测尺寸，选取合理的测量器具。

任务分组

根据任务要求填写分组信息表（见表 13-1）。

表 13-1　分组信息表

班　　级		日　　期	
小组名称		组　　长	
小组成员及任务分工			
组　　员	任务分工		

问题引导

1. 数控加工中常用的量具种类有哪些？

_____

_____

2. 常用量具的选用标准是什么？

_____

_____

3. 常用的量具的维护与保养有哪些？举例说明。

_____

_____

_____

任务实施

按照任务要求，填写任务实施表（见表13-2）。

表13-2 任务实施表

序号	螺纹轴测量		凸轮槽测量	
	量具名称及规格	测量尺寸	量具名称及规格	测量尺寸
1				
2				
3				
4				
5				
6				
7				
8				
9				

任务评价

按分组信息表中的任务分工和评价要素进行任务评价（见表 13-3）。

表 13-3　活动过程小组评分表

序号	考核评价指标		评价要素	分值	评价分数		
					自评	互评	师评
1	过程考核 80%	专业能力	量具名称描述是否正确，组员是否认同	40			
			量具的功能和用途描述是否正确				
			常用量具的保养与维护描述是否正确				
			MQ686 三坐标测量机的保养与维护描述是否正确				
			新技术、新工艺、新方法是否有体现				
2		方法能力	自主学习，文献查询能力，分析解决问题，归纳总结及创新能力	30			
3		社会能力	团队协作、沟通协调、语言表达能力及安全文明、质量保障意识	10			
4	常规考核 20%		自学笔记	10			
5			课堂纪律	5			
6			回答问题	5			
总分							
总评：		综合等级		教师（签名）：			
注：总评＝自评（60％）＋互评（30％）＋师评（10％）							

总结反思

1. 简述常用量具的应用场合。

_____

_____

_____

_____

2. 对比国内量具的发展情况，简述我国量具的发展史。

_____

_____

3. 你对自己在本任务中的表现是否满意？写出课后反思。

任务 14　三坐标测量机（任务工单）

任务描述

　　如图 14-1 所示，根据图中盖板零件图，选用三坐标测量机进行测量，并说明所使用的三坐标测量机的类型与特征。

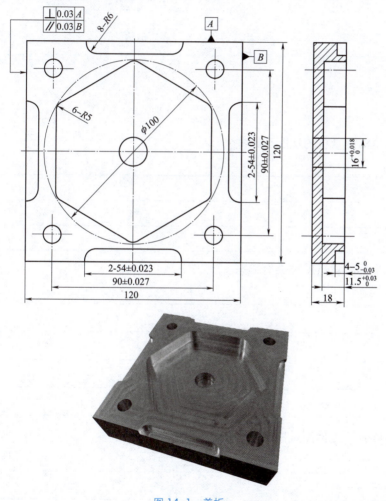

图 14-1　盖板

任务分组

　　根据任务要求填写分组信息表（见表 14-1）。

表 14-1 分组信息表

班　　级		日　　期	
小组名称		组　　长	
小组成员及任务分工			
组　　员	任务分工		

问题引导

1. 三坐标测量机的功能有哪些？

_____

_____

_____

2. 三坐标测量机的种类有哪些？

_____

_____

_____

3. MQ686 三坐标测量机的使用步骤有哪些？

_____

_____

_____

_____

任务实施

按照任务要求，填写任务实施表（见表14-2）。

表 14-2　任务实施表

查阅三坐标测量机类型与型号信息：

序号	三坐标测量机的操作步骤	测量尺寸
1		
2		
3		
4		
5		
6		

任务评价

按分组信息表中的任务分工和评价要素进行任务评价（见表14-3）。

表 14-3　活动过程小组评分表

序号	考核评价指标		评价要素	分值	评价分数		
					自评	互评	师评
1	过程考核80%	专业能力	三坐标测量机的分类是否正确，组员是否认同	40			
			三坐标测量机功能和用途描述是否正确				
			MQ686 三坐标测量机的使用步骤是否正确				
			MQ686 三坐标测量机的保养与维护描述是否正确				
			新技术、新工艺、新方法是否有体现				
2		方法能力	自主学习，文献查询能力，分析解决问题，归纳总结及创新能力	30			
3		社会能力	团队协作、沟通协调、语言表达能力及安全文明、质量保障意识	10			
4	常规考核20%		自学笔记	10			
5			课堂纪律	5			
6			回答问题	5			
			总分				
总评：		综合等级			教师（签名）：		

注：总评=自评（60%）+互评（30%）+师评（10%）

总结反思

1. 三坐标测量机的应用场合有哪些？

   _____

   _____

   _____

2. 对比三坐标测量机的发展情况，简述我国三坐标测量机的发展史。

   _____

   _____

   _____

3. 你对自己在本任务中的表现是否满意？写出课后反思。

   _____

   _____

   _____

   _____

项目五　数控加工工艺装备设计与选择案例

任务 15　综合车削零件的加工工艺装备选择（任务工单）

任务描述

如图 15-1 所示，零件毛坯为 50×85 mm，材料为 45 钢，对零件进行加工工艺分析和数控加工工艺装备的选取。

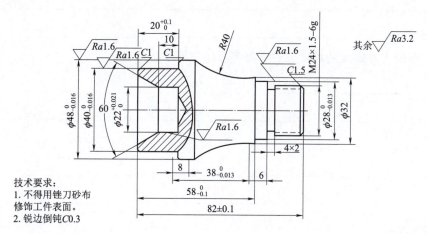

技术要求：
1. 不得用锉刀砂布修饰工件表面。
2. 锐边倒钝C0.3

图 15-1　综合车削零件

任务分组

根据任务要求填写分组信息表（见表 15-1）。

表 15-1　分组信息表

班　级		日　期	
小组名称		组　长	
小组成员及任务分工			
组　员	任务分工		

问题引导

1. 数控综合车削常用的加工方法有哪些?

_____

_____

_____

2. 数控车削刀具的选用标准包括哪些内容?

_____

_____

_____

3. 车削内外螺纹的加工方法有哪些? 注意事项是什么?

_____

_____

_____

_____

_____

_____

任务实施

按照任务要求, 填写任务实施表 (见表15-2)。

表15-2 任务实施表

序号	工序内容	工艺装备的选用 (数控机床、刀具、夹具、量具)
1		
2		
3		
4		
5		
6		

任务评价

按分组信息表中的任务分工和评价要素进行任务评价（见表 15-3）。

表 15-3 活动过程小组评分表

序号	考核评价指标		评价要素	分值	评价分数		
					自评	互评	师评
1	过程考核 80%	专业能力	刀具选用是否正确，组员是否认同	40			
			车削刀具的切削参数是否正确				
			量具的选择是否正确				
			新技术、新工艺、新方法是否有体现				
2		方法能力	自主学习，文献查询能力，分析解决问题，归纳总结及创新能力	30			
3		社会能力	团队协作、沟通协调、语言表达能力及安全文明、质量保障意识	10			
4	常规考核 20%		自学笔记	10			
5			课堂纪律	5			
6			回答问题	5			
			总分				
总评：		综合等级			教师（签名）：		

注：总评＝自评（60%）＋互评（30%）＋师评（10%）

总结反思

1. 保证轴类零件同轴度的方法有哪些？

_____

_____

_____

_____

_____

2. 简述外圆车刀安装要求。

_____

_____

_____

_____

_____

3. 在三爪卡盘上校正工件的目的是什么？

_____

_____

_____

_____

_____

_____

4. 你对自己在本任务中的表现是否满意？写出课后反思。

_____

_____

_____

_____

_____

_____

任务16 综合铣削零件的加工工艺装备选择（任务工单）

任务描述

如图 16-1 所示，对零件进行加工工艺分析和数控加工工艺装备的选取。

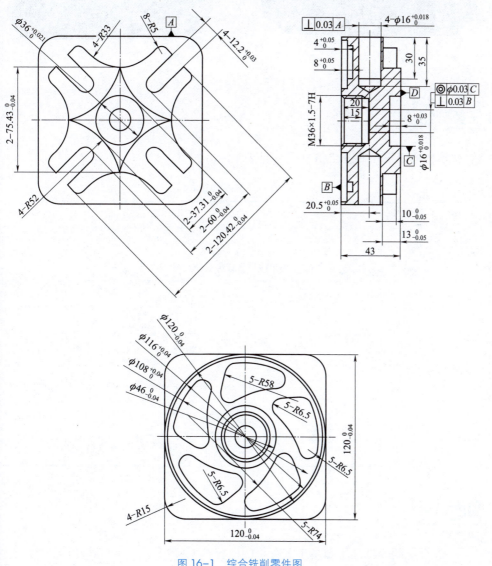

图 16-1 综合铣削零件图

图 16-1　综合铣削零件图（续）

任务分组

根据任务要求填写分组信息表（见表 16-1）。

表 16-1　分组信息表

班　　级		日　　期	
小组名称		组　　长	
小组成员及任务分工			
组　　员	任务分工		

问题引导

1. 综合铣削零件加工装备工艺分析的内容有哪些？

_____

_____

_____

2. 工具系统的选用标准包括哪些内容？

_____

_____

_____

_____

3. 螺纹加工方式有哪些？

_____

_____

_____

_____

任务实施

按照任务要求，填写任务实施表（见表16-2）。

表 16-2　任务实施表

序号	上表面		下底面	
	工序内容	工艺装备的选用 （数控机床、刀具、夹具、量具）	工序内容	工艺装备的选用 （数控机床、刀具、夹具、量具）
1				
2				
3				
4				
5				
6				

任务评价

按分组信息表中的任务分工和评价要素进行任务评价（见表16-3）。

表16-3　活动过程小组评分表

序号	考核评价指标		评价要素	分值	评价分数		
					自评	互评	师评
1	过程考核 80%	专业能力	综合铣削零件加工装备工艺分析是否正确，组员是否认同	40			
			综合铣削零件加工装备选用是否正确				
			工具系统的选用是否正确				
			新技术、新工艺、新方法是否有体现				
2		方法能力	自主学习，文献查询能力，分析解决问题，归纳总结及创新能力	30			
3		社会能力	团队协作、沟通协调、语言表达能力及安全文明、质量保障意识	10			
4	常规考核 20%		自学笔记	10			
5			课堂纪律	5			
6			回答问题	5			
总分							
总评：		综合等级			教师（签名）：		

注：总评=自评（60%）+互评（30%）+师评（10%）

总结反思

1. 简述常用工件装夹定位的方式有哪些？

_____

_____

2. 根据近些年数控机床的发展情况，简述我国数控加工行业的前景。

_____

_____

3. 你对自己在本任务中的表现是否满意？写出课后反思。

_____

_____

_____

课后感想

课后感想

课后感想

课后感想